BEER
A TASTING COURSE
맥주 테이스팅 코스

BEER
A TASTING COURSE
맥주 테이스팅 코스

마크 드레지 지음
최영은 옮김

차례

8 시작하며

맥주란 무엇일까?

12	맥주 이야기	50	홉의 역할
14	맥주의 역사	52	홉 재배하기
16	맛의 작용 원리	54	홉의 종류
18	맥주를 위한 감각	56	양조장에서의 홉
20	맥주에 대한 감각적 평가	58	홉 재배 지역과 품종
24	맥주의 스타일 이해하기	60	홉의 풍미
28	맥주의 거품	64	효모와 발효
30	맥주를 완벽하게 따르는 법	66	발효가 주는 풍미
32	어떤 맥주잔을 고를까?	68	숙성과 마무리
34	맥주는 어떻게 만들어질까?	70	배럴 숙성과 기타 재료
36	맥주 속의 물	72	생맥주와 숙성 맥주
38	곡물과 몰트 제조	76	오프 플레이버
40	몰트의 종류	82	술집에서 판매하는 맥주
42	양조용 곡물	84	맥주와 음식
44	몰트의 맛	86	맥주와 음식에 대한 색다른 접근법
46	맥주 레시피	88	균형과 조화 찾기
		90	시도해볼 만한 훌륭한 맥주와 음식 조합

스타일로 맥주 살펴보기

96	라거	118	보크와 도펠보크
98	독일식 필스너	120	쾰쉬
100	체코 페일 라거	122	알트비어
102	아메리칸 라거와 필스너	124	라우흐비어와 훈제 맥주
104	모던 필스너		
106	헬레스		
108	프랑코니아 라거와 켈러비어		
110	비엔나 라거와 아메리칸 엠버 라거		
112	메르첸과 페스트비어		
114	체코식 엠버와 다크 라거		
116	둥켈과 슈바르츠비어		

126	**페일 에일, IPA, 홉의 특징이 강한 에일**	**156**	**몰트의 특징이 강한 에일**
128	미국의 영향을 받은 IPA	158	전통 잉글리시 비터
130	아메리칸 페일 에일	160	영국식 마일드와 올드 에일
132	아메리칸 IPA와 웨스트코스트 IPA	162	브라운 에일
134	아메리칸 더블 IPA와 웨스트코스트 더블 IPA	164	스트롱 에일과 스코티시 에일
136	헤이지 페일 에일	166	발리 와인
138	헤이지 IPA	168	포터
140	헤이지 DIPA	170	발틱 포터
142	세션 IPA	172	드라이 스타우트
144	퍼시픽 페일 에일과 IPA	174	스위트 스타우트
146	잉글리시 페일 에일	176	임페리얼 스타우트
148	레드 IPA와 블랙 IPA	178	배럴 숙성 맥주
150	블론드 에일과 골든 에일		
152	엠버 에일과 레드 에일		
154	홉의 특징이 강한(호피) 잉글리시 에일		

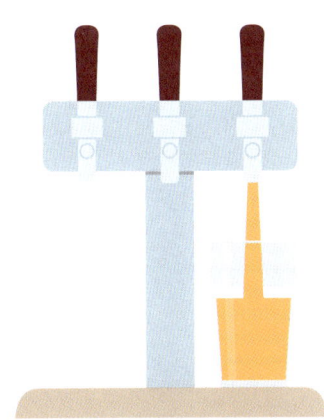

180 사워 맥주와 과일 맥주
182 람빅: 브뤼셀 맥주의 전통
184 자연 발효 맥주
186 플랑드르식 레드-브라운 에일
188 전통 프루트 사워
190 혼합 발효와 와일드 에일
192 베를리너 바이세와 고제
194 모던 프루트와 애드정트 사워
196 풍미가 강한 맥주들
198 저알코올과 무알코올 맥주

200 밀 맥주와 벨지안 에일
202 헤페바이젠
204 둥켈바이젠과 바이젠보크
206 윗비어
208 세종
210 팜하우스와 러스틱 에일
212 벨지안 블론드와 페일 에일
214 벨지안 스트롱 블론드와 트리펠
216 벨지안 브룬과 두벨
218 벨지안 스트롱 다크 에일과 쿼드루펠

220 찾아보기
223 감사의 말

이 책은 맥주의 풍미에 대한 이야기로 가득 차 있다.

어떻게 맥주는 기본 재료만으로도 이토록 훌륭하고 맛있는, 심지어 유혹적이기까지 한 풍미를 만들어낼 수 있을까? 양조 방식의 차이는 풍미에 어떤 영향을 미칠까? 지금부터 우리는 이 질문에 대한 답을 찾아갈 것이다. 그리고 특정 스타일의 맥주를 정의하는 풍미는 무엇인지, 동일한 범주 내에 있는 맥주들에서는 어떤 유사점과 차이점이 있는지도 살펴볼 예정이다. 따라서 이 책을 다 읽을 때쯤이면 맥주를 마실 때마다 그 풍미를 제대로 이해하고 느끼게 될 것이다.

나는 맥주의 풍미를 정말 사랑한다. 맥주는 처음으로 내가 무언가에 대한 열정과 호기심을 갖게 해준 존재라고 할 수 있다. 그래서 가능한 모든 맥주를 맛보려고 노력해왔다. 나는 각각의 맥주가 안겨주는 새로운 맛의 경험을 사랑한다. 아메리칸 IPA의 톡 쏘는 감귤류의 풍미든, 다크 마일드에서 오는 익숙하고 편안한 몰트의 풍미든, 숙성된 발리 와인에서 느껴지는 다양한 풍미든 말이다. 맥주는 단순한 음료 이상이다. 풍미를 찾아 떠나는 모험지와 같다.

새로운 스타일의 맥주를 마실 때마다 가장 먼저 깨닫게 되는 것은 맥주의 세계가 이렇게 넓다는 사실이다. 그리고 새롭게 발견한 것들에 흥분과 황홀함을 감추지 못하곤 한다. 맥주잔을 흔들어 향을 맡고 맛을 음미할 때마다 언제나 새로운 향, 새로운 맛, 새로운 특징이 나타나곤 했다. 맥주는 마시면 마실수록 호기심이 일게 하는 존재다.

나는 이미 맥주 테이스팅 노트를 읽어보았기 때문에 머릿속에서 그 맛을 어느 정도 예상할 수 있지만 항상 직접 맛보고 싶은 마음이 더 크게 자리한다. 더 많은 맥주를 마시고 더 정확하게 맛을 판단하며 더 나은 방식으로 마셔보고 싶은 것이다. 결국 해야 할 일은 하나다. 더 많은 맥주를 마시는 것.

맥주에 대해 많이 배우고 알게 되면서 맥주의 풍미와 재료, 양조 과정을 하나로 연결시켜 생각할 수 있게 되었고 그 후 이 풍미를 맥주의 지역성, 역사, 마시는 문화까지 연결해서 제대로 된 평가를 할 수 있게 되었다.

여전히 나는 풍미를 공부한다. 맥주 대회에서 심사를 맡고 맥주 관련 강의를 하면서 깨닫게 된 것은 풍미를 이해하고 인지하는 일이 결코 쉽지 않다는 것이다. 이런 생각을 하는 사람은 나뿐만이 아닐 것이다. 결국 필요한 것은 용어와 자신감이다. 우리에게는 우선 맛을 표현하는 용어, 이 용어를 적절히 사용하는 법, 그리고 자신 있게 사용할 수 있는 의

나는 강의를 할 때 "맛이 정말 맥주 같군요!"라는 말을 자주 듣곤 한다.

지가 필요하다. 그렇다. 바로 이 책이 필요한 것이다. 이 책을 통해 많은 독자들이 맥주에 관련된 용어를 알고 자신 있게 풍미를 이야기할 수 있으며, 세계에 존재하는 멋지고 맛있는 맥주를 더 자세히 알아가는 기회가 되었으면 하는 바람이다.

<맥주 테이스팅 코스>는 맥주의 풍미에 초점을 맞추고 접근하는 책이다. 풍미에 대해 자세히 알아보면서 왜 맥주에서 이런 맛이 나는지, 이 맛을 어떻게 인지하고 이해해야 하는지를 설명할 것이다. 궁극적인 목표는 이 책을 통해 많은 독자가 자신이 가장 원하는 형태의 맥주를 제대로 선택하도록 돕는 것이다.

누구나 좋은 맥주 감별사가 될 수 있다. 최고의 방법은 다양한 맥주와 다양한 음식을 접해보며 먹는 동안 맛에 대해 느껴보는 것이다. 맥주를 마셔보면 뚜렷한 맛일 수도 있고 무언가 미묘한 맛일 수도 있다. 익숙하거나 도전적일 수도 있으며, 편안하거나 긴장감을 줄 수도 있고, 복잡한 맛이거나 단순한 맛일 수도 있다. 때로는 잊을 수 없을 만큼 훌륭할 때도 있다. 나는 이런 느낌을 주는 맥주의 풍미를 사랑한다. 수년간 다양한 종류의 맥주를 마셔왔지만 여전히 맥주를 마실 때마다 행복감에 젖어 들곤 한다. 왜냐고? 맥주는 항상 새로운 풍미로 나를 맞아주기 때문이다.

이 책에 담긴 맥주에 대해

이 책에서 소개하는 맥주들은 각 스타일을 대표하는 것들이며, 대부분 지역에서 구하는 게 그리 어렵지 않을 것이다. 전통적인 양조국과 현대적인 수제 맥주의 중심지에서 나온 맥주를 선호하는 분위기는 분명 존재한다. 유명한 맥주들이 대부분 이곳에서 탄생했기 때문일 것이다. 이 책은 아주 희귀한 맥주나 최상의 맥주 또는 세계적인 브랜드와 소규모 양조장의 맥주에 대한 이야기를 다루지는 않는다. 그보다는 양조장의 규모나 소유권과 관계없이 자신의 스타일을 잘 반영하고 있는 맥주와 그 풍미에 대한 이야기를 담고 있다. 이런 맥주들 대부분은 이미 유명해서 다른 맥주 관련 서적에서도 다루어졌지만, 이렇게 자주 언급되는 것도 이유가 있는 법이다. 맥주에 대해 잘 알게 되면 더 많은 것을 찾아낼 것이고, 훨씬 비판적이면서 분석적인 평가도 할 수 있게 될 것이다.

맥주
란
무엇일까?

이번 장에서는 맥주의 양조와 음용의 기본적인 내용을 살펴보고자 한다. 맥주의 풍미는 재료와 제조 공정에 따라 달라지기 때문에 소비자라면 풍미를 이해하는 것이 매우 중요하다. 맥주를 마시면 여러 감각이 복합적으로 작용해 개인마다 다른 독특한 풍미를 경험하게 된다. 그래서 먼저 인체가 어떤 식으로 맛을 인식하는지, 어떻게 맥주를 분석하는지, 맥주를 맛보는 능력을 어떻게 향상시킬지를 알아볼 것이다. 그 후에는 맥주의 주재료와 이런 재료들이 음용에 미치는 영향과 더불어, 항상 긍정적인 결과가 나오는 건 아니지만 양조 과정이 풍미에 미치는 영향을 알아볼 것이다. 마지막으로 생맥주와 숙성 맥주의 종류, 여러 각도에서 생각해보는 맥주와 음식의 조합에 대해서도 살펴볼 예정이다.

맥주 이야기

맥주는 세계에서 가장 인기 있는 술이다. 그 종류만 해도 수십 가지에 달하며 저마다 자기만의 개성을 가지고 있다.

> **엄청난 양의 맥주 소비!**
>
> 맥주는 물과 차 다음으로 세계에서 가장 많이 소비되는 음료다. 매년 약 1,850억 리터의 맥주가 양조되고 사람들의 입으로 들어간다. 판매되는 전체 맥주의 90%가량은 색이 옅고 청량한 맛의 라거다.

맥주는 무엇일까?

맥주는 물, 곡물, 홉, 효모(이스트)를 넣어 만든 발효 음료다. 현재 세계적으로 수만 개의 양조업체가 있으며, 메가브랜드 기업부터 가정 내 소규모 양조까지 규모는 다양해도 기본적인 제조 방식은 같다. 맥주는 양조를 시작해 보통 2~4주 후면 마실 수 있는 상태가 된다.

맥주 양조법 (빠르고 간단한 방식)

양조업자는 따뜻한 물과 곡물을 넣고 열을 가해 곡물에서 발효 가능한 당분과 색을 추출한다. 이렇게 얻은 단물을 끓이면서 홉을 넣어 쓴맛, 풍미, 향을 더한다. 그리고 달콤쌉쌀해진 액체를 짜내어 식힌 후 새 탱크에 넣고 효모를 첨가한다. 효모는 곡물의 당을 알코올로 발효시킨다. 1주일 정도가 지나면 맥주는 식으면서 숙성 과정을 거치게 된다. 마실 수 있는 상태가 되기까지는 통상 1~4주가량이 더 소요된다.

에일, 라거, 와일드/사워 맥주

맥주는 보통 세 가지로 나뉜다. 에일, 라거, 와일드/사워 맥주(발효 시 고온 발효 효모와 박테리아에 노출시키는 방식으로 만든 맥주 - 옮긴이). 종류마다 양조(p.64~65 참조)할 때 사용하는 효모(그리고 사워 맥주에 쓰이는 박테리아)가 다르다. 유명한 맥주 제품군에는 다양한 스타일의 맥주가 있으며, 각각 고유의 특징을 가진다. 수십 년 혹은 몇 세기에 걸쳐 전통적인 방식이 그대로 이어져 온 종류도 있고, 현대적이고 유행에 맞게 변화하면서 형태를 갖춘 종류도 있다.

에일
에일 효모를 사용해 따뜻하게 발효

- 페일 에일과 IPA(인디아 페일 에일 - 옮긴이)
- 스타우트와 포터
- 잉글리시 에일
- 헤페바이젠
- 윗비어
- 세종
- 벨지안 두벨, 트리펠, 쿼드루펠
- 쾰쉬
- 알트비어

라거
라거 효모를 이용해 저온에서 발효

- 필스너
- 헬레스
- 페스트비어
- 둥켈
- 슈바르츠비어
- 보크
- 도펠보크
- 호피 라거
- IPL(인디아 페일 라거 - 옮긴이)

와일드/사워
와일드 이스트와 박테리아 사용

- 람빅
- 괴즈
- 크릭
- 벨지안 레드 브라운
- 와일드 에일
- 베를리너 바이세
- 고제

누가 가장 많이 만들고 마실까?

양조 1위 국가는 중국이며 미국과 브라질, 멕시코, 독일이 5위 안에 자리하고 있다. 전체 맥주 소비량은 아시아가 1/3, 아메리카 1/3, 유럽이 1/4을 차지한다. 1인당 맥주 소비량에서 1위를 차지한 국가는 체코이며 오스트리아, 폴란드, 루마니아, 독일이 그 뒤를 따른다. 체코 사람 한 명이 1년에 마시는 맥주량은 평균 180리터 정도인데, 이는 2위 오스트리아의 두 배에 달하는 양이다.

맥주 마시기

맥주에는 대부분 알코올(에탄올)이 들어 있다. 이 성분은 수용성이며 체내로 들어오면 먼저 소화기관으로 내려가서 일부는 혈류를 타고, 나머지는 소장으로 간다. 이때 음식을 함께 먹었다면 흡수는 느려질 것이다.

알코올이 체내를 돌아다니기 시작하면 그 영향을 직접 느끼게 된다. 처음 몇 모금에 기분은 좋아지겠지만 사실상 신체에서 이 성분은 빨리 분해해 처리해야 할 최우선순위 대사물질일 뿐이다. 즉 최대한 빨리 몸에서 제거해야 할 대상이란 뜻이다.

처리 과정은 대부분 간을 통해 이뤄지고, 일반적으로 1시간에 맥주 한 잔 정도 – 도수는 약 4% – 를 처리할 수 있다고 한다. 하지만 신체가 처리할 수 있는 속도 이상으로 빠르게 술을 마시게 되면 알코올이 체내에 축적되어 술에 취한 느낌을 주게 된다. 그리고 더 많이, 더 빨리 마실수록 이 성분은 몸에서 문제를 일으킬 가능성이 높아진다. 그러므로 맥주를 즐기되 감당할 수 있을 정도로만 마시도록 하자.

맥주의 풍미

이 책은 무엇보다 맥주의 풍미에 집중하고 있다. 풍미는 각각의 재료와 제조 공정 차이는 물론이고 재료 간의 상호작용으로도 달라진다. 다음은 맥주의 풍미를 표현할 때 흔히 쓰는 용어와 하위 용어를 정리한 표다.

홉	꽃(풀, 과일)	풀(생 또는 말린), 홉의 잎/펠릿/콘, 생화/나무에서 피는 꽃, 꿀/마멀레이드 레몬그라스/카피르 라임
	감귤류	레몬/라임, 오렌지/귤, 자몽
	열대과일과 달콤한 향	패션프루트, 파인애플, 망고, 구아바/파파야, 코코넛
	핵과, 베리류, 과수원 과일	복숭아/살구, 체리/자두, 포도/리치, 구스베리, 블랙커런트, 블루베리
	향신료	아니시드/혼합 향신료, 흑후추, 커민/카레 향신료
	알싸함과 채소	톡 쏘는 맛의 베리류, 양파/마늘 마리화나/향이 강한 마리화나
	허브와 나무	송진/소나무, 삼나무/나무, 허브(로즈메리, 딜), 민트/멘톨, 땅/흙
몰트, 곡류, 부재료	곡물과 맥아	짚/풀, 맥아/진한 맥아, 크림/귀리
	빵과 구운 빵	빵, 비스킷, 아침 식사용 시리얼, 짭짤한 크래커, 토스트, 견과류/구운 견과류 신선한 반죽 사워도우 빵
	과일과 캐러멜	옅은 감귤류, 차, 말린 과일/차, 케이크, 감초, 마멀레이드/꿀, 퍼지 당밀/메이플시럽
	로스팅	초콜릿/코코아, 커피(원두/가루), 볶은 보리, 훈연(나무/고기/피트)
물	연수	풍부한 향/단맛
	경수	드라이함/산뜻함
효모, 발효	에스테르	달콤한 사과/자두, 장미/꿀, 바나나, 복숭아/열대, 바닐라/크림, 아니시드/말린 과일
	페놀	흑후추/백후추 정향/훈연/약
	브레타노미세스	헛간/농장 안마당, 파인애플/신 열매
	박테리아	신맛(식초), 산성(레몬), 젖산(시큼한 유제품)
	알코올	옅은 과일 향, 와인/따뜻함
숙성 맥주	일반 숙성 방식	말린 과일/셰리, 견과류/아몬드 간장/감칠맛
	배럴 숙성 방식	귀리/나무, 기존에 담겨 있던 알고올(와인/위스키), 코코넛/바닐라

맥주의 역사

수천 년간 맥주는 새로운 과학의 발견, 기술 개발, 문화적 진보, 사회 변화와 함께 발전해왔다.

기원

인간의 역사와 항상 함께해온 맥주를 전문적으로 양조했던 시기는 농업혁명 또는 신석기 혁명이 일어났던 기원전 1만 년으로 추정하고 있다. 이때를 시작으로 맥주는 모든 이들이 매일 마시는 음료로 서서히 자리 잡게 된다. 수분이나 영양을 보충하는 용도 외에도 모임에서 함께 즐기면서 사회 음료의 역할을 한 것도 바로 맥주였다.

맥주를 마시기 시작한 이후 1,000년간은 삶에 대한 통찰력을 살펴볼 수 있는 시기였지만, 현대의 술꾼들은 16세기 이후부터의 이야기에 더 관심이 기울 것이다.

16세기 이전

북유럽에서 맥주는 주식이었다. 여기에 들어가는 홉은 쓴맛을 내는 주재료였으며, 그전에는 여러 가지 허브를 섞어 넣었다. 당시에는 여성들이 주로 양조했고 가정 내에서만 마시는 음료였지만 대가족을 이룬 가정과 수도원에서는 훨씬 큰 규모의 양조장을 만들기도 했다. 당시의 당화조, 발효조, 보관 용기는 모두 나무로 만들었다.

이때까지도 경험을 바탕으로 생산이 이어졌지만 현대 양조의 기반이 세워진 시기였다. 모든 맥주는 에일 방식으로 만들었고 지역마다 종류가 다양했지만 크게 대표적인 두 가지 특징, 즉 신맛을 내는 페일 밀을 베이스로 만든 맥주와 진하고 달콤하며 약간의 훈연 맛이 나는 맥주로 나뉘었다.

16~18세기

양조와 몰트 제조가 전문 기술을 요하는 사업이 되고 맥주가 상품화되는 시기다. 영국은 이런 흐름에 가장 앞장선 국가였으며, 당시 세계 곳곳에 있던 영국 식민지로 맥주가 퍼져 나가게 된다. 1700년대 후반 산업혁명을 거치며 영국에서는 거대한 규모의 양조장이 증기 동력과 다른 선진 기술을 이용해 성장하게 된다. 그리고 포터(상면 발효로 생산되는 영국식 맥주의 한 종류 – 옮긴이)가 세계에서 첫 번째로 유명한 스타일이 된다.

중유럽 독일의 바이에른 주는 맥주의 품질을 높이기 위한 양조법을 시행했고, 이와 함께 맥주를 저장고에 서늘하게 보관하는 독특한 방식으로 양조한 라거 맥주를 탄생시켰다. 양조는 보통 계절의 영향을 받기 때문에 겨울에만 이루어졌다. 만든 맥주는 보관했다가 여름에 마셨으며, 대부분 지역 내에서 소비되었다.

휘트브레드 양조장
18세기의 영국 양조업자는 대부분 마력에 의존해 맥주를 만들었다. 조지 가라드가 그린 <휘트브레드 브루어리>란 1792년 작품이 런던의 성공한 대형 양조장을 잘 보여주고 있다.

잉링
펜실베이니아 주 동부에 위치한 포츠빌에서 1829년 설립된 잉링 브루어리는 현재까지 운영 중인 미국에서 가장 오래된 양조장이다.

19세기

경험에만 의존해 만들던 과거의 방식에서 벗어나 기술적·과학적으로 발전하게 되는 황금기라 할 수 있다. 19세기 초반에는 영국의 에일 제조 방식이 세계적인 주도권을 쥐고 있었지만, 후반부터는 라거 방식이 판도를 뒤집게 된다.

온도계와 액체비중계를 비롯한 새로운 기기로 단맛을 측정하고 맥주를 관리할 수 있게 되면서 질이 크게 향상되고, 이후 산업화가 진행되며 규모는 더 커지게 된다.

더 밝은색 몰트를 만드는 등의 새로운 기술이 기존 맥주의 풍미를 바꾸고 뮌헨 라거, 비엔나 라거, 필스너 같은 새로운 스타일이 등장했다. 또한 발효에 대한 지식이 늘어나면서 이를 조절하기도 더 쉬워졌다. 인공 냉장 방식으로 온도를 조절하면서부터는 연중 양조가 가능해졌으며, 이는 더 많은 국가에서 양조를 할 수 있다는 뜻이기도 했다.

양조에 쓰인 나무도 다른 물질이 대체했고, 21세기에 들어서며 스테인리스가 가장 많이 쓰이는 재료가 되었다.

병맥주 대량 생산이 가능해지고 운송 시간이 단축되면서 지역 한정 제품(수제 맥주 생산만 가능한 환경)이 병에 담겨 전국으로 퍼질 수 있었다.

당시에는 중유럽인들의 이주가 잦았으며 자신만의 전통 라거 양조법을 가지고 떠나게 된다. 이런 현상은 북아메리카가 라거 양조에서 새로운 실세로 떠오르는 데 크게 기여하게 된다.

20세기

맥주의 맛이 천차만별이었으며 단맛이 강했던 다크 에일에서, 맛이 일정하고 산뜻한 페일 에일과 라거로의 변화가 일어났던 시기이다. 또한 영양가 있는 '액체 빵'의 주요 기능이 친목 음료로 변하게 된 시기이기도 하다. 맥주, 특히 라거는 현재까지 인기를 누리며 세계 곳곳에서 양조되고 있다.

미국의 금주령(1920~1933년)이나 세계대전(1914~1918, 1939~1945년) 같은 큰 사건은 맥주에도 영향을 주면서 1950년대 이후 스타일이 새롭게 변하게 된다. 점차 쓴맛이 덜하고 마시기 부드러운 맥주가 중심으로 이동하게 되지만, 여전히 전통적인 스타일을 찾는 소비자도 꾸준히 이어졌다. 또한 마케팅도 맥주업계에서 중요한 요소로 자리 잡게 된다.

1960~1970년대에는 페일 라거가 대중화되었고 많은 양조업체가 소수의 글로벌 기업에 합병된다. 1980년대에 들어서면서 소규모 양조업체와 수제 양조장 혁명이 본격적으로 시작된다.

21세기

소규모 양조 혁명이 시장을 휩쓸자 양조업자는 지역 소비자들을 타깃으로 하여 최고의 맛과 다양한 품종의 제공을 목표로 삼게 된다. 현대의 혁신적인 맥주와 고전적인 스타일이 공존하게 되면서 맥주의 종류는 그 어느 때보다 다양해졌다. 그리고 대부분 홉의 향과 맛이 맥주의 인기를 좌우했다. 수제 맥주에 대한 관심이 폭증하자 세계적인 양조 회사에서는 소규모 양조장을 인수하기 시작한다. 따라서 어디를 가든 곳곳에서 소규모 양조장을 발견할 수 있게 되었다.

맛의 작용 원리

맥주의 맛을 보기 전에 우선 우리의 감각과 뇌가 맛에 대해 어떤 식으로 작용하는지 먼저 알아보도록 하자.

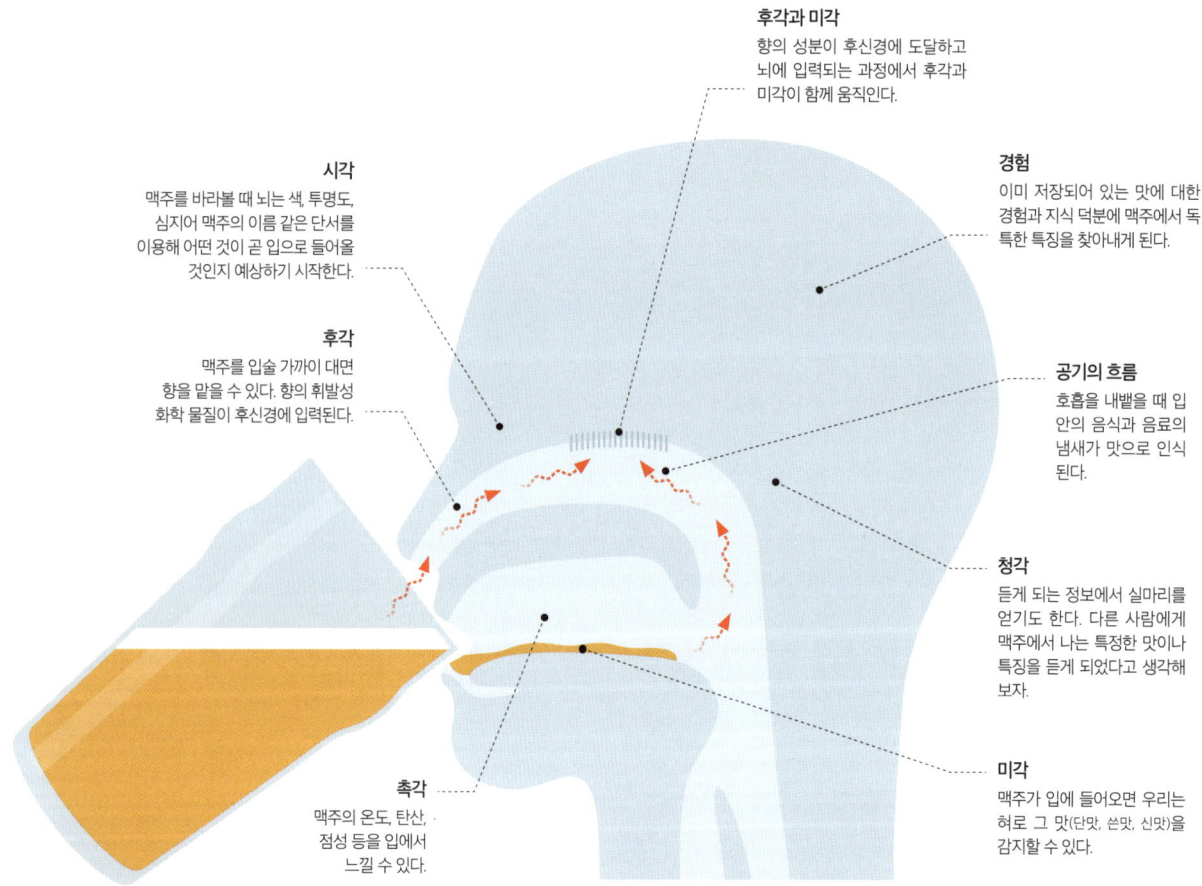

후각과 미각
향의 성분이 후신경에 도달하고 뇌에 입력되는 과정에서 후각과 미각이 함께 움직인다.

시각
맥주를 바라볼 때 뇌는 색, 투명도, 심지어 맥주의 이름 같은 단서를 이용해 어떤 것이 곧 입으로 들어올 것인지 예상하기 시작한다.

경험
이미 저장되어 있는 맛에 대한 경험과 지식 덕분에 맥주에서 독특한 특징을 찾아내게 된다.

후각
맥주를 입술 가까이 대면 향을 맡을 수 있다. 향의 휘발성 화학 물질이 후신경에 입력된다.

공기의 흐름
호흡을 내뱉을 때 입 안의 음식과 음료의 냄새가 맛으로 인식된다.

청각
듣게 되는 정보에서 실마리를 얻기도 한다. 다른 사람에게 맥주에서 나는 특정한 맛이나 특징을 듣게 되었다고 생각해 보자.

촉각
맥주의 온도, 탄산, 점성 등을 입에서 느낄 수 있다.

미각
맥주가 입에 들어오면 우리는 혀로 그 맛(단맛, 쓴맛, 신맛)을 감지할 수 있다.

맛은 뇌에서 결정된다

맛에 대한 경험은 개인마다 다르다. 음식을 먹을 때는 후각, 미각, 촉각, 시각, 청각을 모두 사용할 뿐만 아니라 그때의 기분, 기대감, 이전의 경험 등까지 합한 후 뇌가 맛을 결정하기 때문이다. 따라서 어떤 것을 맛보든, 이는 우리만의 경험이라 할 수 있다. 그러므로 다른 이의 평가가 나와 현저히 다르다고 해서 내가 틀렸다고 받아들이지 말자. 물론 맛을 보다 정확하게 알아내거나 더 잘 표현할 수도 있겠지만, 지금 느끼는 맥주의 맛이 당신에게는 가장 진실한 느낌일 것이다.

맛 인식하기

맥주에서 특별한 맛을 찾아낼 때 감각, 선호도, 경험이 도움을 줄 것이다.

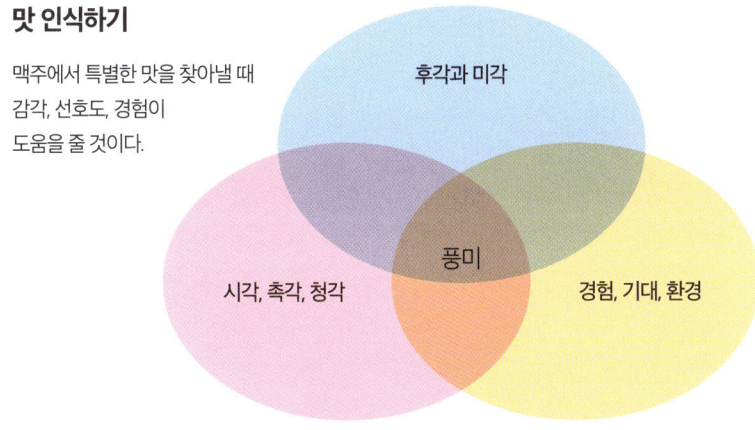

맛의 감각

우리는 다섯 가지 맛을 감별할 수 있다. 단맛, 쓴맛, 신맛, 짠맛, 감칠맛. 이런 감각은 좋은 음식은 먹되, 해로운 음식을 피하도록 도와준다. 또한 맛은 향과 연결되어 먹은 음식의 풍미를 느낄 수 있게 한다.

단맛은 탄수화물의 형태로 열량을 내는 원천이 되므로 언제나 환영받지만 쓴맛은 음식이 상했을 가능성을 내포하기 때문에 쓰다는 느낌을 받으면 일단 경각심을 가지게 된다. 우리는 맛과 냄새, 그리고 다른 정보를 종합해 음식에 관한 결정을 내린다. 소금은 생존에 필요한 식품이지만 과하면 독이 된다. 따라서 일정량 이상 먹으면 불쾌감을 느끼고 제대로 삼키지 못하기도 한다. 신맛 역시 잘 익은 과일이나 발효 음식을 떠올리게 해서 소량은 몸에 좋지만, 과하면 해당 음식이 상했는지 의심해 봐야 한다.

감칠맛은 보통 익힌 단백질 음식, 발효된 맛 또는 아주 맛있는 음식이란 이미지를 떠올리게 한다. 최근에는 지방이 특정한 맛을 낼 수 있는지에 관한 연구도 진행 중이다.

후각의 역할

후각은 다른 감각의 정확도를 높이고 의사결정을 도움으로써 우리가 안전하게 살아가도록 돕는 감각이다. 맛을 이해할 때는 모든 감각을 사용하지만, 그중에서 후각이 가장 적극적인 역할을 하며 큰 즐거움을 선사한다. 또한 음식이 먹기에 안전한지 판단하는 데도 도움이 된다.

후각은 크게 두 가지 방식으로 작동한다. 전비강 후각과 비후 후각. 전비강 후각은 우리가 숨을 들이쉴 때 맡게 되는 주변의 모든 냄새-향기-와 관련이 있다. 비후 후각은 입안에 들어온 음식의 냄새를 맡는 후각이다. 숨을 내쉴 때 이를 경험하며 맛에 대한 인상을 받게 한다.

맥주의 냄새

맥주 안에는 수백 가지 향이 들어 있다. 우리가 이 향을 맡을 때 그 성분이 코로 들어와 후각수용기에 다다른다. 그러면 수용기는 후각망울에 신호를 보낸다. 우리가 맥주를 마신 후 숨을 내뱉으면 더 많은, 그리고 또 다른 향이 나오면서 침과 반응하게 되고, 다시 이 수용기에 닿는다. 후각망울은 뇌의 다른 부분, 정확히 말하자면 기억과 감정을 처리하는 부분으로 정보를 보내기 전에 이 냄새를 확인하고자 한다. 우리가 방금 호흡을 내뱉으며 맛본 것에 대해 뇌가 쉽게 결정하도록 후각망울은 다른 감각에서 받은 신호를 참고해 빠르게 맥주에 대한 기본적인 느낌을 전해준다.

따라서 우리가 의식적으로 맥주를 분석하려고 한다면, 뇌는 느낌을 간소화해서 빠르게 결론을 내는 본능을 억누르고 새로운 방식으로 활동하게 될 것이다. 그리고 이런 과정에서 우리는 즐거움도 함께 느낀다.

향기 도서관

우리는 무의식적으로 과거에 맡았던 거의 모든 냄새를 기억한다. 그리고 이런 능력은 음식에 대해 의사결정을 할 때 도움을 준다. 뇌에는 하나의 거대한 향기 도서관이 있어서 필요할 때면 언제든 정보를 꺼낼 수 있다. 냄새는 기억과 감정을 통해 처리되기 때문에, 감정(어릴 때 먹었던 음식, 사랑하는 사람의 향수)과 함께 저장되는 냄새는 좀 더 본능적으로 소환되곤 한다. 그러므로 맥주의 맛을 찾아내는 훈련을 할 때도 이런 방식을 사용해 의식적으로 향기 도서관에 입력해보는 건 어떨까. 또한 당신이 의식적으로 생각을 하면서 맥주를 마신다면 뇌는 맥주에 관련된 것 외에도 수많은 냄새의 기억을 샅샅이 뒤질 것이다. 그래서 아침 식사용 시리얼이나 사탕 같은 예상치 못한 맛까지 느끼기도 한다. 사람마다 지닌 기억이 다르기 때문에 냄새와 맛에 대한 평가는 개인의 경험이 불러온 것이라 할 수 있다.

맥주를 위한 감각

맥주를 마실 때마다 느끼는 맛은 과거의 경험과 모든 감각이 어우러져 내린 결론이다. 이런 과정은 다음과 같이 이루어진다.

시각

시각은 후각보다 정확하면서도 미묘한 감각이다. 맥주의 외형은 기대감에 크게 영향을 주어 색을 보고 맛을 어느 정도 예상할 수 있다. 예를 들어 주황빛을 띤 체리 맛 음료를 받았을 때 우리는 체리 맛을 예상하지 못할 것이다. 또는 밝은 노란색 맥주를 보면 짙은 갈색 맥주와는 맛이 다를 거라 생각할 것이다. 매력적인 잔에 담긴 맥주가 겉보기에 정말 맛있어 보이고 거품까지 적당하다면 그 반대의 경우보다 맛에 대한 기대감이 훨씬 높아진다.

브랜드나 이름도 영향을 준다. 사실 많은 사람이 라벨에 적힌 이름을 보고 맥주를 선택한다. 그리고 망고 드림이라는 맥주가 커피 몬스터와는 전혀 다른 음료일 거라고 쉽게 예상할 수 있다. 시각적으로 보고 판단할 수 있는 플레이버 휠이나 용어 목록을 사용하면 맥주 맛을 아는 데 도움이 될 것이다.

후각

냄새는 무한하고 미묘하며 우아하다. 우리는 단일한 화학 성분뿐만 아니라 수천 개의 서로 다른 향에 대해 '스멜 스케이프(후각으로 풍경을 그려낸다는 의미 – 옮긴이)'를 완벽하게 그려낼 수 있다. 미묘함을 찾는 능력으로 레몬과 자몽의 차이를, 사즈 홉과 시트라 홉의 차이를 구분하고, 맥주 향을 맡은 후 수십 가지 맛을 표현할 수 있다.

또한 전체적인 향을 맡는 대신, 특정 부분만 집중해서 맡을 수도 있다. 몰트의 향을 느끼기 위해 홉의 향을 무시하거나, 홉을 느끼기 위해 효모가 생성한 에스테르 향을 무시할 수도 있다.

수백 가지 화학 물질 중에서 뇌는 자신이 인식한 향의 패턴을 찾아내 정확한 냄새를 알아낸다. 그러므로 더 많은 냄새를 안다면 맥주에서 더 많은 향을 찾아낼 수 있을 것이다.

미각

맥주는 대부분 다섯 가지 기본 맛 – 단맛, 쓴맛, 신맛, 짠맛, 감칠맛 – 에서 최소 두 가지의 맛을 내며, 다섯 가지 모두를 내는 종류도 일부 있다. 맛은 향과 어우러져 미묘한 경험을 선사한다. 맥주의 기본 맛이 쓴맛(레몬 껍질), 단맛(레몬 커드), 신맛(생레몬)이라면 레몬 맛 맥주에서도 각각 다른 풍미를 느낄 것이다.

우리는 맛의 단계를 구분할 수 있지만 이런 단계가 균형을 이루기도 하고 한 가지 맛이 뚜렷하게 나타나기도 한다. 맥주의 단맛이 아주 진하면 강한 쓴맛이 상대적으로 덜 느껴질 것이다. 모든 맥주에는 다양한 양의 단맛이 들어가며, 신맛을 내는 맥주를 제외하고는 대부분 쓴맛도 함께 들어 있다.

신맛은 보통 산성/젖산 또는 아세트산이며, 소량이라면 맛있지만 과하면 먹기에 거북할 수도 있다.

훌륭한 맥주에 대한 모든 기억은 단순히 맛보다 경험이 더 많은 영향을 준다.

문화의 영향

맛은 문화 속에서도 달라지기 때문에 기준점은 문화마다 차이가 있다. 따라서 맥주를 마실 때 자라면서 경험한 맛을 더 잘 찾곤 한다. 국가마다 떠올리는 맛이 다를 수 있으며, 특히 홉의 비중이 큰 맥주나 이국적이고 과일 향이 강하며 진한 맥주에 이런 경향이 두드러진다. 대부분 어릴 때 맛보았던 사탕 같은 단맛에서부터 기준점이 세워지는 경우가 많다. 서울, 뭄바이, 웰링턴, 밀라노, 덴버에 사는 사람은 맥주에서 각기 다른 맛을 찾아낼 것이다.

촉각

우리는 입안에 있는 맥주를 느끼며 그 특징을 감별할 수 있다. 온도 차를 알아채고 탄산이 거의 없는지 톡 쏘는지 부드러운지 알 수 있다. 또는 작고 단단한 거품(샴페인 등)이나 큰 거품(탄산음료 등)을 느끼기도 한다.

점성은 탈지유와 일반 크림의 차이처럼, 아메리칸 라거같이 낮은 제품이 있고 임페리얼 스타우트같이 높은 제품이 있다.

떫은맛(타닌)은 포도 껍질과 같은 맛이며, 단맛이 전혀 없거나 매우 쓰거나 오크통에서 숙성한 맥주에서 느낄 수 있다.

높은 도수의 술에서는 뜨거운 느낌을 받기도 한다. 그 외에 입에서 느끼는 특징에는 칠리에서 느끼는 매운맛, 생강 같은 재료의 알싸한 맛, 민트나 멘톨에서 느끼는 시원한 맛이 있다.

청각

소리는 언뜻 느끼기에 맛에 영향이 없을 것 같지만 중요한 역할을 할 수도 있다. 맥주병이나 캔을 처음 따거나 컵에 담기는 소리를 들으면서 갈증을 더 느꼈던 적은 없는가?

또한 사람 간의 상호작용에서도 영향을 받는다. 누군가 "이 맥주는 초콜릿 트러플 냄새가 나"라고 말하며 건네준다면 당신도 그 향이 난다는 생각이 들지도 모른다. 아니면 "이건 세계 최고의 맥주지"라고 말하는 것이 "이상한 냄새가 나지 않아?"라고 하는 것보다 마시기 전의 기대감이 훨씬 높을 것이다.

경험과 기대, 그리고 환경

지식과 경험은 맛을 느끼는 데 도움을 준다. 즉 여러 가지 음식과 맛을 넓게 이해한다면 맥주에서도 더 많은 향을 찾아낼 수 있다는 의미다.

또한 여러 가지 스타일의 맥주를 알고 있으면 평가도 더 빠르게 내릴 수 있다. 만약 우리가 다양한 맥주를 시음해본 사람이라면 광범위한 맛의 특징을 선별해낼 수 있어야 한다.

기대감도 영향을 준다. 구하기 어렵거나 좋은 평가를 받은 맥주를 본다면 기대치가 이미 높아져 있을 것이다. 그러므로 마시기 전부터 해당 맥주에 긍정적인 평가를 내리는 쪽으로 기울어져 있을지도 모른다.

환경 또한 중요하다. 양조장에서 신선한 맥주를 마시는 일은 홈술보다 한층 유쾌한 경험을 선사할 것이다.

맥주에 대한 감각적 평가

다음은 맥주를 마시고 평가할 때 활용할 수 있는 맛보기 기술과 고려 사항이다.

맥주 제대로 맛보기

사람마다 맥주 맛을 보는 최적의 방법이 있겠지만, 참고하면 도움이 될 만한 특별한 기술 몇 가지를 소개한다.

1. 우선 맥주를 바라보자.
색과 선명도는 어떤가? 거품은 적당한가? 마시고 싶은 느낌이 드는가?

2. 맥주를 살짝 흔들어보자.
휘발성 향의 성분이 살짝 흘러나올 것이다. 어떤 냄새가 나는가? 코에 조금 더 가까이 가져가 향을 맡아보자. 과일 향, 몰트 향, 매운 향이나 다른 향이 나지는 않는가?

3. 다시 냄새를 맡아보자.
이번에는 깊게 들이쉰다. 그다음은 짧고 빠르게(빠르게 들이쉬면 더 많은 향을 맡을 수 있다) 맡아보자. 다른 특정한 향이 나는가? 그 향은 옅은가, 짙은가?

4. 맥주를 한 모금 마셔보자.
아니면 입에 머금어보자. 입안에서 맥주를 굴려보고 할 수 있다면 향을 느껴보자. 그러면 모든 향이 입안을 돌아다니며 혀를 감쌀 것이다.

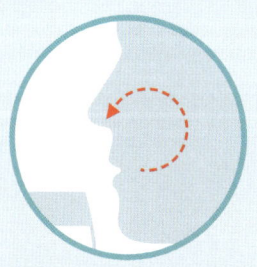

5. 맥주를 마신 후 숨을 내뱉어보자.
입안 공기를 코 쪽으로 내보낸다. 풍미, 맛, 마우스필(입안에 넣었을 때의 느낌 – 옮긴이), 피니시, 전체적인 느낌이 어떤지 생각해보자.

주요 특징

맛보기에 자신감이 생기면 좀 더 전문적으로 맥주를 평가해볼 수 있게 된다. 가령 여러 맥주를 비교해보며 기대치를 만족시키는지의 여부를 알 수 있고, 등급(낮은 단맛, 높은 쓴맛)을 나눠볼 수 있으며, 재료와 풍미를 감별할 수 있고, 심지어 이 모든 부분을 종합해 평가할지도 모른다. 맥주의 외형부터 마무리까지 차례로 평가할 수 있는 것이다. 다음은 고려해볼 수 있는 몇 가지 사항이다.

외형과 거품

- 밀짚색~검은색
- 투명, 살짝 탁함, 많이 탁함, 불투명(불필요한 침전물이 있는가?)
- 거품 없음~거품이 계속 형성됨, 거품의 빛깔 확인(흰색~진갈색)
- 보기에 좋은가?
- 스타일과 잘 어울리는가?

향

- 옅음, 중간 또는 진함
- 향의 특징과 기원(홉, 몰트, 과일 향, 매운 향, 와일드 이스트, 숙성 등)
- 예상한 향인가?
- 거북한 향은 없는가?

맛

- 단맛은 어느 정도(없음~매우 높음)인가?
- 쓴맛은 낮음·중간·높음 중 어느 정도인가? 마시자마자 느껴지는가, 아니면 마실수록 점점 더 느껴지는가?
- 홉의 쓴맛과 몰트의 쓴맛(자몽 껍질과 에스프레소를 비교하며 생각해보기)을 구분할 수 있는가?
- 신맛이 첨가되어 있는가? 맥주와 잘 어우러지는가?
- 맛의 균형은 어떤가? 맥주의 스타일에 적합한가?

마우스필과 마실 때의 특징

- 가벼움, 중간 또는 무거운 느낌의 풀보디감
- 달지 않고 산뜻한 느낌~달고 무거운 느낌
- 탄산: 적음 또는 물처럼 거의 없음~샴페인 정도로 많음
- 농도: 미묘/옅음~매우 짙음
- 맛의 깊이: 세계에서 인정받는 수준의 맥주는 전체적으로 깊이 있는 풍미감을 가진 경우가 많다.
- 피니시: 여운이 이어지는가 아니면 빠르게 사라지는가(그 느낌은 좋은가)? 마무리감은 어떤 특징을 지녔는가?

전반적인 감상

- 맛이 좋고 훌륭한 맥주인가, 아니면 맛이 없고 형편없는 맥주인가?

> **적절한가?**
>
> 맥주를 마시면서 맥주가 가진 스타일과 어울리는지 비교해보는 행위는 맥주의 특성을 평가하기에 좋은 방식이다. 가령 헬레스는 열대과일 향이 매력적인 맥주지만, 그 스타일과는 잘 맞지 않는다.

테이스팅 시트

다음 시트는 당신이 맥주를 맛보고 평가할 때 특징을 잘 알아볼 수 있는 좋은 길잡이가 되어줄 것이다. 맛과 향부터 시작해서 상세한 감상평까지 이어가면 된다. 예를 들어 맥주에서 빵 냄새가 난다면 이것이 무엇인지 시트를 보고 알아내는 것이다.

외형			색깔		
투명	탁함	불투명	밀짚색	노란색	황금색

몰트, 부재료	홉	에스테르
곡물	꽃/풀	서양배/사과
크림	꽃/과일	바나나
빵	감귤류	아니시드
오븐에 구운 빵	열대	꽃
토스트	멜론	다크 프루트
과일	핵과	와인
매운맛	베리류	따뜻함
캐러멜/단맛	달콤한 향	바닐라
로스팅 맛	향신료	열대
훈연	알싸한 향	핵과
	허브/나무	기타

마우스필과 마실 때의 느낌		
탄산	보디감	쓴맛
없음 → 많음	가벼움 → 무거움	적음 → 높음

균형			
적당함	적당하지 않음	문제 있음	형편없음

주황색	호박색	갈색	검은색	거품		
				없음	사라지지 않음	

와일드/신맛/페놀	기타	발효
젖산/산성	나무/오크	깔끔/중간
아세트산	셰리/숙성	과일
과일 브렛 향(효모의 일종 – 옮긴이)	견과류/숙성	매운맛
지독한 브렛 향	풍미 첨가	와일드/브렛
페놀 향	알코올	신맛

부정적/스타일에 부적합

디아세틸/버터	산화
아세트알데하이드/사과	페놀 향
디메틸설파이드/옥수수	신맛
황	기타

단맛	강도	피니시
적음 → 높음	희미함 → 강함	짧음 → 오래감

총평

적당함	괜찮음	매우 좋음	훌륭함

전반적인 감상

맥주의 스타일 이해하기

스타일은 맥주를 구분하고 이해하는 데 도움을 주는 요소다. 소비자들은 스타일을 보고 맥주의 맛을 가늠하고 구입하며, 양조업자들은 스타일을 기반으로 자신만의 레시피를 만든다.

맥주의 스타일이란?

어떤 스타일은 전통적이며 특정 국가나 지역, 도시, 심지어는 독립된 양조장을 대표하기도 한다. 역사적으로 그 지역에서 나는 재료와 지역 특유의 양조 방식으로 생겨난 경우가 많으며 그곳의 대표 맥주로 자리 잡는다.

세계적으로 양조가 점차 관심을 받으면서 맥주의 스타일에도 가이드라인이 만들어지고 맛과 재료, 특징 – 쓴맛의 정도, 알코올 함량, 단맛의 양 등 – 이 세분화되고 차별화되기 시작했다. 이런 스타일 가이드는 맥주의 스타일을 나누는 데 기초가 되었고 세계의 다양한 맥주를 더 자세히 이해하는 데 도움을 준다.

맥주의 스타일이 중요한 이유

맥주 스타일에 대한 정의는 1970~1980년대에 좀 더 이론적으로 정립된다. 맥주 회사 간 경쟁이 한층 치열해지면서 맥주를 비교·판단하기 위해 스타일에 대한 공통적인 기준점을 만들기로 하고 전문가들이 모여 전통적인 스타일에서 예상되는 특징에 평가 요소를 부여했다. 또한 수제 맥주가 인기를 끌게 되자 맥주 맛을 차별화하는 데 맥주의 스타일이 매우 중요한 요소로 자리 잡게 된다. 즉 소비자들이 두벨, 더블 IPA, 필스너, 포터 중에 스타일을 보고 선택하도록 돕는 것이다.

접두사 또는 접미사 이해하기

요즘 나오는 새로운 맥주들은 고전적인 맥주의 이름에 접두사나 접미사를 붙여놓는 경우가 많아 어느 정도 맛을 예상하고 마실 수 있다.

맥주의 스타일 가이드는 전형적인 예시를 바탕으로 스타일을 나누었지만, 아주 엄격하게 되어 있거나 각각의 정의가 깔끔하게 떨어

세션 또는 테이블
도수가 낮은 종류
(세션 IPA, 테이블 세종)

임페리얼 또는 더블
도수가 높은 종류
(임페리얼 브라운 에일, 더블 IPA)

지지는 않는다. 그래서 여러 스타일의 맛이 겹쳐지기도 한다. 맥주란 양조업자가 전형적인 맥주 스타일을 바탕으로 자신만의 방식을 가미해 탄생한 노력의 결과물이라 할 수 있다. 양조업자는 고전적인 레시피를 기초로 해 새로운 맥주를 만들기도 하고, 시트라 홉을 넣은 벨지안 블론드처럼 소비자들이 기본적인 특성을 예상할 수 있는 제품을 만들기도 한다.

레시피와 맛

재료와 주방 기구, 요리 과정이 어우러져 완성된 음식처럼 맥주도 재료, 작업, 온도, 기계, 특정 위치와 영감 등의 레시피가 합쳐져 완성된다. 양조업자는 고전적인 레시피로 오리지널 버전의 스타일을 양조하거나, 레시피를 변형해 비전통적인 방식으로 양조할 수 있다.

현대적이거나 혁신적인 맥주

새로운 스타일의 맥주는 꾸준히 나오지만, 대개 기존 스타일에서 발전하거나 변신하는 경우가 많다. 아니면 스타일을 조금 변형해 하위 형태로 만들기도 한다. 이렇게 탄생한 맥주는 헤이지 IPA처럼 점차 인기를 얻기도 하고 잠깐 유행했다가 식기도 한다. 새로 출시된 맥주가 하위 형태(사워 IPA)이든 이름 앞에 접두사(임페리얼 필스너)를 붙여 나오든 모두 그럴 만한 이유가 있다. 이제 스타일은 맥주를 나누는 기준이 되었다. 양조업자는 완전히 새로운 스타일을 만들어낼 수도 있겠지만, 전통적 스타일은 언제나 창조의 영감이 되어줄 것이다.

IPA 또는 인디아
향이 나는 홉 사용
(레드 IPA, 인디아 포터)

주시/헤이지/뉴잉글랜드
탁하고 홉 향이 나는 맥주
(주시 페일, 헤이지 IPA)

아메리칸
미국 홉 향이 나거나 종종 기존의 맥주보다 더 강한 종류
(아메리칸 스타우트)

맛에 따른 맥주 스타일 지도

맥주 스타일에 관련된 지식을 알면 우리가 마시는 맥주를 보다 잘 이해할 수 있다. 각 맥주 스타일은 홉, 곡물, 발효, 숙성된 맛의 조합으로 끊임없이 새롭게 탄생하는 풍미의 결정체다. 여기에 소개하는 맛에 따른 맥주 스타일 지도는 여러 가지 맥주에서 어떤 식으로 스타일이 나뉘는지 한눈에 보여준다. 특히 이 지도의 분류 방식은 맛의 강도보다는 재료가 미치는 영향에 더 초점을 맞추었다. 예를 들어 마일드와 임페리얼 스타우트는 맛의 강도가 완전히 다르지만 둘 다 강한 몰트 향을 지니고 있어 이 지도에서는 아주 가까이 위치한다.

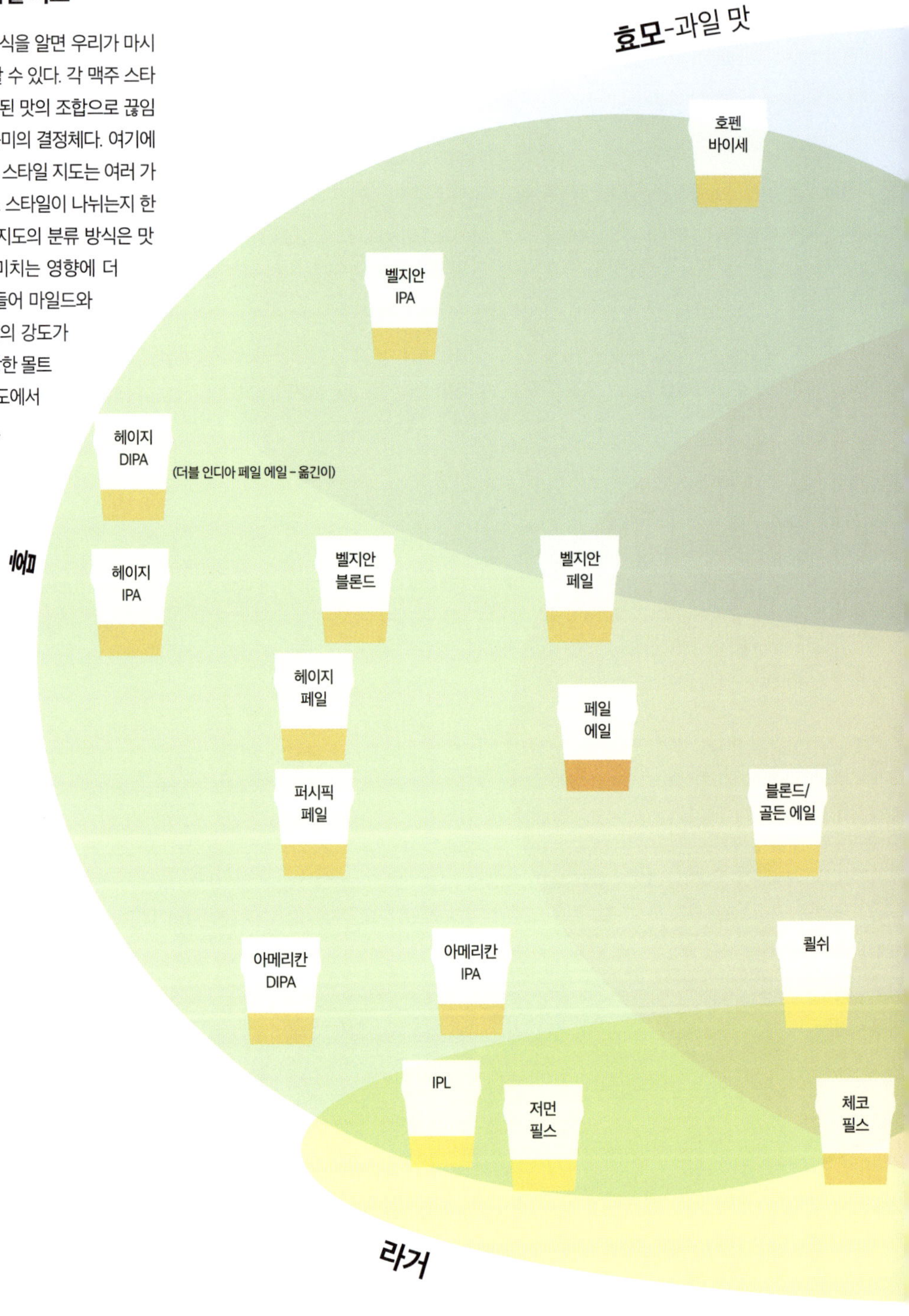

효모-과일 맛

호펜 바이세

벨지안 IPA

헤이지 DIPA (더블 인디아 페일 에일 – 옮긴이)

IPA

헤이지 IPA

벨지안 블론드

벨지안 페일

헤이지 페일

페일 에일

퍼시픽 페일

블론드/ 골든 에일

아메리칸 DIPA

아메리칸 IPA

쾰쉬

IPL

저먼 필스

체코 필스

라거

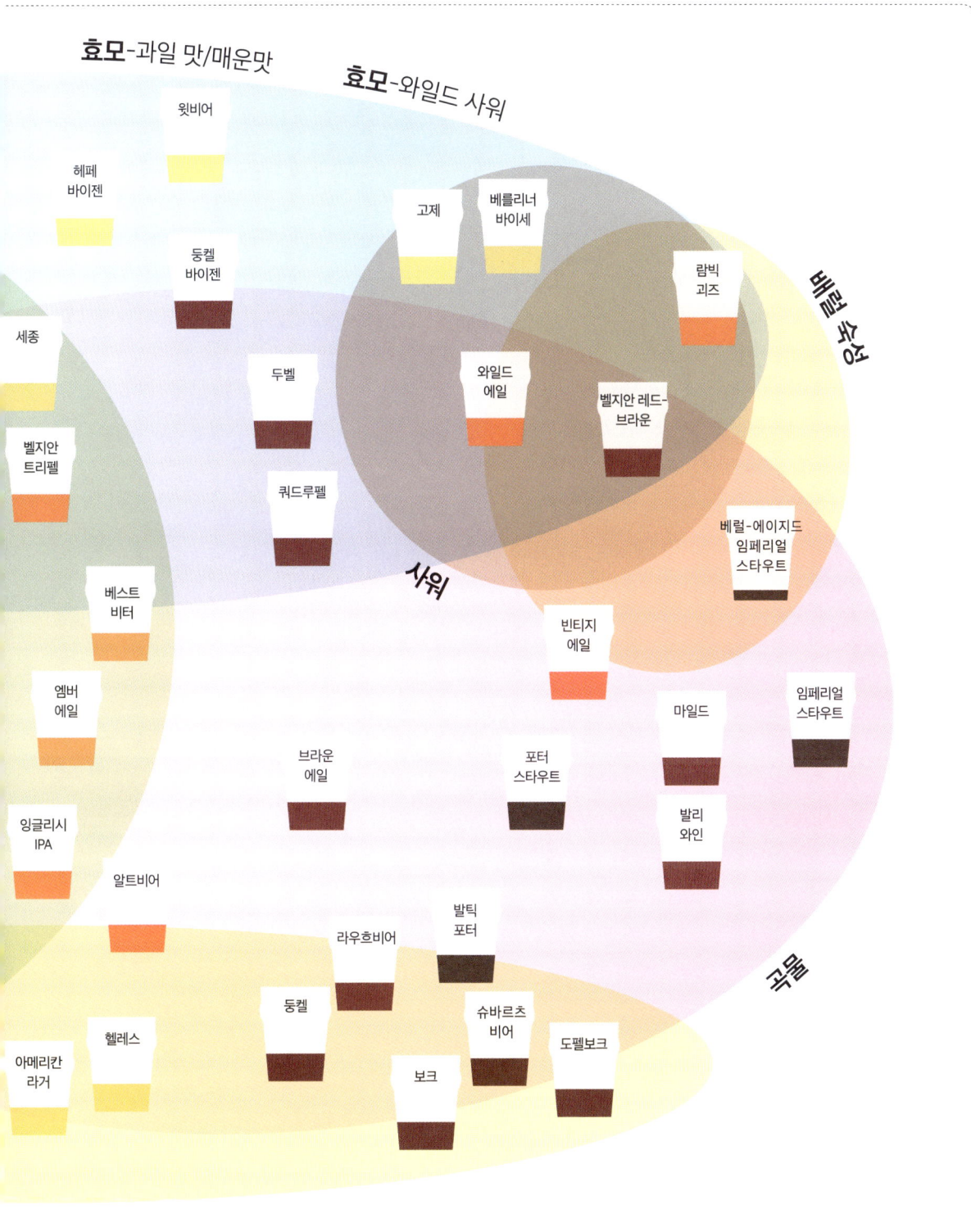

맥주의 거품

맥주를 유리잔에 따를 때 만들어진 기포는 상부로 올라가며 거품을 형성하게 된다. 이 거품은 맥주의 특징 중 하나다. 물론 청량음료, 샴페인, 사과주 같은 음료에도 많은 가스가 들어 있지만 잔에 따른 후 거품이 사라지지 않는 음료는 맥주가 유일할 것이다.

압력 변화

캔이나 병에 들어 있는 맥주에는 가스 – 보통 이산화탄소 – 가 녹아 있다. 따라서 용기를 개봉하면 내부 압력이 달라지면서 가스가 나오기 시작(푸슉 하는 소리를 들어봤을 것이다)한다. 그렇게 열린 채로 두면 이산화탄소가 서서히 밖으로 나오면서 맥주의 김이 빠지게 된다. 맥주를 잔에 따른다면 거품이 형성될 것이다.

맥주 속 이산화탄소는 유리잔에 부딪히면서 풍선처럼 바로 터지거나 여기저기 떠다니지 않는다. 맥주잔 안에는 미세한 핵들이 모이는 지점 – 매끄러운 표면에 난 작은 홈 또는 유리잔 바닥에 새겨진 패턴(오른쪽 그림 참조) – 이 있는데, 맥주에서 나온 이산화탄소가 이 지점에 쌓이면서 기포가 형성된다. 맥주를 마시는 동안에도 기포는 계속 쌓이기 때문에 맥주에 이산화탄소가 더 많이 녹아 있을수록 많은 거품을 얻을 수 있을 것이다.

기포는 맥주 표면에 이를 때까지 올라온다. 여기서 알 수 있는 맥주의 특성은 기포가 표면으로 올라왔을 때 바로 터지지 않는다는 것이다. 오히려 두꺼운 거품층을 형성하며 표면을 채운다. 이 기포는 결국 터지지만 아래에서 계속해서 새로운 기포가 올라오며 거품을 그대로 유지한다.

레이스 모양 확인하기

언젠가 술집에 갈 기회가 있다면 맥주가 가득 찬 잔이 아닌 비워진 잔을 한번 보자. 잔 내부의 거품이 마치 레이스 모양으로 남아 있는 것을 발견한다면 당신의 선택은 탁월했다. 맥주의 양조 상태가 좋고 깨끗한 잔이라면 이런 모양의 거품이 남는다. 잔 속에 링 모양 거품이 몇 개 남느냐에 따라 마신 속도를 예측할 수도 있다. 링 모양이 적을수록 단숨에 들이켰다는 의미다.

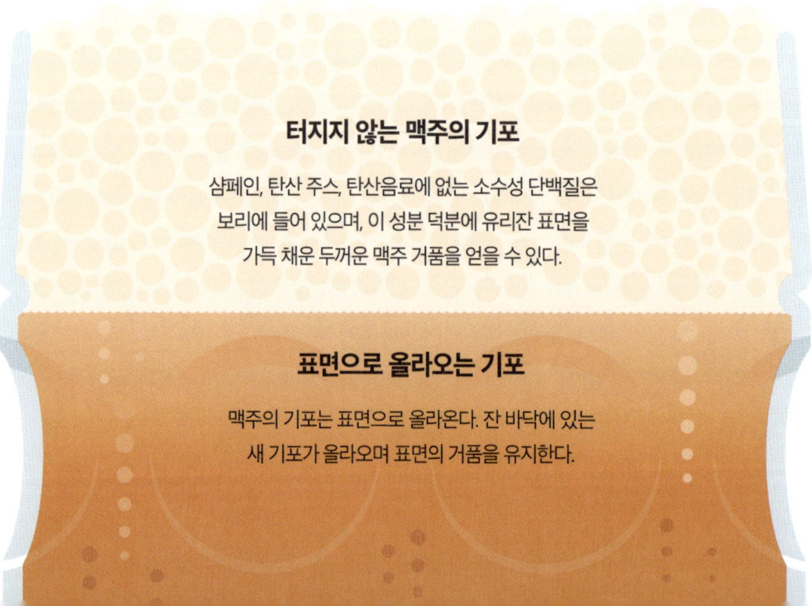

터지지 않는 맥주의 기포

샴페인, 탄산 주스, 탄산음료에 없는 소수성 단백질은 보리에 들어 있으며, 이 성분 덕분에 유리잔 표면을 가득 채운 두꺼운 맥주 거품을 얻을 수 있다.

표면으로 올라오는 기포

맥주의 기포는 표면으로 올라온다. 잔 바닥에 있는 새 기포가 올라오며 표면의 거품을 유지한다.

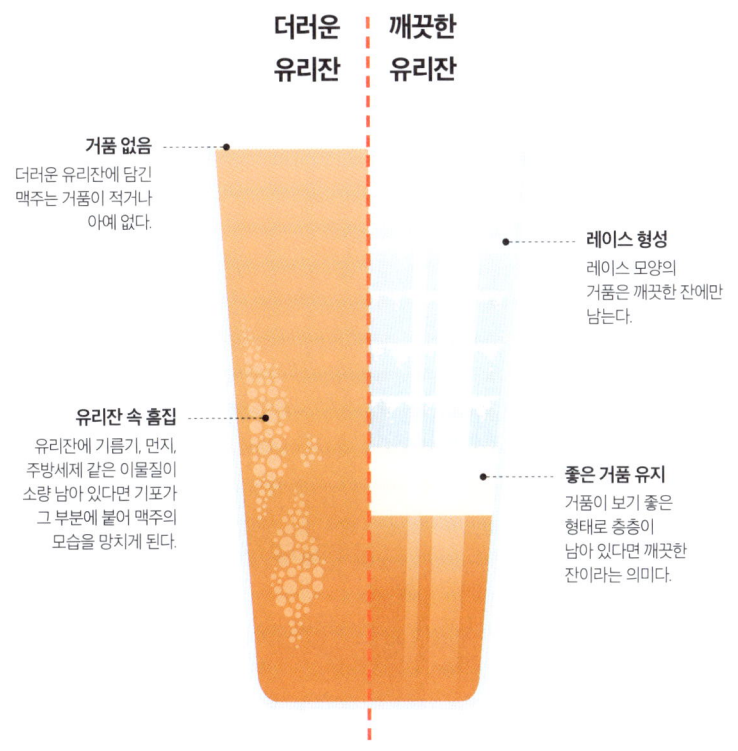

더러운 유리잔 | **깨끗한 유리잔**

거품 없음
더러운 유리잔에 담긴 맥주는 거품이 적거나 아예 없다.

유리잔 속 흠집
유리잔에 기름기, 먼지, 주방세제 같은 이물질이 소량 남아 있다면 기포가 그 부분에 붙어 맥주의 모습을 망치게 된다.

레이스 형성
레이스 모양의 거품은 깨끗한 잔에만 남는다.

좋은 거품 유지
거품이 보기 좋은 형태로 층층이 남아 있다면 깨끗한 잔이라는 의미다.

결정핵 생성 맥주잔

빈 맥주잔의 바닥을 한번 보자. 양조업자의 로고, 무늬 또는 선 같은 디자인이 새겨진 게 보이는가? 이를 결정핵 생성 마크라고 하며, 기포를 더 많이 형성하고 좋은 거품을 유지하는 데 도움을 준다.

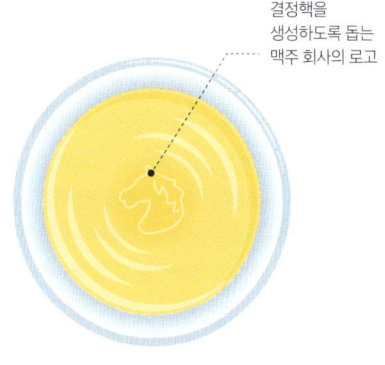

결정핵을 생성하도록 돕는 맥주 회사의 로고

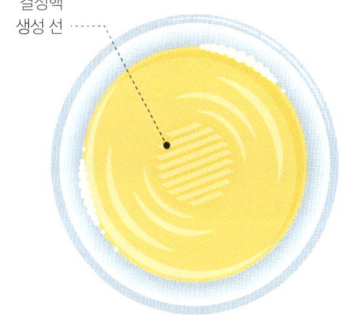

결정핵 생성 선

맥주 - 깨끗한 유리잔

맥주잔 벽에 달라붙은 기포를 본 적 있는가? 이는 좋은 현상이 아니다. 이 기포는 먼지, 세제, 기름기 등에 달라붙어 있는 것으로 외형(형편없어 보인다)도 망치고 거품도 잘 생기지 않는다. 식기세척기에서 바로 꺼낸 잔이라도 깨끗하지 않을 수 있다. 집에서 마신다면 먼저 주방세제를 푼 온수로 씻은 후 찬물로 헹구고 젖은 잔에 맥주를 따라 마시는 것도 좋은 방법이다.

거품이 중요한 이유

맥주의 거품은 맥주와 이산화탄소의 혼합물이다. 거품이 많이 나도록 따라도 액체는 다시 밑으로 가라앉을 것이다. 거품은 향, 특히 홉과 효모의 향을 머금고 있으며 마실 때 질감에도 영향을 주기 때문에 중요한 요소라 할 수 있다. 특히 질소를 함유한 맥주(p.30 참조)나 체코 라거에서 중요한 부분을 차지한다.

맥주를 완벽하게 따르는 법

맥주를 마실 때마다 잔에 완벽하게 따르는 연습을 해보자. 보통 잔을 45도 각도로 기울여 따르기만 하면 되지만, 병입 숙성 맥주나 탁한 스타일의 맥주는 접근법이 살짝 다르다.

병입 숙성 맥주

여러 잉글리시 에일과 벨지안 에일이 병입 숙성(p.69 참조) 방식을 쓰는데, 이는 맥주 안에 적은 양의 효모가 가라앉아 있다는 의미다. 그러므로 맥주를 따를 때 효모가 같이 나오지 않도록 최소 24시간은 똑바로 세워서 냉장 보관한 후에 마셔야 한다. 잔에 따를 때도 소량은 남겨둬야 하고 침전물이 섞이지 않도록 흔들지 말고 한 번에 붓는 게 좋다.

질소 스타우트

기네스 맥주를 한번 떠올려보자. 기네스에는 이산화탄소뿐만 아니라 질소가스도 들어 있으며, 맥주를 따르는 방식 덕분에 특유의 거품이 형성된다.

질소는 물에 잘 녹지 않아 캔이나 병, 저장통(케그)의 압력을 이용해 액체 속에 녹아 있도록 해둔다. 용기를 개봉하면 질소가 용액에서 빠져나오고 그로 인해 거품이 풍성하게 일어난다. 질소가 압력을 받아 눌려 있어야 진정한 기네스의 맛을 느낄 수 있기 때문에 기네스 맥주 캔에는 작은 플라스틱 공 모양의 '위젯'이라는 기구가 들어 있다. 이 기구는 잔에 맥주를 따를 때 맥주에 녹아 있던 탄산이 나오게 하는 동시에 폭포처럼 거품이 쏟아져 나오도록 해준다. 수제 맥줏집에서는 질소 맥주를 서빙할 때 제한판이 붙어 있는 생맥주 탭을 이용한다. 제한판에는 수많은 구멍이 뚫려 있어 샤워기 헤드와 비슷하다. 이 구멍은 녹아 있는 질소를 분출하게 한다.

집에서도 기네스를 내주던 바텐더처럼 질소 맥주를 따를 수 있다. 먼저 잔 끝까지 한 번에 붓지 말고 어느 정도 따른 후 거품이 생기기를 기다리자. 그리고 다시 잔 끝까지 채우면 된다. 그러나 반드시 이 방식을 따라야 하는 건 아니다.

완벽한 맥주 따르기

라거, 페일 에일, 다크 에일을 포함한 대부분의 맥주를 따를 때는 뚜껑을 열고 한 손에 깨끗한 젖은 유리잔을 45도 각도로 들어야 한다. 맥주를 잔에 붓기 시작하면 거품이 생길 것이다. 잔에 맥주가 거의 채워지고 거품이 올라오면 잔을 세운 후 맥주를 끝까지 채운다.

1 잔 기울이기
깨끗한 젖은 유리잔을 45도 각도로 기울이자.

2 힘차게 따르기
거침없이 맥주를 따르면 거품이 함께 형성된다.

3 잔 바로 세우기
맥주가 어느 정도 차고 거품이 생기면 잔을 바로 세운 후 끝까지 채운다.

헤페바이젠과 윗비어

곡물 단백질과 효모가 포함되어 탁한 형태를 띤 맥주들이며, 잔에도 이 모습이 그대로 남아 있어야 한다.

1 맥주병 흔들기
뚜껑을 따기 전에 병을 천천히 흔들어 효모를 깨워준다.

2 살짝 기울이기
맥주잔을 45도 각도로 기울이고 맥주를 붓는다.

3 바로 세우기
맥주가 3/4 정도 찼다면 잔을 바로 세운다.

4 맥주병 돌리기
잔이 거의 찼을 때 효모가 잘 섞이도록 병을 돌려준다. (병을 돌려 효모 섞기)

5 가득 채우기
잔을 마저 채워 풍성한 거품과 살짝 탁한 모습을 만든다.

최적의 서빙 온도

당신은 보통 몇 도의 맥주를 마시는가? 모든 맥주를 냉장고(4~7℃)에 넣어 시원하게 마시는 걸 선호하는 사람도 있고, 특정한 종류(오른쪽 참조)를 마실 때는 권장 온도를 선호하는 사람도 있을 것이다. 맑고 가벼운 맥주는 보통 강하고 짙은 색 맥주보다 더 차게 해서 마신다. 차갑게 마실수록 풍미를 느끼는 정도가 약해지기 때문에 풍부한 맛과 다양한 특징을 가진 맥주라면 너무 차갑게 마시지 않는 게 좋다. 하지만 최적의 온도는 다름 아닌 당신이 가장 맛있다고 생각하는 온도다. 참고로 잔에 따랐을 때 맥주가 너무 차가우면 온도가 조금 올랐을 때 마실 수 있지만, 너무 따뜻한 맥주는 차갑게 하기가 쉽지 않다.

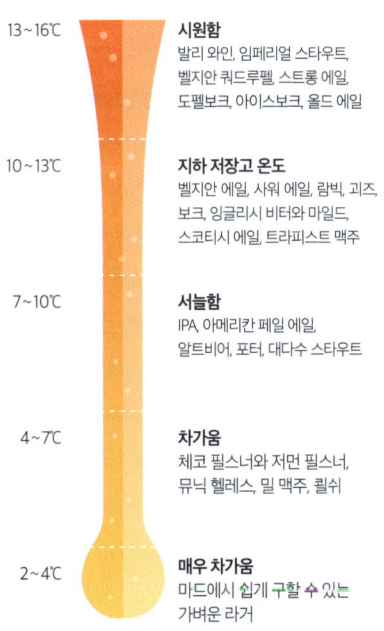

13~16℃ 시원함
발리 와인, 임페리얼 스타우트, 벨지안 쿼드루펠, 스트롱 에일, 도펠보크, 아이스보크, 올드 에일

10~13℃ 지하 저장고 온도
벨지안 에일, 사워 에일, 람빅, 괴즈, 보크, 잉글리시 비터와 마일드, 스코티시 에일, 트라피스트 맥주

7~10℃ 서늘함
IPA, 아메리칸 페일 에일, 알트비어, 포터, 대다수 스타우트

4~7℃ 차가움
체코 필스너와 저먼 필스너, 뮤닉 헬레스, 밀 맥주, 쾰쉬

2~4℃ 매우 차가움
마트에서 쉽게 구할 수 있는 가벼운 라거

어떤 맥주잔을 고를까?

세계의 다양한 맥주잔은 저마다 독특한 특징을 지닌다. 잔의 선택은 맛에 대한 영향을 고려한 것일까, 아니면 단지 개인의 취향에 따른 것일까?

다양한 모양의 잔들

간단하게 답하자면 '맛과 관련이 있다'이다. 잔의 모양은 외형, 향, 풍미, 마실 때의 느낌에 영향을 준다.

- 튤립 모양의 잔은 향을 끌어올려준다. 따라서 잔을 살짝 흔들고 천천히 맛을 감상할 수 있는 더 높은 도수의 다양한 특징을 가진 맥주에 어울린다.
- 크룩, 셰이커, 파인트처럼 입구가 넓은 잔은 마시기 쉬워 라거, 일반 에일, IPA처럼 술집에서 흔히 마시는 맥주잔으로 알맞다.
- 입구로 갈수록 좁아지는 잔은 홉의 향을 적당히 즐길 수 있는 IPA에 적합하다.

개인의 취향

그렇더라도 결국 자신이 좋아하는 잔에 마시는 게 가장 중요하다. 당신이 스템(목)이 없는 와인잔에 맥주를 따랐을 때의 모습, 마실 때의 느낌과 조화가 마음에 든다면 그것이 당신에게 완벽한 맥주잔이다. 특별히 따지는 게 없다면 전통적 스타일의 윌리베처 유리잔도 괜찮다.

잔을 고를 때 가장 중요한 것은 깨끗한 잔과 적절한 맥주의 온도(p.31 참조)라는 것만 잊지 말자.

맞춤형 잔

벨기에는 맥주마다 어울리는 잔이 있는 것으로 유명하다. 각 용기는 맥주의 특성을 최대한 끌어올리기 때문에 알맞은 모양의 잔에 따르면 맥주를 더 맛있게 즐길 수 있을 것이다.

스테인 잔과 머그

두꺼운 두께 덕분에 낮은 온도가 오래 유지된다. 올록볼록 들어간 무늬는 넓은 잔일 경우 들기가 편하다. 이런 형태의 잔은 특히 전통적인 잉글리시 에일과 저먼 라거, 체코 라거를 마실 때 주로 사용한다.

딤플 머그/마스크룩
헬레스, 둥켈, 페스트비어

스테인크룩
저먼 라거

머그
체코 필스너, 잉글리시 에일

바이젠과 라거

전체적으로 부드러운 곡선으로 되어 있고 전통적인 머그보다 입구가 살짝 좁다. 이런 잔은 탄산이 더 오래 지속되기 때문에 라거, 페일 에일, 블론드, 밀 맥주에 알맞다. 길이가 길어서 기포가 올라오는 모습을 보기 좋으며 입구의 크기도 적당해 거품이 충분히 형성된다.

바이젠
바이스비어

톨 플루티드
필스너

윌리베처
저먼 라거, 잉글리시 에일, 페일 에일

일반적인 형태의 잔

편하게 쓰기 좋은 잔들이다. 심플한 모양이고 마시기 쉬우며 다양한 스타일의 맥주에 어울린다. 하지만 맥주의 진정한 풍미를 느껴보고 싶을 때 가장 먼저 선택할 만한 종류는 아니다.

벨지안 텀블러
세종, 사워 맥주, 윗비어

임페리얼 파인트
잉글리시 에일, 스타우트, 페일 에일, IPA

셰이커
아메리칸 라거, 페일 에일, IPA

고블릿과 챌리스

바닥이 둥그스름한 형태의 작은 잔은 맥주의 풍미와 향을 높여준다. 스템이 있는 종류는 와인잔처럼 스템을 흔들면 향을 더 느낄 수 있고 마실 때의 전반적인 느낌도 좋다. 도수가 높고 다양한 특징이 있는 맥주에 적합한 잔이다.

스템리스 와인잔/텀블러
모든 스타일의 맥주

스템이 있는 유리잔
모든 스타일의 맥주

스니프터
스트롱 에일, 발리 와인, 임페리얼 스타우트

고블릿
벨지안 에일

맥주는 어떻게 만들어질까?

원료 준비 단계부터 완제품이 나오기까지의 맥주 양조 과정에는 몇 가지 독특한 단계가 있다. 다음은 에일이나 라거의 전형적인 양조 방식을 간략하게 나타낸 것이다.

고온 공정

양조 시작 전, 양조에 쓸 액체(물)를 뜨거운 액체 탱크에 넣고 약 70℃ 정도로 맞춰놓는다. 곡물을 계량한 후 커피 원두를 갈 듯이 잘게 부순다.

- **매싱(당화)** 매시 툰의 따뜻한 물에 분쇄한 곡물을 넣고 섞으면 곡물에서 색, 맛, 발효 가능한 당, 기타 성분이 빠져나온다. 온도와 특정 공정은 맛에 중요한 영향(p.42~43 참조)을 미친다. 이렇게 만들어진 단물을 맥아즙이라 부른다.

- **라우터** 곡물에서 맥아즙만 분리한다. 맥아즙은 라우터 툰으로 옮기는 도중에 분리되기도 하고, 곡물을 매시 툰에 두고 맥아즙만 다음 단계의 용기인 케틀로 옮기면서 분리하기도 한다. 곡물의 껍데기가 천연 필터 역할을 해서 맥아즙만 걸러진다. 이 단계에서는 더 따뜻한 물을 뿌려 발효 가능한 당분이 최대한 많이 추출되도록 한다. 다 쓴 곡물은 제거한다.

- **케틀** 맥아즙은 케틀로 이동하고 돌아가는 통에서 60~90분간 끓여진다. 끓기 시작할 때 홉과 다른 첨가물을 넣어 쓴맛을 내고 후반에 풍미와 향을 입힐 첨가물(p.56~57 참조)을 넣는다.

- **월풀** 홉이 들어간 맥아즙은 월풀이나 홉

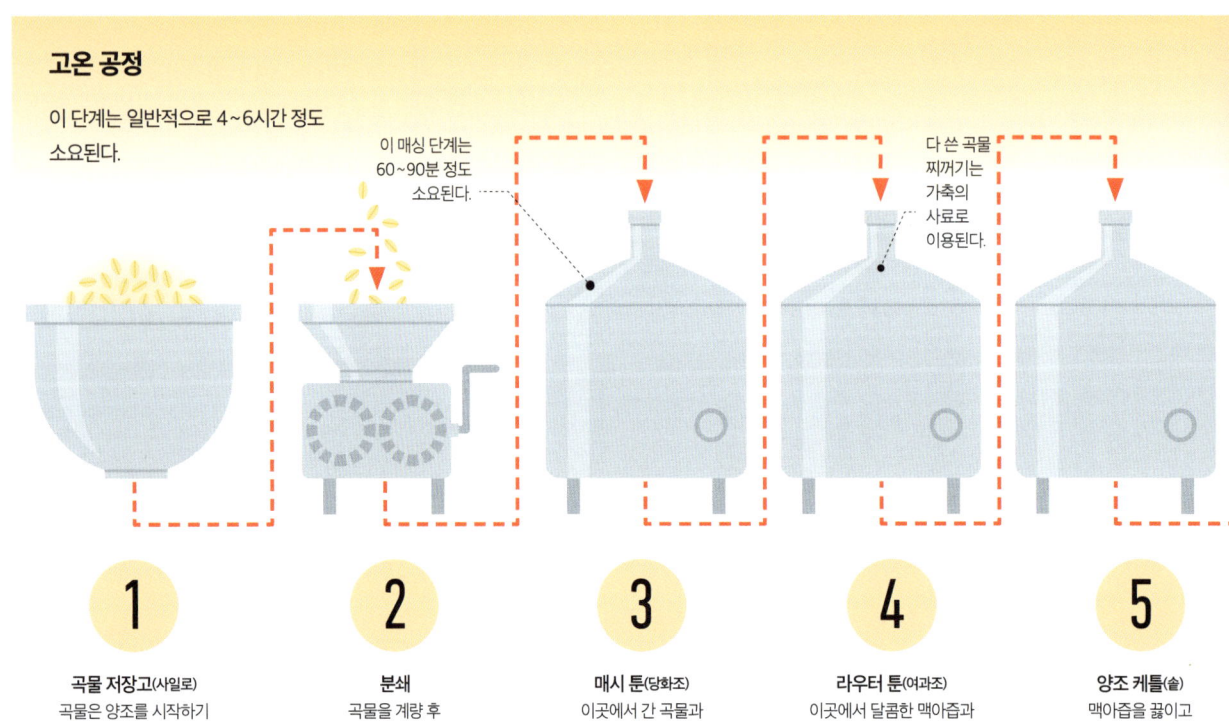

고온 공정

이 단계는 일반적으로 4~6시간 정도 소요된다.

이 매싱 단계는 60~90분 정도 소요된다.

다 쓴 곡물 찌꺼기는 가축의 사료로 이용된다.

1 곡물 저장고(사일로)
곡물은 양조를 시작하기 전까지 이곳에 보관된다.

2 분쇄
곡물을 계량 후 가루로 만든다.

3 매시 툰(당화조)
이곳에서 간 곡물과 온수를 혼합한다.

4 라우터 툰(여과조)
이곳에서 달콤한 맥아즙과 곡물 찌꺼기가 분리된다.

5 양조 케틀(솥)
맥아즙을 끓이고 홉을 첨가한다.

백으로 이동해 홉 껍데기와 다른 불순물을 제거한다. 이를 터브라고 한다. 양조업자에 따라 이 단계에서 다른 종류의 홉을 첨가하기도 한다.

저온 공정

- **식히기** 홉이 첨가된 뜨거운 맥아즙은 열 교환기로 이동하면서 차가운 물과 섞이고, 발효조로 가는 동안 발효 가능한 온도(10~20℃)에 맞게 식는다.
- **발효** 발효조에서 효모를 첨가한다. 그러면 효모가 당분을 알코올, 이산화탄소, 다양한 맛을 내는 성분으로 바꾼다. 발효 온도와 소요 시간은 효모(p.65 참조)에 따라 다르지만, 소요 기간은 대략 2~9일 정도다. 적당한 양의 당분이 목표한 알코올 함량에

도달하면 작업이 끝난다.
- **숙성과 안정화** 맥주를 며칠간 더 식혀서 0~2℃ 정도로 맞춘다. 이때 드라이 호핑(p.56 참조)을 하기도 하며, 숙성과 안정화 단계를 거쳐 마지막 맛을 완성하게 된다. 이 과정은 짧게는 2~3일, 길게는 2~3개월(p.68~69 참조) 정도 걸린다.
- **여과 또는 원심분리기** 일부 맥주는 포장용 탱크 또는 밝은 맥주 탱크 – 여기에서 '밝은'이란 말은 맥주의 색을 '맑게(깨끗하고 효모가 제거된 상태)' 만든다는 의미의 오래된 용어다 – 로 가는 길에 필터나 원심분리기로 효모를 제거하거나 양을 줄인다.
- **포장** 완성된 맥주는 캔, 병, 케그, 캐스크에 채워진다. 포장 과정에서 저온 살균 처리를 할 수도 있는데, 이런 열처리 – 보통 캔이나 병 안에 – 를 하면 잠재적인 미생

탄산

맥주가 숙성 탱크에 담겨 있는 동안 자연적으로 탄산이 생길 수 있다. 압력 탱크에서 이산화탄소를 맥주 안으로 흡수되도록 하거나, 맥주병 또는 캐스크(p.68~69) 안에서 탄산이 생긴 후 안정화되면서 스며들기도 한다.

물 오염 가능성을 없애고 더 오랜 기간 판매대(p.69 참조)에 둘 수 있다. 병입 숙성 맥주의 경우 술집이나 가게로 이동하기 전에 맥주가 숙성되도록 조금 더 오래 두기도 한다.

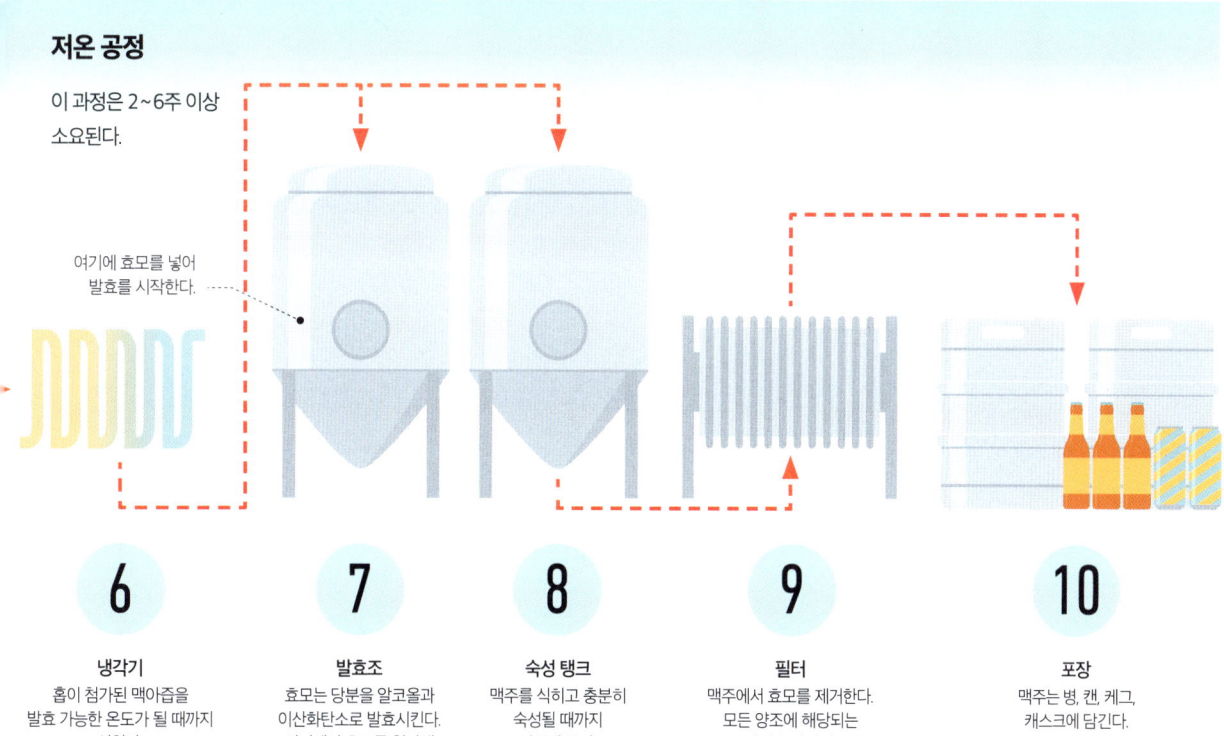

저온 공정

이 과정은 2~6주 이상 소요된다.

여기에 효모를 넣어 발효를 시작한다.

6 냉각기
홉이 첨가된 맥아즙을 발효 가능한 온도가 될 때까지 식힌다.

7 발효조
효모는 당분을 알코올과 이산화탄소로 발효시킨다. 여기에서 효모를 첨가해 발효가 시작된다.

8 숙성 탱크
맥주를 식히고 충분히 숙성될 때까지 이곳에 둔다.

9 필터
맥주에서 효모를 제거한다. 모든 양조에 해당되는 과정은 아니다.

10 포장
맥주는 병, 캔, 케그, 캐스크에 담긴다.

맥주 속의 물

당신이 마시는 맥주의 90%는 물이지만, 단순한 물이 아니라 마실 때의 느낌에 큰 영향을 줄 수 있다.

양조장의 물

맥주는 기본적으로 특정한 맛이 나는 발효된 물이다. 매시 툰와 라우터 툰에 들어 있는 물은 몇 주 후면 아주 맛있는 맥주로 변할 것이다. 먼저 물을 곡물과 섞은 후 열을 가해 짜낸다. 홉과 함께 끓인 후 다시 짜내고 식힌 뒤 발효를 거쳐 숙성되도록 둔다. 이 과정에서 변하지 않는 물질은 물밖에 없으며 마지막 단계에서는 맛과 알코올까지 갖추게 된다.

양조용 물에 함유된 미네랄 함량은 조금씩 다르며, 각 맥주 스타일마다 미묘하게 다른 구성이 필요하기 때문에 이런 물질들이 맥주에 영향을 주는 것은 확실하다. 양조업자는 원하는 스타일에 따라 물을 조절해 넣을 수 있다.

양조 – 물의 과학

일부 미네랄은 매싱의 산도에 관여해 맥주 품질에 영향을 주기도 하고, 어떤 종류는 마실 때의 느낌에 큰 영향을 미치기도 한다. 신맛이 없는 맥주에 대한 최적의 매시 산도는 5.1~5.5pH다. 페일 맥주는 산성(낮은 pH)이, 다크 맥주는 알칼리성(높은 pH)이 되어야 한다. 이때 물과 매싱 과정의 단계가 영향을 주는데, 산도가 적절해야 몰트의 효소가 매싱(p.42~43 참조)에서 활성화하기 때문이다. 산도가 너무 높으면 산뜻한 맛이 없고 너무 낮으면 박테리아가 자랄 수 있다.

논쟁의 여지는 있겠지만 칼슘은 양조에 가장 중요한 미네랄이다. 칼슘이 산도를 낮춰 맥주의 투명도와 안정성을 돕고 효모의 영양분이 되기 때문이다. 마그네슘은 매싱의 산도를 낮추고 효모의 영양분이 된다. 탄산염과 중탄산염은 산도를 높이기 때문에 다크 에일에 적합하며, 몰트 맛도 더 진하게 한다. 나트륨은 입안에 맥주를 머금었을 때 풀보디감과 짙은 단맛을 주지만 산도에는 영향을 미치지 않는다. 황산염과 염화물은 함께 작용하면서 중요한 역할을 한다. 황산염은 홉의 쓴맛을 끌어올리고 단맛을 줄이며 산뜻한 맛을, 염화물은 풀보디감이나 단맛을 준다. 따라서 양조업자는 항상 이 두 미네랄의 적절한 비율을 맞추기 위해 노력한다.

맥주의 구성

평균 도수가 5%인 맥주의 경우 물이 전체에서 90% 이상을 차지한다. 나머지는 알코올, 이산화탄소, 미네랄과 모든 맛 성분이 들어 있는 추출물이다.

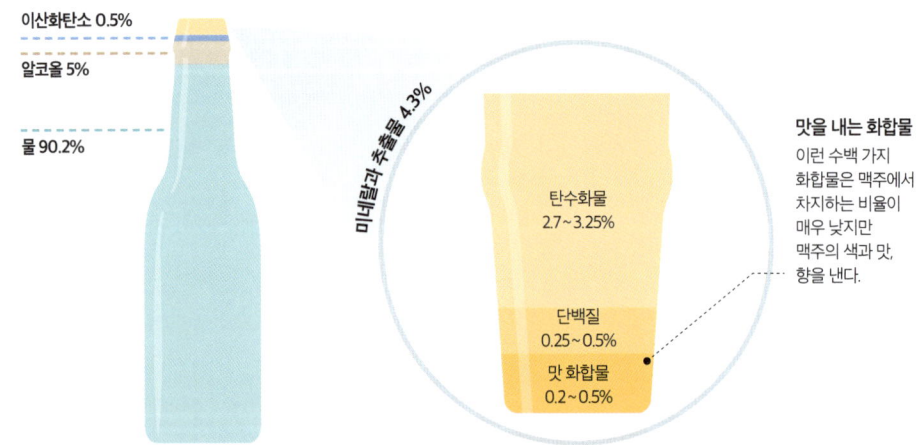

이산화탄소 0.5%
알코올 5%
물 90.2%
미네랄과 추출물 4.3%
탄수화물 2.7~3.25%
단백질 0.25~0.5%
맛 화합물 0.2~0.5%

맛을 내는 화합물
이런 수백 가지 화합물은 맥주에서 차지하는 비율이 매우 낮지만 맥주의 색과 맛, 향을 낸다.

양조용 물의 미네랄 함량

전 세계의 전통적인 스타일의 맥주는 플젠의 필스너, 뮌헨의 둥켈 라거, 런던의 포터와 비터, 버턴의 IPA 등 모두 특정한 장소, 특히 도시에서 나오는 경우가 많다. 그 이유는 단순히 지역민들의 높은 선호도 때문만은 아닐 것이다. 사실 양조에 사용하는 이 지역의 물이 특정 맥주를 성공적으로 만들 수 있게 도왔던 이유가 더 크다. 오른쪽 표는 19세기 중반에 발표된 데이터로, 숫자가 높을수록 물의 경도가 높다.

플젠의 물은 매우 낮은 수의 연수라서 홉의 쓴맛이 적은 반면, 몰트의 향이 강한 맥주를 만든다.

뮌헨의 물은 상대적으로 균형이 잘 맞지만, 경수 쪽에 있으며 탄산염으로 인해 높은 알칼리성을 띤다. 그래서 짙은 색의 몰트가 잘 나오며, 동시에 낮은 황산염이 몰트의 맛을 끌어올린다.

다크 몰트로 만드는 포터와 비터는 물에 있는 높은 탄산염이 균형을 이루는 한편, 염화물과 나트륨이 맥주를 더 짙게 만들고 더 풍부한 몰트의 풍미를 끌어낸다.

버턴의 IPA에 사용되는 물은 황산염(특히 석고 또는 황산칼슘) 함량이 높아서 홉의 쓴맛을 높이고 피니시가 깔끔하다.

중탄산염의 함량이 높은 더블린의 물은 경수면서 알칼리성을 띤다. 이 물은 매싱 과정에서 로스팅한 다크 몰트의 산도를 낮추는 데 중요한 역할을 한다.

미네랄	도시와 맥주 스타일				
	플젠 필스너	뮌헨 둥켈	런던 포터/비터	버턴 IPA	더블린 드라이 스타우트
칼슘 매싱 과정에서 산도를 낮춤, 맥주 맛의 안정성에 도움, 효모의 중요한 영양분	10	109	52	352	118
마그네슘 매싱 과정에서 산도를 낮춤, 맥주 맛의 안정성에 도움, 효모의 중요한 영양분 (칼슘 다음으로).	3	21	32	24	4
탄산염/중탄산염 산도를 높이고 몰트 맛을 끌어올림, 단맛이 오래 지속됨	3	171	104	320	319
나트륨 산도에 영향은 없지만 입안에 머금었을 때 풀보디감, 부드러움과 몰트 풍미 부여	3	2	86	44	12
황산염 홉의 쓴맛을 올림, 산뜻하고 드라이한 맛	4	79	32	820	54
염화물 풀보디감, 단맛을 올림	4	36	34	16	19

물 다루기

양조업자가 물을 잘 이해하고 활용할 수 있게 되면서 전 세계 어디에서나 다양한 스타일이 맥주를 양조할 수 있게 되었고 결국 양조의 미래 역시 바뀌게 된다. 양조업자는 보통 수돗물을 용수로 쓰지만, 일부는 자연에서 구하기도 한다. 어떤 물을 쓰든 양조장에서는 불필요한 미네랄, 이온, 불순물을 제거해 정화하는 일부 처리 과정을 시행한다. 원하면 맥주의 스타일에 맞는 형태로 바꾸기 위해 특정 미네랄을 첨가하기도 한다.

곡물과 몰트 제조

곡물은 맥주의 색과 풍미에 영향을 주며, 곡물 속 당분은 발효되면서 알코올로 바뀐다. 밭에서부터 양조장에 이르는 곡물의 여정에는 몇 가지 단계가 포함된다.

곡물 양조하기

보리는 양조에 주로 사용하는 곡물이다. 그 외에 양조업자는 밀, 귀리, 옥수수, 쌀을 쓰기도 하며, 드물지만 호밀, 스펠트밀 또는 글루텐이 없는 곡물인 메밀과 수수 등으로 맥주를 만들기도 한다. 어떤 곡물을 쓰느냐에 따라 맥주의 특징이 달라지는데, 보리의 경우 양조 과정에서 발효되지 않는 녹말을 발효되는 당으로 전환하는 효소가 활성화하기 때문에 맥주의 재료로 가장 많이 쓰인다. 이 효소를 활성화하려면 먼저 특정한 공정을 통해 보리를 몰트로 만들어야 한다.

훈연 몰트

훈연 몰트도 다른 몰트처럼 담그기와 발아 과정을 거치지만, 장작불을 지핀 가마 위에서 말려 연기의 향을 몰트에 직접 입히는 방식이 포함된다.

몰트 제조 과정

몰트는 수확 후 발아시킨 곡물이다. 그 후에 몰트를 (가마에서) 건조하거나 때로는 굽기도 한다. 원칙적으로 양조에 쓰는 곡물은 모두 몰트로 만들 수 있지만, 옥수수와 쌀은 만드는 방식이 다르다. 다음 그림은 보리가 거치는 공정이다.

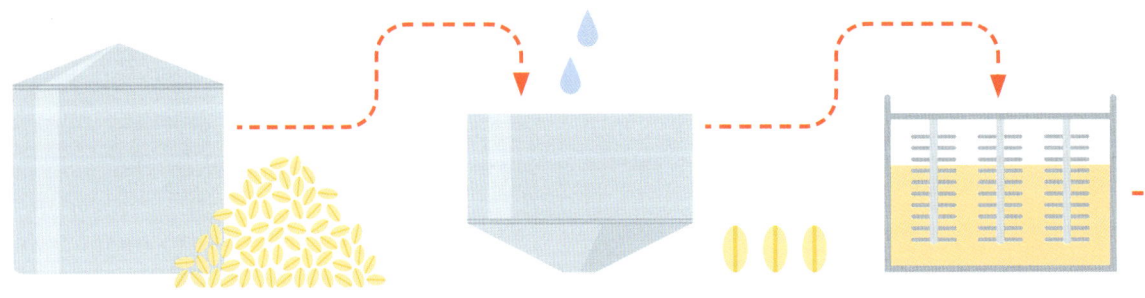

1 수확
보리를 수확해 선별한 후 세척한다. 몰트로 만들기 전까지 곡물 저장고(사일로)에 보관하며, 이 단계에서 보리는 반드시 휴면 종자 상태여야 한다.

2 담그기(침맥)
보리를 약 이틀간 물(12~15℃)에 담가 수분 함량을 12%에서 45%로 올린다. 그러면 보리 속 효소가 다시 활동하기 시작한다.

3 발아
13~18℃의 습도가 높은 발아실로 보리를 옮긴다. 4~6일이 지나면 보리의 세포벽이 무너지기 시작하고 녹말을 분해하는 효소가 나오면서 싹을 틔운다. 이 단계에서 보리를 규칙적으로 뒤집어줘야 한다.

보리 외에는?

양조업자는 보충하거나 첨가할 만한 재료를 매싱 단계에 넣어 맥주의 보디감과 당도를 높일 수 있다. 아니면 드라이 맥주로 만들기도 하고 맛을 추가하기도 한다. (라이트 또는 다크) 캔디 슈거(양조 시 사용하는 벨기에 설탕 - 옮긴이)는 스트롱 벨지안 에일을 만드는 데 많이 사용하는 재료다. 당밀이 함유된 설탕을 넣으면 말린 과일과 황설탕 맛이 난다. 꿀, 당밀, 메이플시럽을 넣으면 발효성 설탕과 풍미가 더해진다. 포도당(글루코스)은 발효가 잘 되고 묵직하지 않으며 끝맛이 가볍다. 일부 양조업자들은 저렴한 라거 브랜드에서 몰트 일부를 포도당으로 대체하기도 한다. 락토오스(젖당 또는 유당)는 발효가 되지 않기 때문에 부드럽고 단맛을 남긴다. 쌀과 옥수수로는 깔끔하고 가벼우며 산뜻한 맛의 맥주를 만들 수 있다.

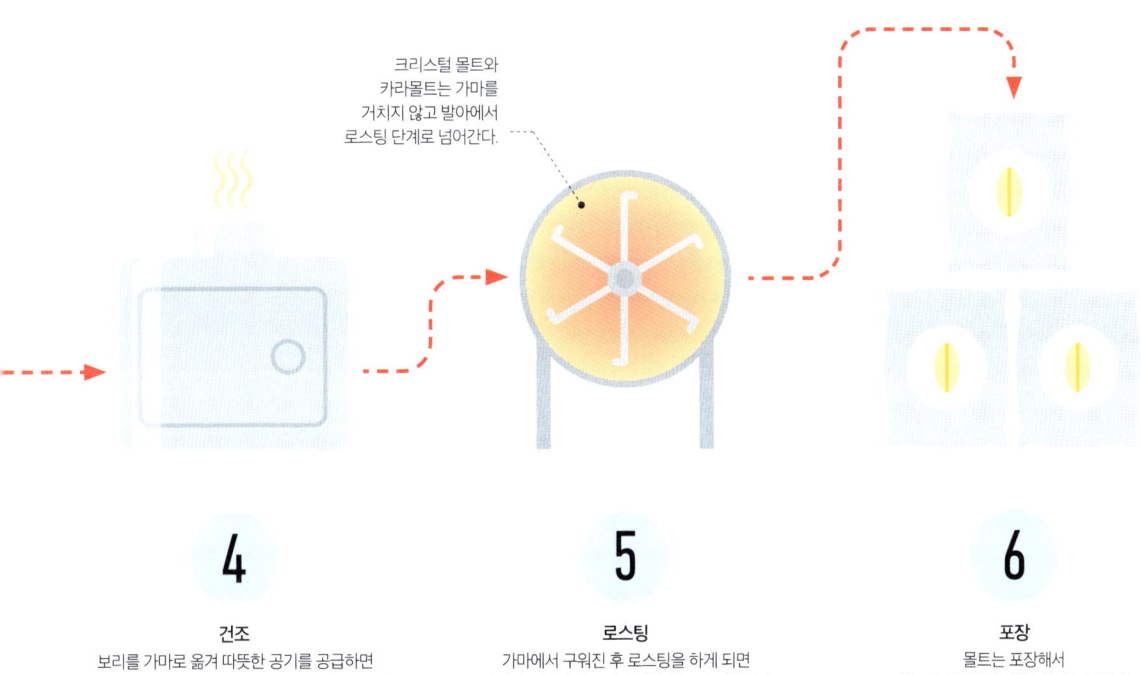

크리스털 몰트와 카라몰트는 가마를 거치지 않고 발아에서 로스팅 단계로 넘어간다.

4
건조
보리를 가마로 옮겨 따뜻한 공기를 공급하면 발효가 멈춘다. 수분 함량을 3~6%로 낮추는 데 약 24시간이 소요된다. 온도와 시간은 생산되는 몰트에 따라 달라진다. 이 단계에서 필스너 몰트, 페일 에일 몰트, 뮤닉 몰트 같은 베이스 몰트가 만들어진다.

5
로스팅
가마에서 구워진 후 로스팅을 하게 되면 엠버나 초콜릿 몰트같이 진한 몰트가 만들어져 풍미와 색이 달라진다. 시간과 온도는 다양해서 100℃에서 20분간 살짝 굽게 되면 엠버 몰트가, 200℃에서 2시간 동안 구우면 초콜릿 몰트가 만들어진다. 로스팅한 보리는 몰트 단계의 보리를 구운 것이 아니다.

6
포장
몰트는 포장해서 창고에 보관한 후 맥주 회사로 보낸다.

몰트의 종류

양조업자는 다양한 종류의 몰트로 맥주에 갖가지 풍미와 색을 입힐 수 있다.

몰트	종류	효과	향미
필스너	베이스 몰트	옅은 색, 발효 가능한 당	짚/건초, 풀, 빵
페일 에일	베이스 몰트	옅은 색, 발효 가능한 당	약한 몰트 맛, 빵, 비스킷
마리스 오터	캐릭터/베이스 몰트	옅은 색, 발효 가능한 당, 풍부한 몰트 맛	비스킷, 풍부한 몰트 맛, 약한 토스트 맛
비엔나	더 짙은 베이스 몰트	호박색, 발효 가능한 당, 풍부한 몰트 맛	구운 몰트, 구운 견과류, 약한 캐러멜
뮤닉	더 짙은 베이스 몰트	호박색, 발효 가능한 당, 진한 맛과 향	구운 몰트, 살짝~바싹 구운 토스트, 빵 껍질
엠버/비스킷	가마에서 구운/색을 띤 몰트	진한 곡물의 맛, 뚜렷한 질감, 짙은 색	구운 견과류, 토스트, 비스킷
크리스털/카라몰트	크리스털/카라몰트	질감, 캐러멜 맛	몰팅된 곡물, 말린 과일, 캐러멜
초콜릿	로스팅한 몰트	짙은 색, 로스팅한 맛	다크 초콜릿, 카카오, 커피
로스팅한 보리	로스팅한 몰트	짙은 색, 로스팅한 맛	쓴맛, 에스프레소, 태운 토스트
도정하지 않은 곡물	로스팅한 몰트	짙은 색, 약간의 로스팅한 맛	적당한 로스팅, 색을 내는 용도
훈연	훈연	훈연 향과 맛	훈제 고기, 목재 연기, 피트 연기
덱스트린 몰트	크리스털/카라몰트	질감, 거품	낮은 풍미, 옅은 견과류의 단맛
쌀/옥수수	부재료	가벼운 보디감, 산뜻함 추가	쌀, 옥수수, 크림
밀	베이스 몰트	질감을 위한 높은 단백질 함량, 탁함, 거품	크림, 반죽, 시리얼, 빵
귀리	베이스 몰트	질감을 위한 높은 단백질 함량, 탁함, 거품	부드러운 귀리, 시리얼, 빵
호밀/스펠트밀	캐릭터/베이스 몰트	다른 가마에서 구운 몰트의 풍미	견과류, 토스트, 약한 향신료

몰트의 종류

- **베이스 몰트**는 가마에서 살짝 구웠으며, 필스너와 페일 에일처럼 맑은 색을 띤다. 곡물 지출액의 대부분을 차지하고 발효 가능한 당을 가장 많이 얻을 수 있는 재료다.
- **캐릭터 몰트**는 베이스 몰트와 비슷하지만, 풍미를 더 높이는 능력이 있어 마리스 오터와 슈발리에 같은 맥주를 만들 때 사용한다. 또는 호밀이나 스펠트밀처럼 맛을 내는 용도로 쓰기도 한다.
- **가마에서 구운 몰트**는 다크 뮤닉처럼 색을 더 진하게 만들 때 쓴다. 소량만 써도 색과 풍부한 맛을 얻을 수 있다.
- **크리스털/카라몰트**는 결정화된 몰트이며, 캐러멜과 말린 과일, 몰트 빵 맛과 풍부한 질감을 부여한다.
- **로스팅한 몰트**는 구운 흑보리를 쓴다. 보통 색과 맛을 낼 때 소량 넣으며, 양조에 유용한 효모가 없고 당분 또한 아주 적거나 아예 없다.

맥주의 색

색은 세 가지 방식으로 측정된다. 먼저 유럽양조장협약(EBC)과 표준참조방법(SRM)을 이용해 수치를 표현하는데, 숫자가 높을수록 색이 진하다는 의미다. 그리고 색을 맥주 이름에 넣는다. 사실 소비자에게는 이 방법이면 충분할 것이다. 과일로도 분홍색에서 진보라색까지 맥주에 다양한 색을 추가할 수 있다.

색에 이름 부여하기

대개 밀짚색, 황금색, 호박색, 갈색, 검은색 등 이미 잘 알려진 색을 사용한다. 그리고 페일과 다크 같은 용어를 추가해 넣기도 한다.

양조용 곡물

양조업자는 물과 곡물을 이용해 여러 가지 기술과 공정을 거쳐 다양한 종류의 맥주를 만든다.

매시의 과학

보리에 있는 여러 종류의 효소는 각기 다른 방식으로 활동하고 특정 온도에서만 반응한다. 따라서 최적의 온도를 맞추지 못하면 효소는 활동하지 않고, 온도가 너무 높으면 성질이 바뀌기도 한다(변성).

매싱 과정에서 매시 툰에 분쇄한 곡물과 뜨거운 물을 혼합해놓으면, 효소가 발효되지 않는 녹말과 아미노산(단백질)처럼 물에 녹지 않는 성분을 분해해 수용성으로 변환시킨다. 매싱을 성공적으로 끝내려면 온도를 잘 조절해 최대한 많은 효소를 깨워야 한다. 그러면 이들이 녹말을 맥아당(맥아즙에 있는 당분 중 50% 차지), 포도당, 과당, 자당, 말토트리오스 같은 발효 가능한 당으로 바꿀 것이다.

효소의 모든 활동은 산도, 밀도, 그래비티(비중) 등 특정 조건에 따라 달라지지만 그중에서도 온도가 가장 중요하다.

맥주의 효소

맥아즙이 특정 온도에 다다르면 효소는 분해되어 물에 녹게 된다. 양조업자가 온도를 완벽하게 맞춘다면 효소를 최대한 많이 생성해 좋은 맥아즙을 만들 수 있을 것이다.

피타아제라는 효소는 페일 라거를 만들 때 매싱의 산도(산 휴지라 한다)를 낮춰주기 때문에 유용하다. 베타 글루카나아제는 녹말을 분해해 다음 단계의 능률성을 돕지만, 현대 몰트에서는 그리 중요한 성분이 아니다. 단백질 휴지 과정을 거치면 단백질이 분해되지만, 많은 양조업자가 맥주의 거품과 탁한 형태를 위해 단백질을 남겨두길 원해 대개 생략하는 과정이다.

가장 중요한 효소는 몰트에 있는 녹말을 당으로 바꾸는 일 대부분에 관여하는 베타와 알파 아밀라아제다. 양조업자는 당화 휴지(또는 휴지)를 함으로써 작업을 최적화할 수 있는데, 온도를 62~72℃로 맞추면 맥주 발효를 일부 통제하고 맥주의 최종 스타일을 조절할 수 있다. 낮은 온도를 유지하면 발효가 더 많이 되고 산뜻하면서 드라이한 맥주를, 온도를 높이면 단맛이 오래가는 풀보디감의 맥주가 완성된다. 그러나 베타와 알파를 중간 지점인 66~67℃로 맞추는 게 일반적이며, 일부 양조업자들은 가장 높은 온도로 맞추는 매싱아웃 휴지라는 과정을 시행해 추가적인 효소의 활동을 막기도 한다.

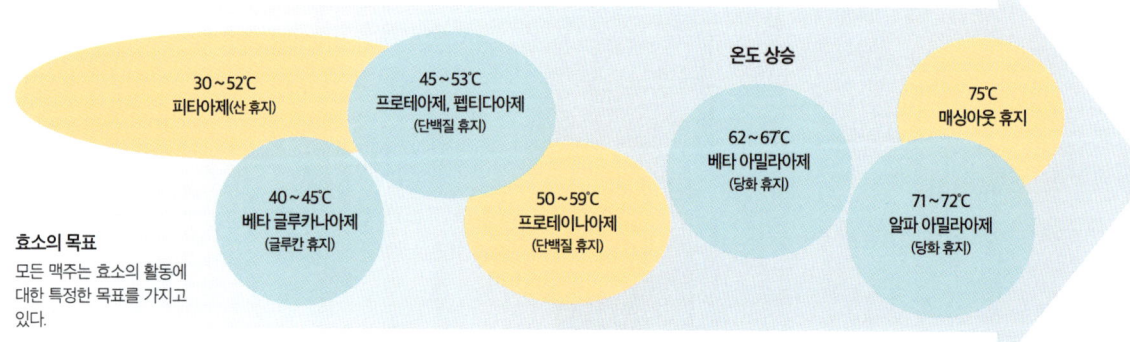

효소의 목표
모든 맥주는 효소의 활동에 대한 특정 목표를 가지고 있다.

매싱 기술

매싱 기술에는 대표적으로 인퓨전, 스탭, 디콕션의 세 가지가 있다. 인퓨전과 스탭 방식은 에일과 라거에 쓴다. 디콕션 방식은 대부분 라거에만 사용하지만 일부 바이스비어에 쓰기도 한다.

인퓨전 매싱은 가장 간소화된 매싱 기술이며, 대략 60분간 필요한 온도 이상의 물 '안에서 매싱'을 하면 완성된다. 이상적인 온도는 66~67℃이며 베타와 알파 아밀라아제가 몰트의 녹말을 당으로 바꿀 것이다.

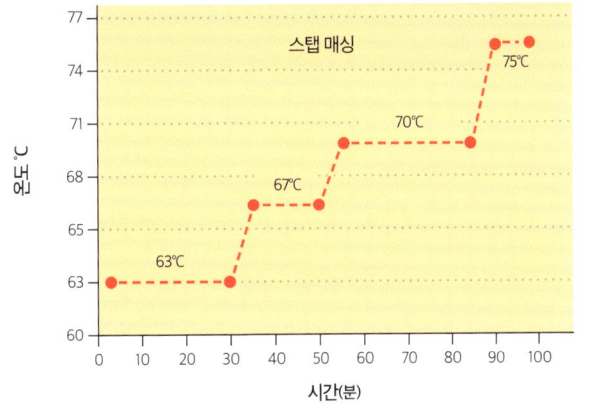

스탭 매싱
이런 방식은 발효 가능한 당이 많이 생성되어 맥주의 피니시가 깔끔해진다.

스탭 매싱
이 방식을 쓰려면 효소의 다양한 활동을 최대치로 올리기 위해 온도를 올렸다 쉬었다를 반복하는 작업이 필요하다.

보통 2~4단계를 거치며, (위 그래프 참조) 맞은편에서 말했던 효소 활동과 상관관계가 있다. 이 방식은 60~90분 정도 소요된다.

디콕션 매싱

전통적인 독일식 양조 방식이다. 스탭 매싱과 비슷하지만 내용물의 일부(곡물과 맥아즙)를 따로 분리해 끓인 후 다시 전체를 합쳐 섞는 작업이 추가된다. 이렇게 하면 온도가 더 오르고 새로운 풍미가 추가된다. 이는 끓이기와 마이야르 반응(더 오래 끓일수록 토스트와 캐러멜 맛이 강해진다) 덕분이다. 양조업자는 싱글 디콕션, 더블 디콕션, 트리플 디콕션(오른쪽 참조) 중 하나를 선택할 수 있다. 보통 다른 방식보다 몇 시간 더 소요된다.

일부 양조업자는 디콕션 대신 멜라노이딘 몰트를 넣기도 하는데, 이렇게 하면 몰트의 맛이 더 진해지고 디콕션 매싱에서 얻는 마이야르의 느낌도 잘 구현된다.

트리플 디콕션
트리플 디콕션은 완료하는 데 5시간 이상 걸린다. 매싱아웃 휴지는 75℃에서 진행한다.

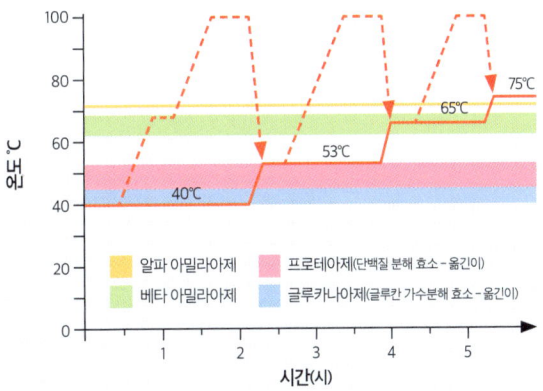

몰트의 맛

몰트, 곡물, 녹말, 당은 맥주에 여러 가지 맛을 내기 때문에 맥주에서 곡물이 들어간 음식, 구운 음식, 캐러멜 맛과 로스팅한 맛이 나는 음식을 떠올리게 한다.

몰트 맛

몰트의 특징이 강한 맥주는 홉과 효모보다 몰트의 맛이 더 두드러진다. 몰트의 맛은 다음과 같이 여러 그룹에서 반복적으로 나타나기도 한다.

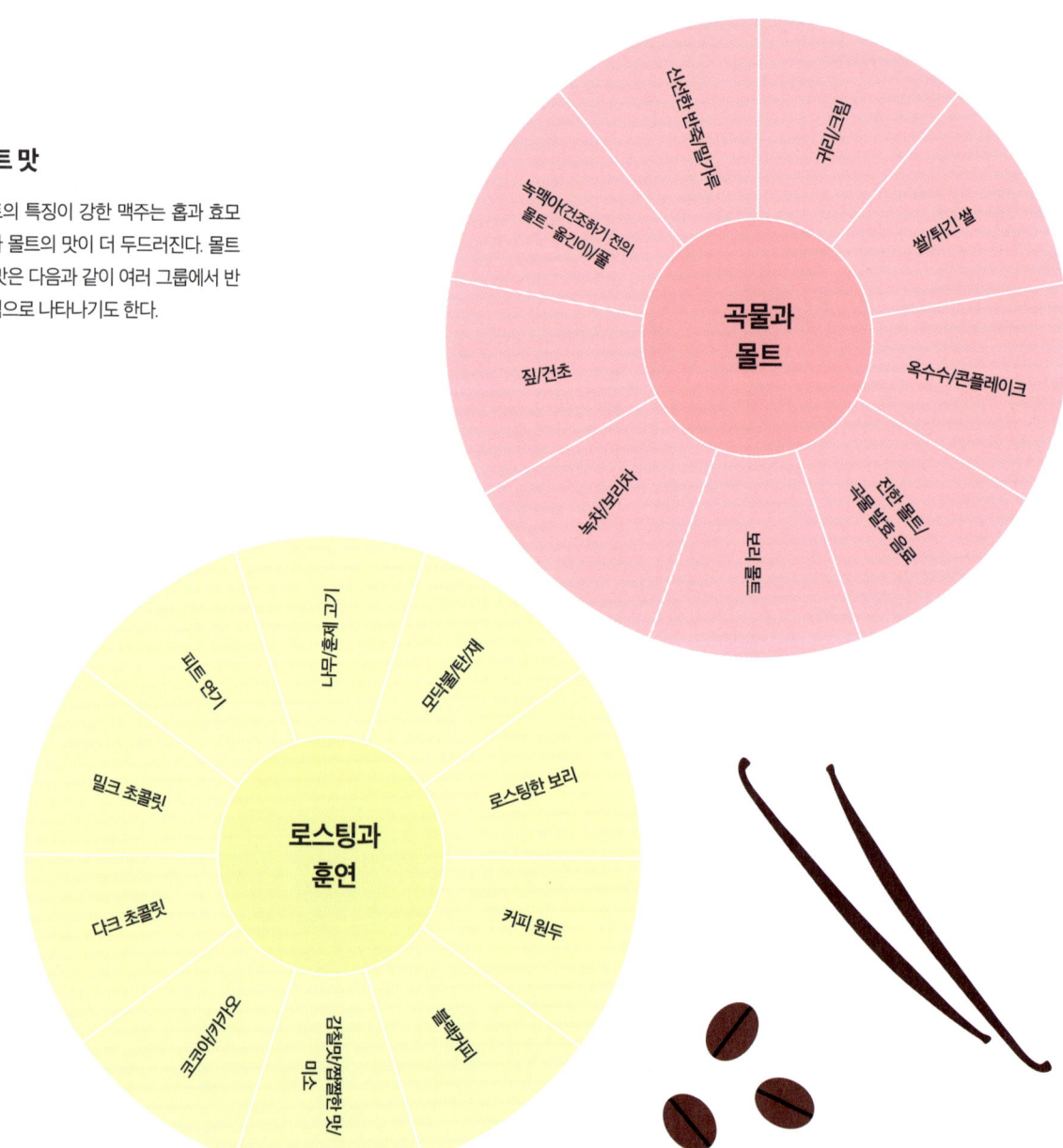

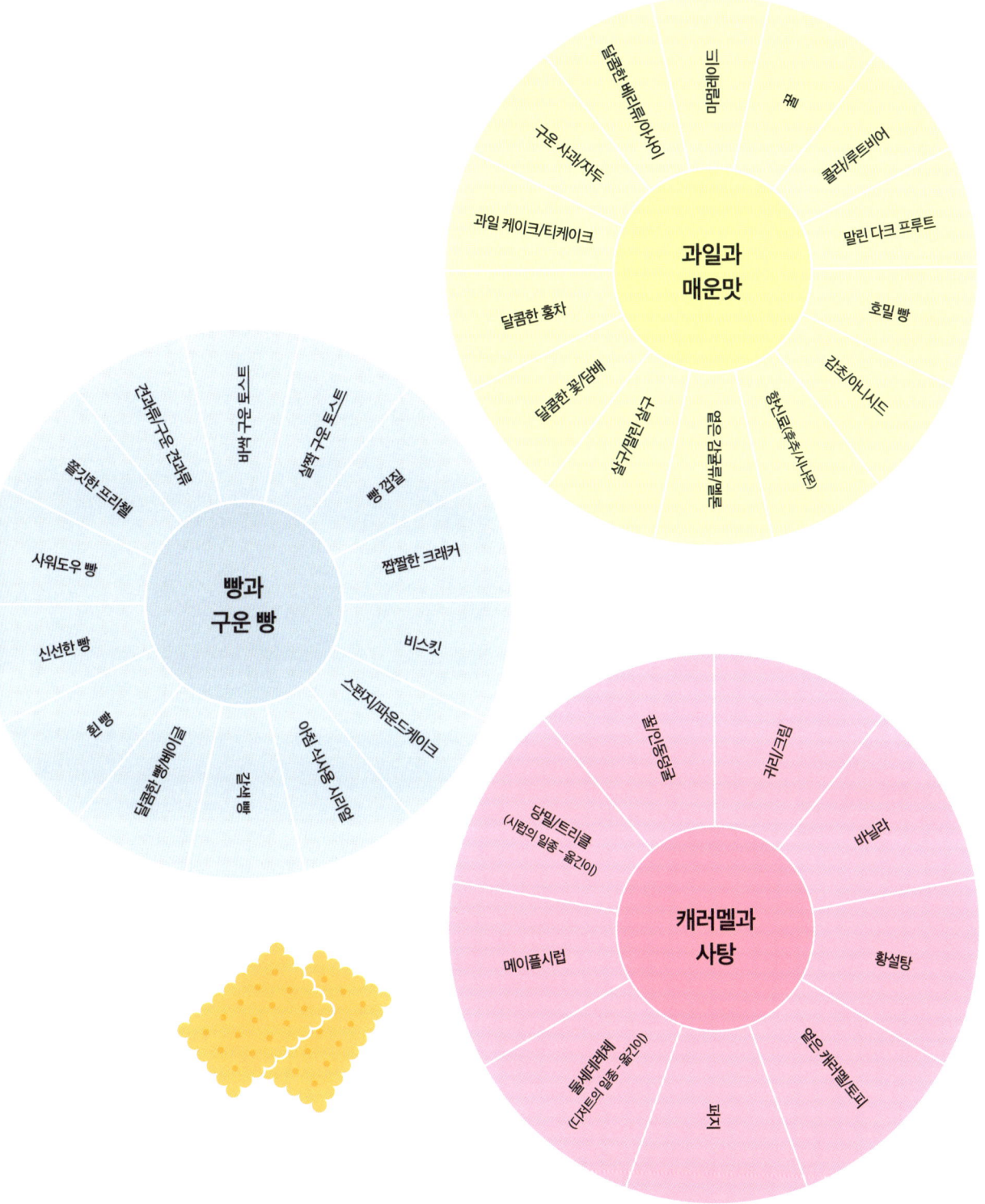

맥주 레시피

맥주는 모두 각기 다른 재료, 공정, 온도, 시간으로 구성된 레시피를 바탕으로 탄생한 최종 산물이다. 다음은 널리 알려진 유명한 맥주의 일반적인 레시피 몇 가지를 소개한 표다.

스타일	아메리칸 라거	체코 필스너	둥켈
평균 ABV/IBU	5% ABV, 15 IBU	4.5% ABV, 35 IBU	5% ABV, 25 IBU
곡물	필스너 몰트 80%, 쌀/옥수수 20%	필스너 몰트 100%	뮤닉 몰트 80%, 필스너 몰트 20%
비터 홉	낮은 쓴맛 독일 홉	높은 쓴맛, 사즈 홉	중간 쓴맛 바바리아 홉
아로마 홉	없음	사즈 홉을 보일링 후반 단계에 첨가	없음/낮음
균형	낮은 몰트, 낮은 홉	달콤쌉쌀	몰트 맛이 강함
효모와 발효	라거 효모, 8~12℃의 낮은 발효 온도, 낮음~중간 에스테르	라거 효모, 8~12℃의 낮은 발효 온도, 낮은 에스테르	라거 효모, 8~12℃의 낮은 발효 온도, 낮은 에스테르
시간	2~4주	4~6주	4~6주
기타 정보	쌀/옥수수로 특유의 드라이함 추가	디콕션 매싱, 저온과 긴 숙성 기간, 미네랄 함량이 매우 낮은 물 사용	디콕션 매싱, 서늘하게 오랫동안 숙성

도펠보크	베스트 비터	포터	임페리얼 스타우트
7% ABV, 25 IBU	4.5% ABV, 35 IBU	5% ABV, 25 IBU	10% ABV, 75 IBU
뮤닉 몰트 70%, 필스너 몰트 30%	페일 에일 몰트 90%, 크리스털 몰트 6%, 귀리/옥수수/엠버/비엔나 4%	페일 에일 몰트 85%, 카라몰트 5%, 브라운 몰트 5%, 초콜릿 몰트 5%	페일 에일 몰트 85%, 크리스털 몰트 8%, 초콜릿 몰트 5%, 로스팅한 보리 2%
중간 쓴맛, 바바리아 홉	중간 쓴맛, 영국 홉	중간 쓴맛, 영국 홉	높은 쓴맛, 모든 홉
없음/낮음	홉을 늦게 첨가, 약간의 드라이 호핑	홉을 약간 늦게 첨가	없음/낮음
몰트 맛이 강함	더 쓴맛 그러나 균형 잡힌 몰트	몰트 맛이 강함	깊은 쓴맛의 강한 몰트 맛
라거 효모, 8~12℃의 낮은 발효 온도, 중간 에스테르	에일 효모, 16~18℃의 따뜻한 발효 온도, 중간 에스테르	에일 효모, 16~18℃의 따뜻한 발효 온도, 중간 에스테르	에일 효모, 16~18℃의 따뜻한 발효 온도, 중간 에스테르, 높은 알코올
6~12주	2주	2~3주	4~10주
다른 라거보다 긴 숙성 시간으로 부드러운 맛이 특징	다른 스타일보다 이산화탄소 함량이 적음	스타우트 정도로 로스팅하면 안 됨	탱크에 오래 두고 더 짙은 맛을 줌, 보통 다른 재료를 더 추가

스타일	아메리칸 페일 에일	아메리칸 IPA	헤이지 DIPA
평균 ABV/IBU	5% ABV, 40 IBU	6.5% ABV, 60 IBU	8% ABV, 40 IBU
곡물	페일 에일 몰트 92%, 크리스털 몰트 8%	페일 에일 몰트 93%, 옅은 크리스털 몰트 4%, 카라필스 몰트 3%	페일 에일 몰트 75%, 귀리 10%, 밀 10%, 덱스트린 5%
비터 홉	중간 쓴맛, 미국 홉	높은 쓴맛, 미국 홉 또는 홉 추출물	중간 쓴맛, 미국 홉 또는 홉 추출물
아로마 홉	미국 품종을 보일링 후반 단계에 첨가, 드라이 호핑	미국 품종을 보일링 후반 단계에 첨가, 여러 번의 드라이 호핑	보일링 후반 단계나 월풀에 첨가, 여러 번의 드라이 호핑
균형	짙은 향이 몰트와 잘 어우러짐	진한 향과 연한 몰트가 잘 어우러짐, 매우 쓴맛	진한 향, 풀보디감, 약간의 쓴맛
효모와 발효	에일 효모, 16~20℃의 따뜻한 발효 온도, 낮은 에스테르	에일 효모, 16~20℃의 따뜻한 발효 온도, 낮은 에스테르	에일 효모, 16~20℃의 따뜻한 발효 온도, 중간~높은 과일 향 에스테르
시간	2~3주	2~3주	2~3주
기타 정보	보통 캐스케이드, 센테니얼, 심코, 아마릴로 홉을 사용	감귤류 향의 미국 홉을 넣어 드라이하면서 쓴맛과 진한 향을 담아야 함	귀리와 밀은 풀보디감을 줌, 열대와 과일 향이 나야 함

윗비어	헤페바이젠	쿼드루펠	와일드 에일
5% ABV, 10 IBU	5% ABV, 15 IBU	10% ABV, 25 IBU	5% ABV, 5 IBU
밀 45%, 필스너 몰트 45%, 귀리 10%	밀 50%, 필스너 몰트 50%	필스너 몰트 80%, 크리스털 몰트 10%, 다크 캔디 슈거 10%	필스너 몰트 60%, 밀 40%
낮은 쓴맛, 독일 홉	낮은 쓴맛, 독일 홉	중간 쓴맛, 독일/영국 홉	낮은 쓴맛, 숙성된 홉
없음/낮음	없음	없음/낮음	없음
무거운 질감의 낮은 쓴맛과 향을 내는 효모	풍부한 밀과 몰트 맛, 향을 내는 효모, 드라이한 피니시	풍부한 몰트 맛과 드라이한 피니시	드라이하고 신맛, 그러나 너무 시지는 않음
윗비어 효모, 20~22℃의 따뜻한 발효 온도, 중간~높은 에스테르와 페놀	헤페바이젠 효모, 20~22℃의 따뜻한 발효 온도, 중간~높은 에스테르와 페놀	에일 효모, 20~22℃의 따뜻한 발효 온도, 중간~높은 에스테르	와일드 이스트와 박테리아 혼합 발효, 진한 향
2~3주	2~3주	4~6주	12주 이상
월풀에 고수 씨와 말린 오렌지 껍질 첨가, 효모의 향과 맛이 나야 함	바나나와 비슷한 특유의 효모 향과 질감	당분이 독한 맥주를 드라이하게 만듦	보통 배럴에 몇 개월간 숙성시켜 신맛과 풍미를 더 끌어올림

홉의 역할

홉은 대부분의 맥주 양조에서 필수적인 역할을 하며, 맥주에 특유의 쓴맛과 향을 부여하는 다재다능한 재료다.

홉의 구조

마치 잎처럼 녹색을 띤 홉의 꽃[꽃잎 또는 포(변형된 잎의 하나 – 옮긴이)]은 루풀린 선(꽃가루, 소포엽 안에 있다)이 함유된 끈적한 노란색 물질을 감싸고 있다. 루풀린 선의 여러 가지 복합 성분이 맥주에서 쓴맛과 향을 낸다. 그중에서도 가장 중요한 성분이 알파산과 에센셜 오일이다.

홉의 알파산

맥주에서 쓴맛을 내는 알파산에는 매우 낮은 (2%) 함량부터 매우 높은(20% 이상) 함량의 산이 들어 있다. 이 퍼센트에 따라 양조업자는 원하는 수준의 쓴맛을 내려면 어느 정도의 홉을 넣어야 할지 결정하게 된다. 알파산의 대표적인 성분은 후물론, 코후물론, 애드후물론이며, 함유량은 각기 다르다. 일부 홉은 쓴맛에 탁월한 능력을 뽐내기도 한다.

노블 홉

체코의 사즈, 독일의 할라타우, 테트낭, 슈펠트가 여기에 속하며 이들의 우아하고 독특한 향이 높게 평가받는다. 그 외에 몇몇 전통적인 랜드라스 홉 – 특정 지역에서 자생하며 홉 재배 이전부터 존재 – 들, 즉 영국의 골딩과 퍼글, 프랑스의 슈펠트, 북아메리카의 클러스터도 '노블'로 본다.

꽃자루
꽃자루는 타닌 성분이 가장 많이 모여 있는 곳이다.

소포엽
홉의 콘 내부에 있는 루풀린 선에서는 루풀린이 분비된다.

루풀린 선
여기에는 송진 같은 진과 에센셜 오일이 들어 있다.

포
꽃잎은 내부를 보호하는 역할을 한다.

홉의 내부
홉을 반으로 자른 모습이다. 홉은 쓴맛, 풍미, 맛의 안정성에 관여한다.

높은 알파산

- 폴라리스(18~21%)
- 파토(18~20%)
- 아폴로(17~21%)
- 브라보(15~18%)
- 헤라클레스(14~17%)

쓴맛의 단계
높은 단계의 쓴맛을 내기 위해 알파산이 많이 함유된 홉을 따로 재배하기도 한다. 그러면 양조업자는 적은 양을 넣고도 원하는 쓴맛을 낼 수 있다. 아로마 홉은 현재 사용되는 홉 가운데 쓴맛을 가장 적게 내는 것으로 알려져 있지만 여전히 쓴맛을 내기 위해 많이 사용되는 품종이다.

- 골딩(3~6%)
- 퍼글(3~6%)
- 슈펠트(2~6%), 테트낭(2~5%), 사즈(2~5%)

낮은 알파산

홉 오일과 향

홉은 고유의 향과 맛이 나는 에센셜 오일을 함유하고 있으며, 다른 재료에서도 찾을 수 있는 성분이다.
다음은 가장 많이 쓰이는 홉 오일의 종류다.

홉 오일	특징	자연에서 볼 수 있는 재료	홉의 종류
미르센	송진, 매움, '홉 향이 강함'	소나무, 대마초, 월계수 잎, 레몬그라스, 귤, 망고	시트라, 센테니얼, 모자이크, 캐스케이드
후물렌	소나무, 나무, 허브, 옅은 감귤류	셀러리 씨, 세이지, 대마초, 흑후추, 정향, 생강, 담배	어드미럴, 골딩, 할러타우
피넨	소나무, 매움, 감귤류	향나무, 흑후추, 로즈메리, 오렌지 껍질, 대마초	센테니얼, 콜럼버스, 심코, 모자이크
카리오필렌	나무, 매움, 꽃, 후추	흑후추, 시나몬, 정향, 바질, 오레가노, 라벤더	사즈, 테트낭, 어드미럴, 골딩
패네센	꽃	레몬 타임, 사과, 캐모마일, 깻잎	테트낭, 노던, 브루어, 사즈
리날로올	꽃, 오렌지	고수 씨와 잎, 파파야, 오렌지주스, 리치, 홍차, 생강	아마릴로, 센테니얼, 시트라, 크리스털, 로랄
게라니올	꽃, 레몬	레몬 껍질, 레몬그라스, 베르가모트, 복숭아, 제라늄, 장미	캐스케이드, 센테니얼, 치눅, 에콰노트
리모넨	감귤류, 오렌지, 레몬	레몬, 오렌지 껍질, 라임, 자몽, 딜, 슈막(옻나무과의 나무 – 옮긴이), 소나무	시트라, 심코

홉의 티올과 에스테르

티올에는 황이 들어 있는데, 아주 소량만으로도 금세 알아챌 수 있는 물질이다. 또한 자몽, 패션프루트, 블랙커런트, 구스베리 같은 열대 과일과 새콤한 향도 티올의 특징이다.

이런 황을 함유한 홉에는 앙파, 대파, 마늘 향 같은 성분도 있으며 강한 향이 산뜻한 감귤류의 향을 누르기도 한다. 맥주에서는 이런 강한 향을 완곡하게 '짭짤한 맛'이라 표현한다.

홉에는 또한 다양한 과일 향 에스테르가 발효 과정에서 흘러나온다. 효모와 홉에서 나오는 향은 특징이 다르다. 에스테르 함량이 높은 홉에는 에콰노트, 시트라, 로랄, 심코, 센테니얼이 있다. 발효 중에 홉을 넣으면 다양한 향이 나오지만 발효가 끝난 후에 넣으면 향이 나오지 않는다. 홉은 효모와의 상호작용으로 에스테르에서 다양한 종류의 과일 향과 기타 향이 나올 수 있으며, 이런 현상을 홉의 생물변환이라 한다.

홉 재배하기

홉은 특정한 계절에 자라는 다년생 식물이며 추운 겨울, 서리가 내리지 않는 봄, 화창한 여름 날씨를 좋아한다.

홉 키우기

홉에는 수꽃과 암꽃이 있으며 성별은 따로 변하지 않는다. 홉을 재배해온 역사는 100년이 훌쩍 넘는다. 재배자는 여러 종의 암수를 교배하면서 부모 종에서 원하는 특징만을 담은 새로운 종을 만들고자 노력했고 새 품종이 상업화하기까지 장기간 – 최대 10년 – 에 걸친 프로젝트였다. 일반적으로 수꽃은 잘 자라고 병해에 강했지만, 맛을 내는 것은 암꽃이었기에 양조에 쓰이는 홉으로는 대부분 암꽃만 재배되었다.

홉이 자라는 해

홉은 봄이 되면 아주 길게 자라기 때문에 높은 지지대(최대 7m)에 감아놓아야 한다. 이렇게 자란 홉은 여름에 꽃을 피운다. 북반구에서는 3월부터 자라기 시작해 8월 말~9월에 추수하고, 남반구에서는 9월에 자라 3~4월에 추수한다.

3월
홉을 키울 때 가장 먼저 할 일은 생물 분해성 끈으로 홉을 지지대에 묶어두는 것이다.

10~2월
추수가 끝나고 뿌리만 남은 홉은 몇 개월간 휴면 상태에 들어간다. 그동안 재배 구역을 수리하거나 재건축하기도 한다.

수확 후 재배자는
이듬해의 농사를 위해
홉의 근경 부분을 잘라준다.

4~6월
봄이 되면 근경에서 다시 홉이 자라기 시작하며 첫 번째 새싹이 나온다. 어느 정도 자라면 줄기 2~3개 정도를 모아 시계 방향으로 돌려 자세를 잡아준다. 홉은 1년 중 해가 가장 길어지는 시기까지 위로 자란다.

7~8월
홉은 7월에 가장 길게 자라며 이후부터 바깥쪽으로 뻗어나가기 시작한다. 처음에는 꽃봉오리 모양으로 '뾰족뾰족'하게 자라다가 홉의 꽃 모양(콘)으로 바뀐다.

8월 말~9월
홉 꽃이 다 자라서 수확하는 시기다. 재배자는 길게 자란 줄기 전체를 자르고 기계로 꽃만 따로 분리한다. 그리고 꽃의 수분도가 80%에서 10%가 될 때까지 건조시킨 후 큰 자루에 나누어 담는다. 수확이 끝나면 몇 개월 후 다음 재배를 위해 홉의 근경 부분을 잘라준다.

홉의 종류

홉의 꽃은 수확 후 그대로 쓰거나 건조해둔다. 그리고 작은 알갱이로 미리 쪼개기도 하고 나중에 따로 공정을 거치기도 한다. 생홉이나 제조된 홉은 양조장에서 쓰는 사용법이 다르다.

홉 펠릿

현재 가장 많이 쓰이는 형태다. 원형 그대로의 홉에 비해 효율성이 좋고 보다 깊은 풍미를 주며, 신선도가 오래가고, 양조와 보관에도 더 용이하다.

펠릿은 꽃을 그대로 분쇄한 후 압착해 작은 알갱이 형태로 만든 것이다. 꽃은 대부분 산도나 오일(쓴맛 또는 풍미)에는 영향을 주지 않는다. 대표적인 종류는 두 가지다. T90과 T45. T90 펠릿은 전체를 그대로 자른 것이다. T45의 경우, 홉을 먼저 영하 20℃에서 얼린 후 잘게 다진다. 그러면 약 45% 정도의 루풀린이 홉에서 흘러나온다. 그러므로 T45가 더 농축된 형태라 보면 된다.

꽃 형태

수확 후 재빨리 건조해서 압착해 만드는 전통적인 방식이다. 이렇게 하면 휘발성 오일을 더 많이 머금고 있어 다른 형태에 비해 우아한 꽃 향기가 더 오래 머문다. 그러나 쓴맛을 내기 위해 너무 많이 넣으면 풀 맛과 독한 맛이 남을 수도 있다. 꽃 형태는 일반적으로 펠릿보다 비싸다.

파우더 형태는 다른 것에 비해
가격이 비싸지만
효과가 강력해
적은 양으로도 충분하다.

홉 추출물

홉에서 추출한 산과 오일은 액체로 만들 수 있다. 추출한 산 중에서 알파산은 다른 식물을 따로 추가하지 않아도 깔끔한 쓴맛을 낸다.

생/녹색/젖은 홉

수확 후 말리지 않고 바로 양조장으로 가져오는 생홉은 진정한 그 계절의 맥주를 느껴볼 수 있게 한다. 맛은 좀 더 가볍고 신선하며 섬세한데, 구운 토마토와 생토마토의 차이라고 생각하면 된다.

홉 파우더

액체 질소로 홉을 초저온에 노출하면 루풀린이 분리되어 나오고 순수한 향과 맛이 응축된 파우더가 만들어진다. 이를 루풀린 파우더 또는 크라이오(얼음 정도의 차가움이란 뜻이 있다-옮긴이) 홉이라 부른다. 펠릿이나 다른 형태와 비교해서 두 배가량 강력한 효과를 지닌다. 가격은 더 비싸지만 효과가 좋아 적은 양만 써도 충분하다.

양조장에서의 홉

양조업자는 원하는 정도의 쓴맛과 풍미, 향을 얻기 위해 여러 타이밍과 방식으로 홉을 추가한다.

더블 드라이 호핑

더블 드라이 호핑(DDH)은 일반적으로 드라이 호핑을 할 때 넣는 홉의 양을 두 배로 늘리거나 횟수를 2회 이상 늘리는 것을 의미한다. 헤이지 IPA처럼 향이 좋은 맥주를 만들 때 주로 쓴다.

홉으로 쓴맛 내기

홉은 보통 맥아즙이 끓을 때 양조 케틀에 넣는다. 홉의 알파산은 쓴맛을, 에센셜 오일은 향과 풍미를 낸다. 알파산은 대부분 물에 녹지 않지만 끓이면 이성체(분자식은 동일하지만 구조가 다르다 – 옮긴이)로 변해 수용성(이소 알파산)으로 바뀐다. 오래 끓일수록 이런 현상이 잘 일어나 쓴맛이 강해진다. 60분 이상 끓이면 최적의 쓴맛이 나온다.

알파산이 많은 홉을 쓰면 적은 양으로도 다른 홉과 비슷하게 쌉쌀한 맛을 낼 수 있다. 가령 같은 수준의 쓴맛을 내기 위해 다른 종류는 12% 정도가 필요하다면, 알파산이 많은 홉은 약 4%만 사용하면 된다는 의미다.

헤이지 IPA의 드라이 호핑

양조장마다 드라이 호핑을 하는 방식이 다르다. 다음은 헤이지 IPA의 발효 및 숙성 과정과 드라이 호핑을 하는 시기를 나타낸 그래프다.

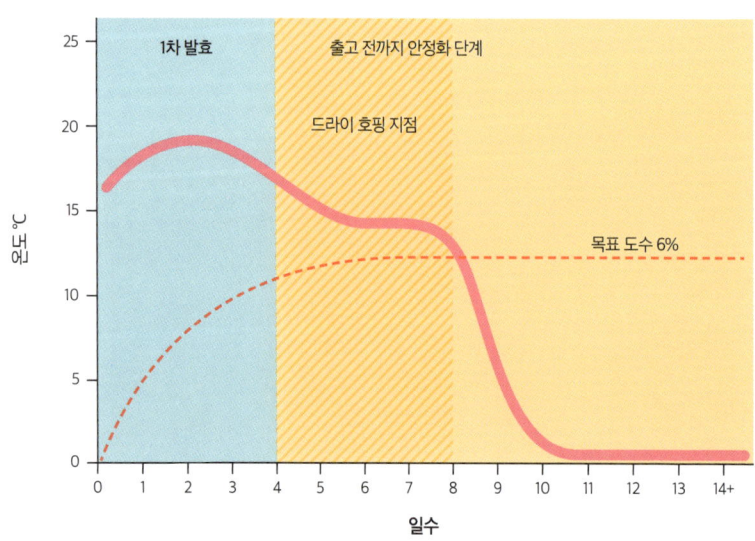

드라이 호핑

양조업자는 홉의 향과 풍미를 높이기 위해 드라이 호핑을 한다. 저온 공정을 진행할 때 홉을 첨가하는데, 보통 발효가 거의 끝날 무렵 아직 온기(13~18℃)가 남아 있을 때다. 따뜻할수록 더 많은 향과 홉의 생물 변환을 부추긴다. 홉을 섞은 후에는 1~4일 정도 두었다가 식으면 홉만 따로 뺀다. 홉과 맥주는 보통 탱크 바닥에 있는 구멍으로 빼내서 분리하거나 맥주만 다른 탱크로 옮겨 포장 전까지 숙성 단계를 거치게 한다.

홉 사용: 쓴맛 vs. 드라이 호핑

맥주에 대한 기호가 바뀌면서 양조업자가 홉을 첨가하는 방식에도 변화를 맞이한다. 영국 트렌트의 버턴에서 만들어진 가장 초기의 IPA는 드라이 호핑을 적게 한 것에 비해 쓴맛이 많이 났다. 그리고 2000년대에 들어서면서 인기가 높아지자 적당한 수준의 드라이 호핑으로 강한 쓴맛을 냈다. 반면 헤이지 IPA는 쓴맛을 줄이고 향을 눈에 띄게 높였다. 아래 그래프에 있는 세로축의 각 숫자는 국제 쓴맛 지수(IBU: 초록색)와 드라이 호핑을 할 때 넣는 홉의 양(주황색)을 나타낸 것이다.

헤이지 IPA에 홉 넣기

탁하고 홉의 풍미가 강한 IPA의 인기는 전통적으로 끓는 단계에 홉을 추가했던 방식에 혁명을 가져왔다. 홉의 향과 풍미를 최대치로 끌어올리기 위해 일부 양조장에서는 적은 양의 홉을 케틀에 넣었다. 이렇게 하면 쓴맛은 약해지고 거품이 오래갔다. 그리고 남은 홉을 대부분 월풀에 넣고 드라이 호핑을 했다.

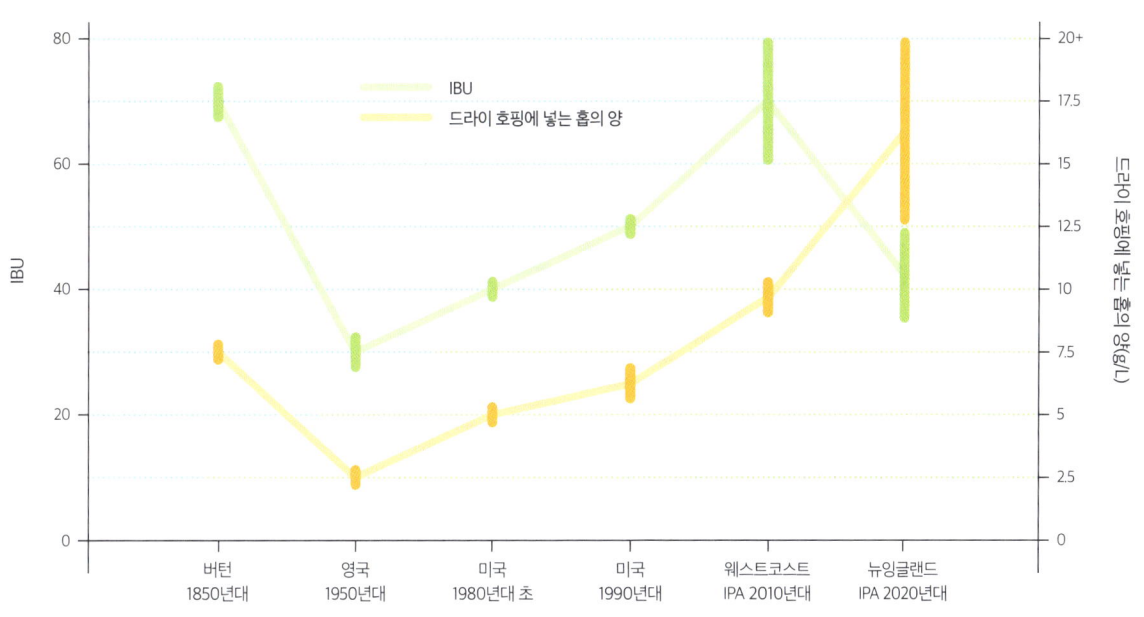

쓴맛 측정하기

맥주의 쓴맛은 국제 쓴맛 지수(IBU)로 측정한다. 맥주에 있는 이소 알파산 100만분의 1을 기준으로 하며, 여기에서 고려하는 요소는 알파산과 첨가된 홉의 양, 사용률, 맥아즙의 그래비티다. 이 지수에는 한계치가 따로 없지만 보통 0~100까지 범위가 나누어져 있으며, 이 이상으로 만든 맥주는 기의 없다.

IBU로 쓴맛을 수치화할 수 있지만 숫자만으로는 쓴맛의 느낌과 전체적인 밸런스를 모두 알 수 없다. 따라서 쓴맛은 보통 단맛과 함께 생각해보면 좋다. 가령 40 IBU의 4% 도수를 지닌 골든 에일은 쓴맛과 단맛이 어우러지며 혀에 오랫동안 머물기 때문에 다른 40 IBU의 7% 도수를 가진 IPA보다 더 쓰게 느껴진다.

쓴맛 내기

과학적으로는 맥주에서 쓴맛을 내려면 긴 시간 홉을 끓여야 한다고 하지만 홉을 월풀에 넣어도 어느 정도 쓴맛을 얻을 수 있다.

홉 재배 지역과 품종

다양한 품종의 홉은 특정 지역의 날씨와 토양, 기타 재배 조건과 만나 다양한 특징을 갖게 된다. 이번에는 주요 홉 재배 지역과 일부 중요한 품종 몇 가지를 소개한다.

최상급 홉

세계에서 가장 많이 재배하는 홉 세 가지는 독일의 헤라클레스, 미국의 시트라, 체코의 사즈 홉이다. 미국에서는 시트라, 모자이크, CTZ, 캐스케이드, 심코가 1~5위를 차지한다.

영국

품종	특징
브램링 크로스	블랙커런트, 매움, 바닐라
블리온	블랙커런트, 레몬, 향신료
챌린저	삼나무, 녹차, 향신료
골딩/EKG	꿀, 레몬, 카레
퍼글	민트, 나무, 풀
제스터®/올리카나®	패션프루트, 자몽, 허브
타깃	말린 허브, 마멀레이드, 탠저린 (만다린 귤 – 옮긴이)

독일

품종	특징
할러타우 블랑	포도, 레몬그라스, 열대
헤라클레스	후추, 매움, 쓴맛
헤르스브루커	풀, 담배, 베르가모트
헐 멜론	멜론, 딸기, 바닐라
매그넘	삼나무, 후추, 송진
만다리나 바바리아	탠저린, 레몬, 자몽
미텔프뤼	풀, 꽃, 레몬
펄	꽃, 차, 후추
사피르	레몬그라스, 꽃, 향나무
슈펠트	나무, 차, 향신료
스팔터 셀렉트	레몬, 꽃, 나무
테트낭	후추, 홍차, 꽃
트래디션	풀, 꽃, 레몬

그 외 유럽 지역

품종	특징
사즈 (체코)	건초, 담배, 허브
스티리안 골딩 (슬로베니아)	녹차, 허브, 레몬
스트리셀팔트 (프랑스)	허브, 자몽, 풀

영국

플랑드르의 농부가 처음으로 키우기 시작한 홉은 1500년대 이후 영국에서 양조용으로 재배되었고 남동부에서 시작해 현재의 주요 재배 지역인 중부로 이동하게 된다.

대다수 품종은 낙엽이나 나무 울타리 같은 흙 맛을 바탕으로 생울타리, 생화, 향신료(커민, 후추), 민트, 블랙커런트, 꿀, 과수원 과일, 옅은 감귤향, 말린 핵과 등의 향미가 났다. 현대식 품종에는 옅은 열대의 특성을 가진 것도 있다. 보통 베스트 비터, 페일 에일, 골든 에일, 마일드, 스타우트, 포터, 일부 벨지안 에일 같은 전통 영국식 맥주에 많이 넣는다.

유럽

홉은 수천 년간 유럽 여러 지역에서 재배되었다. 여기에는 벨기에, 프랑스, 독일, 체코, 폴란드, 슬로베니아 등이 있으며 스페인을 포함한 일부 지역에서는 미국식 홉을 소규모로 재배한다. 독일은 세계에서 두 번째로 큰 홉 재배국이며 할러타우와 테트낭이 대표 지역이다.

일반적인 특징은 풀, 매운맛, 허브, 식물, 꽃, 옅은 감귤류 또는 말린 감귤류의 풍미이며 라거에 깔끔한 쓴맛을 내기 위해 자주 사용한다. 홉의 특징이 강한 맥주에는 현대식 품종을 주로 넣으며 열대, 감귤류, 멜론의 풍미가 더 짙다.

홉 재배 지역

세계적으로 홉은 남북위도 35~55도에서 가장 잘 자란다.

북위 35~55도

남위 35~55도

미국

아마릴로®	자몽, 복숭아, 송진
아자카®	망고, 파파야, 오렌지
캐스케이드	자몽, 꽃, 소나무
센테니얼	나무에서 피는 꽃, 오렌지, 송진
치눅	자몽, 소나무, 향신료
시트라®	감귤류, 망고, 멜론
CTZ	향이 강한 마리화나, 후추, 쓴맛
에콰노트®	귤, 멜론, 망고
엘도라도®	살구, 열대, 감귤류
아이다호 7®	파인애플, 소나무, 베리류
모자이크®	망고, 베리류, 핵과
사브로®	감귤류, 코코넛, 열대
심코®	소나무, 자몽, 베리류

뉴질랜드

코하투®	열대, 소나무, 꽃
모투에카™	열대, 라임, 레몬
넬슨 소빈™	구스베리, 포도, 패션프루트
퍼시픽 젬	베리류, 오크, 후추
라카우™	살구, 송진, 말린 과일
리와카™	자몽, 패션프루트, 라임
와이-이티™	복숭아, 라임, 살구
와이메아™	포멜로(자몽과 비슷하지만 단맛이 더 나는 과일 – 옮긴이), 소나무, 허브

호주

아우스 캐스케이드	자몽, 베리류, 꽃
이클립스®	귤, 감귤류 껍질, 소나무
엘라™	꽃, 아니스, 복숭아
애니그마®	포도, 베리류, 멜론
갤럭시	패션프루트, 복숭아, 감귤류
토파즈™	리치, 열대, 송진
빅 시크릿™	패션프루트, 송진, 파인애플

북아메리카

미국은 현재 세계 홉 재배량의 40%를 차지하는 국가다. 대다수는 워싱턴 주, 나머지는 아이다 호와 오리건에서 주로 재배된다. 17세기 이후부터 홉은 동부에서 재배되다가 1850년대에 서부로 옮겨가게 되고 지금은 모든 재배지가 서부에 자리 잡고 있다.

미국 홉은 유럽에 비해 향, 풍미, 쓴맛에 더 집중하고 있으며 감귤류, 열대과일, 핵과, 멜론, 소나무, 양파/마늘, 향이 강한 마리화나/마리화나, 고고넛, 과일 맛 사탕의 풍미가 주로 난다. 페일 에일, IPA, 더블 IPA를 포함해 홉 향이 강한 맥주에서 그 효과가 최대로 발휘된다.

남반구

홉은 1800년대 이후부터 호주와 뉴질랜드에서도 재배된다. 재배 프로그램을 통해 미국이나 영국 품종과 이종 교배해 새로운 품종을 탄생시켰다. 호주에서는 주로 태즈메이니아 주와 빅토리아 주, 뉴질랜드에서는 남섬의 넬슨 지역이 대표적이다. 또한 남아프리카와 북파타고니아 일부 지역에서도 재배된다.

패션프루트, 망고, 파인애플, 포도, 구스베리, 자몽, 라임, 오렌지, 핵과와 같은 강렬한 열대과일의 특징을 띤다. 주로 홉 향이 강한 맥주에 많이 쓰이며, 퍼시픽 페일 에일과 IPA에서 핵심적인 역할을 한다.

홉의 풍미

홉은 맥주에 아주 강렬한 향과 맛을 선사하지만 그 맛을 묘사하기가 쉽지 않을 때도 있다. 그렇다면 맛을 표현하는 데 도움이 될 만한 몇 가지 방법을 알아보기로 하자.

맛 표현하기

홉이 강한 맥주 맛을 표현할 때 우리는 보통 감귤류, 열대과일, 허브, 매운 향을 이야기한다. 문제는 각각의 향을 최대한 구체적으로 구분하면서도 우리가 그 향이 정확히 무엇인지를 생각해낼 수 있느냐는 것이다. 즉 맥주에서 누군가는 구아바의 풍미를 느끼더라도 이 과일을 한 번도 먹어보지 못한 사람은 제대로 찾아내지 못 할 거라는 의미다.

다음은 과일 맛을 예로 든 체계적인 접근 방식이다. 사람마다 맛에 대한 기억과 경험이 다르므로 틀린 맛이란 존재하지 않는다. 정말 모호한 냄새나 맛이더라도 당신이 느꼈다면 분명 그건 맥주에서 나온 게 맞을 것이다.

1 어떤 과일군에 속하는가?
감귤류, 열대, 핵과, 과수원 과일, 멜론, 베리류인가? 자몽이나 복숭아처럼 좀 더 구체적으로 찾아낼 수 있겠는가?

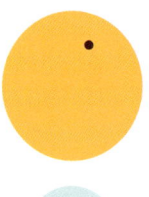

2 과일의 품종은 무엇인가?
가능하다면 이 과일의 정확한 이름을 알아낼 수 있겠는가? 루비 자몽, 백도, 알폰소 망고, 신 체리 등.

3 과일의 어떤 부분인가?
이제 조금 더 자세히 들어가보자. 과일 껍질, 중과피(오렌지 등의 껍질 안쪽 하얀 부분 - 옮긴이), 과육, 즙 중에서 어떤 부분인가?

4 과일의 상태는 어떤가?
설익은, 익은, 과숙된, 말린, 숙성된 상태 중 어떤 것인가?

5 익혔거나 가공된 느낌이 드는가?
구운 파인애플, 토스트 위의 마멀레이드, 망고 라씨, 오렌지 소다, 레몬 케이크처럼 다른 재료가 느껴지거나 가공된 느낌이 함께 느껴지는가?

홉과 몰트를 함께

몰트의 맛은 홉의 풍미를 바꿀 수 있다. 도수가 5%인 맥주 네 가지를 한번 생각해보자. 각각 페일 에일과 같은 향의 시트라와 캐스케이드 홉이 들어 있다. 여기서는 몰트의 풍미가 홉의 풍미를 좌우할 것이다.

가벼움/과일

몰트로 인해 깔끔하면서 토스트 맛이 살짝 나고 드라이하다. 홉에서는 파인애플, 자몽, 옅은 허브, 오렌지의 풍미가 느껴진다.

더 달콤함/열대

몰트로 인해 더 달고 풀보디감이 나타난다. 홉에서는 열대과일 주스, 달콤한 탠저린, 자몽, 소나무의 풍미가 느껴진다.

진함/익힘

몰트로 인해 캐러멜, 바싹 구운 토스트, 베리류 맛이 나며 홉에서는 구운 자몽과 허브 맛 알코올(캄파리)의 풍미가 느껴진다.

더 쓴맛/로스팅

몰트로 인해 로스팅한 맛과 쌉쌀한 다크 초콜릿 맛이 나며, 홉에서는 자몽 중과피, 토스트에 바른 마멀레이드, 구운 파인애플의 풍미가 느껴진다.

하나 혹은 복합적인 맛?

맥주에서 토스트에 발린 마멀레이드 향이 난다고 가정해보자. 그리고 뭉근하게 끓인 달콤쌉쌀한 오렌, 오렌지 껍질, 설탕, 토스트의 풍미도 느껴진다. 이제 단일한 맛과 혼합된 맛 중에 어떤 식의 묘사가 나올지 생각해보자. 맛을 보는 대상에 따라 다르다. 토스트 위의 마멀레이드를 떠올린다는 것도 물론 훌륭하다. 그리고 개별적인 맛을 떠올리는 방식은 맥주 감별사에게 더 적합할 것이다.

열대과일과 핵과의 특징을 띤 홉의 아로마

홉은 열대과일과 핵과의 향이 가장 흔하다. 과일 맛은 하나 또는 복합적인 맛(p.61 참조)으로 묘사할 수 있는데, 단일한 맛은 생과일의 특정 부분과 숙성 정도(덜 익은 망고 vs. 익은 망고)를 생각해볼 수 있고, 복합적인 맛은 마르가리타 칵테일 또는 구운 파인애플처럼 여러 재료가 섞였거나, 가공되거나, 익힌 것을 의미한다.

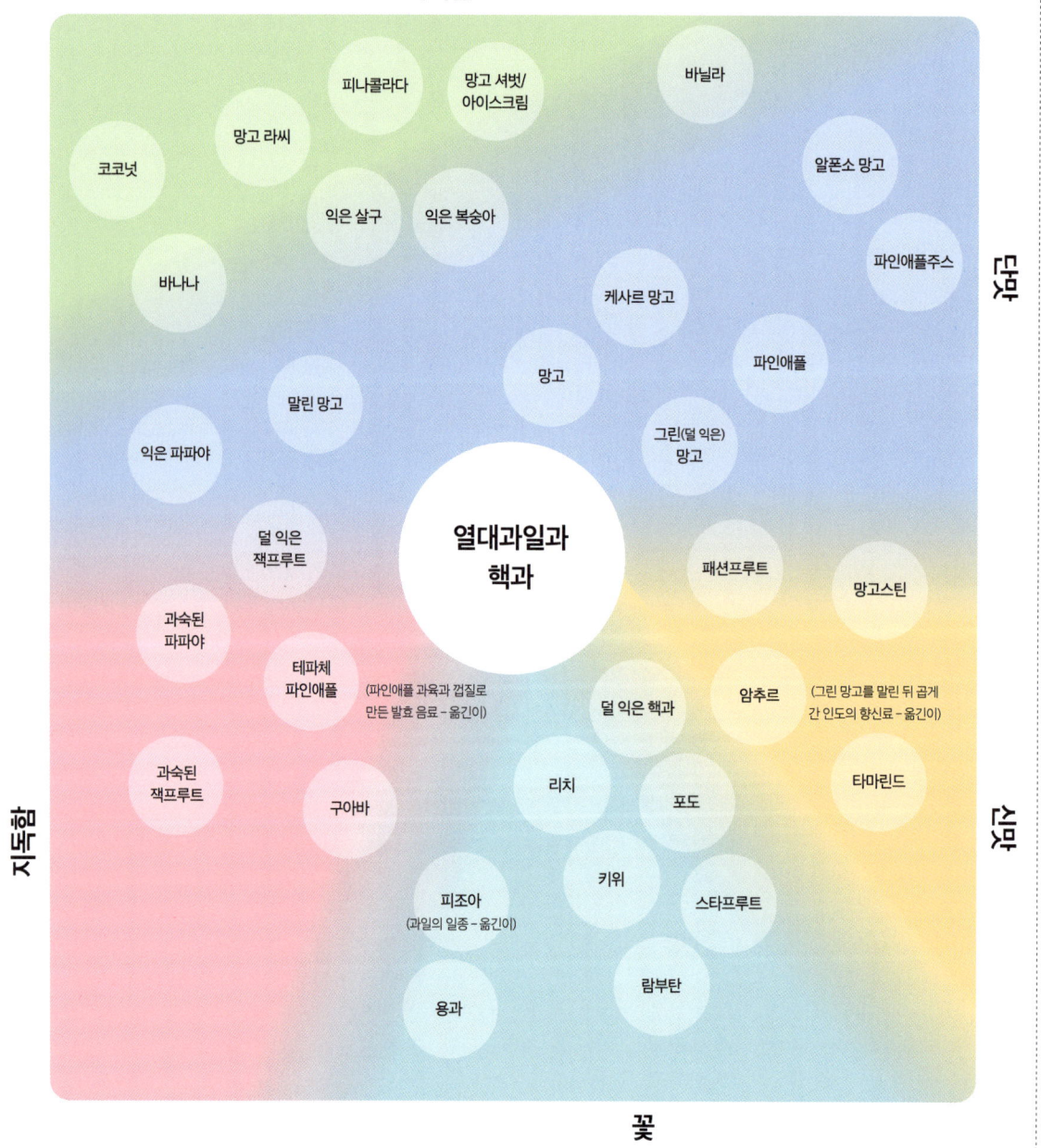

감귤류의 특징을 띤 홉의 아로마

감귤류는 홉의 향 중에서 하나의 범주를 이룰 만큼 다양한데, 생과일이나 복합적인 향에서부터 꽃, 허브, 구운 또는 혼합된 향까지 느낄 수 있다. 그중에서도 오렌지 케이크나 구운 감귤류처럼 조리되거나 혼합된 향이 많이 나며 그 외에 생강, 고수 씨, 베르가모트, 진토닉의 향도 느낄 수 있다.

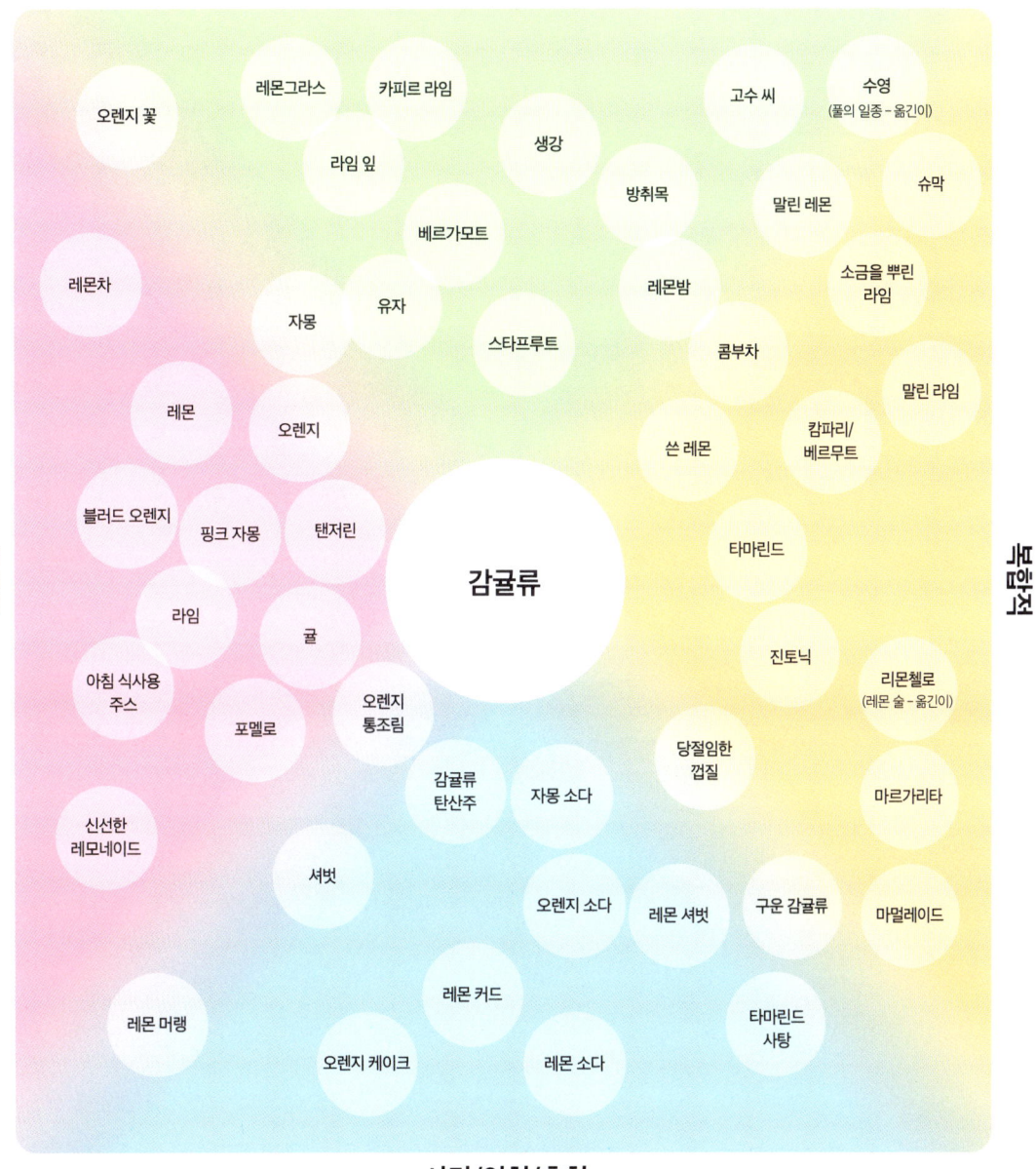

효모와 발효

효모가 없으면 알코올을 만들 수 없다. 알코올과 맥주의 기본적인 맛은 모두 효모가 활동하는 발효 과정 중에 생성된다.

> **맥주, 빵, 와인과 위스키**
>
> 효모의 일종인 사카로미세스 세레비시아는 빵, 와인, 증류주를 발효할 때 쓴다. 그러나 양조업자는 제빵사, 와인 메이커, 증류업자가 쓰는 종류와는 다른 종을 넣는다.

발효

발효는 효모가 당을 알코올로 변화시키는 과정을 말한다. 과정이 꽤 복잡하기 때문에 개략적인 내용만 소개하고자 한다.

먼저 양조에 쓰는 효모를 맥아즙이 담긴 발효조에 넣는다[피칭(박테리아를 넣는 과정 – 옮긴이)]. 그러면 효모가 맥아즙 속의 산소로 자라나며 증식한다. 그 후 당분을 섭취하는데 처음에는 가장 기본 당(포도당)을, 다음은 맥아당을 포함한 나머지를 먹는다. 효모가 당분을 대사하는 과정에서 알코올, 이산화탄소, 맛을 내는 여러 가지 성분과 열이 함께 생성된다.

양조업자가 최적의 발효를 위해 적정량의 효모를 넣더라도 언제나 발효 과정에는 많은 변수가 존재한다. 가령 효모의 종류, 온도, 오리지널 그래비티(p.67 참조), 탱크의 기하학적 구조 등이 있다.

양조에 사용되는 효모

단세포 미생물인 효모의 세포 안에는 여러 가지 화학 반응을 촉진하는 다양한 효소가 있다. 살아 있는 생물인 효모는 에너지를 내기 위해 당분을 섭취하며, 대사 과정에서 알코올이 생성된다.

양조업자는 여러 가지 종류의 효모로 맥주를 만든다. 그중에서 대표적인 두 가지는 에일을 만들 때 쓰는 사카로미세스 세레비시아와 라거를 만들 때 쓰는 사카로미세스 파스토리아누스다. 참고로 와일드 맥주는 브레타노미세스로 만든다.

각 종마다 특성이 달라서 가장 활발한 움직임을 보이는 환경도 다르며, 맥주 스타일에도 다른 특징을 부여한다. 보통 헤페바이젠이나 헤이지 IPA같이 특정 스타일을 만들기 위해 효모는 대개 배양해서 사용한다.

전형적인 발효

에일과 라거 모두 발효 중 온도는 올라갔다가 다시 내려간다. 디아세틸 휴지 기간을 이틀 정도 가진 후 0℃로 낮추어 숙성시킨다. 작업이 완료되면 포장 단계로 넘어간다.

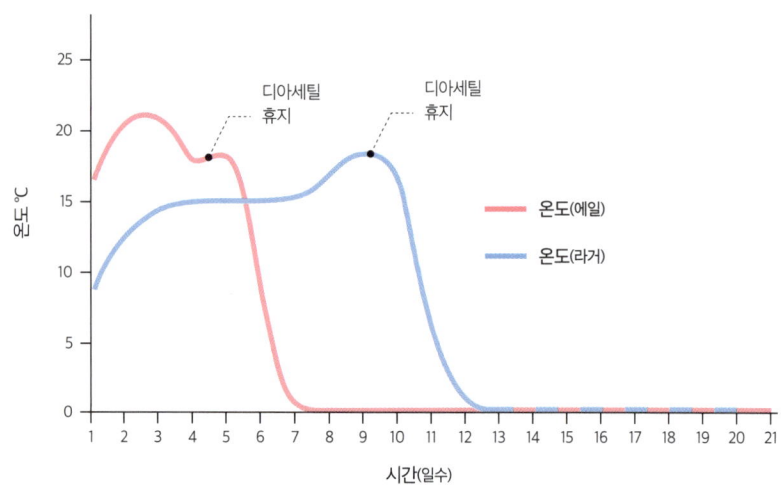

에일 vs. 라거 발효

에일과 라거 발효 시 사용하는 효모는 종류가 다르고 다른 조건에서 최상의 결과를 낸다. 간단히 말해 에일 효모는 따뜻한 온도, 라거 효모는 차가운 온도를 좋아한다. 이런 온도는 발효 시간에 영향을 준다. 그리고 발효가 끝난 후 탱크에서 효모를 걷어내는 위치에 따라 '상면-' 또는 '하면-'이란 용어를 쓴다. 에일 효모는 액체의 표면에서 걷어내고 라거 효모는 바닥으로 내려간다. 그러나 요즘은 많은 양조장에서 온도 조절 밀폐형 코니컬 탱크를 쓰기 때문에 효모를 모두 바닥에서 걷어낸다.

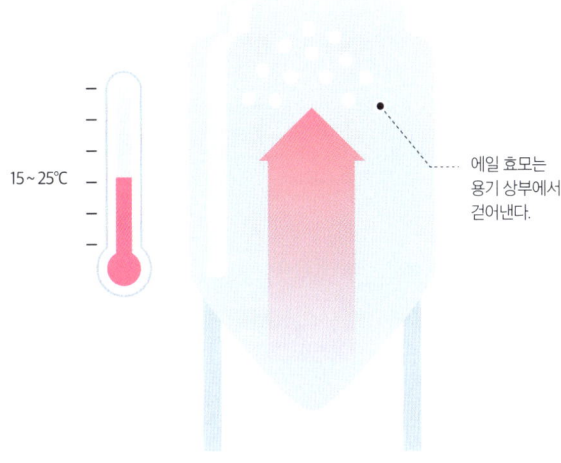

에일 발효

보통 15~20℃에서 발효가 일어난다. 헤페바이젠, 윗비어, 세종, 몇몇 벨지안 에일처럼 효모의 맛이 두드러지는 맥주에 쓰며 최대 발효 온도는 25℃다. 소요 기간은 평균 2~5일 정도다.

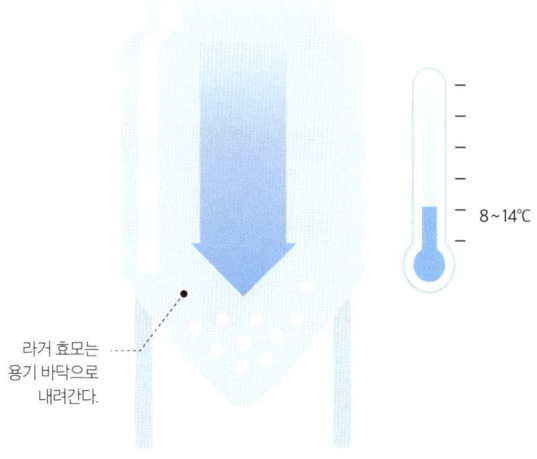

라거 발효

보통 8~14℃에서 발효가 일어난다. 온도가 낮아질수록 효모의 향은 옅어지고 더 깔끔한 결과물을 얻을 수 있다. 소요 기간은 평균 7~10일이다.

와일드와 사워 맥주 양조하기

사워 맥주 가운데 대표적인 종류로는 람빅/자연 발효 맥주(p.182~183), 와일드/혼합 발효 맥주(p.190~191), 베를리너 바이세와 고제(p.192~193 참조) 같은 '패스트 사워' 맥주 등 세 가지를 들 수 있다.

와일드와 혼합 발효 맥주의 경우, 1차 발효나 2차 발효에 와일드 이스트인 브레타노미세스를 넣고 여기에 일반적인 에일 효모와 박테리아(락토바실러스와 페디오코쿠스)를 추가한다. 방식은 일반적인 에일과 같지만 복합적인 맛을 끌어내기 위해 발효와 숙성 시간이 더 길다. 괴즈와 와일드 에일 같은 '슬로 사워'가 몇 개월에서 몇 년이 걸리는 데 비해 '패스트 사워'는 몇 주 안에 양조되어 판매된다.

이 맥주들은 모두 젖산균으로 신맛을 낸다. 가장 흔한 방식은 사워 매싱과 케틀 사워다. 두 종류 모두 보디감이 가볍고 산도가 낮은 베이스를 만든 후 여기에 락토바실러스를 맥아즙(식으면)에 바로 넣거나, 맥아즙을 케틀로 옮긴 후 박테리아를 넣는다. 케틀을 이용한다면 먼저 맥아즙을 끓이고 박테리아를 첨가한다. 그러면 신맛을 내는 과정을 조절하기가 더 쉽고 불필요한 박테리아를 제거할 수 있다. 모든 공정에서 박테리아는 12~48시간 동안 당을 발효하며 젖산을 생성해 맥주에 신맛을 낼 것이다. 양조업자가 신맛이 적당하다고 생각하면 홉을 소량 넣고 끓여준다. 그 후 발효조로 옮겨 일반 효모를 넣고 발효시킨다.

더 깊은 단맛을 가진 전통적인 고제를 만들 때 쓰는 간단한 방법도 있는데, 발효된 맥주에 젖산을 넣는 것이다. 그러면 공정도 간소화되고 전체적인 통제도 수월해진다.

발효가 주는 풍미

발효가 진행되면 에스테르, 페놀, 알코올을 포함해 갖가지 맛을 내는 화학 성분이 생성된다.

에스테르

유기 화합물인 에스테르는 발효 과정에서 생성되는 천연 부산물이다. 맥주의 스타일을 결정하는 데도 중요한 역할을 하는데, 기본적으로 지닌 과일 향과 특징적인 발효의 풍미를 함께 제공하기 때문이다.

알코올을 생성하는 효모는 주로 에탄올을 만들지만 다른 '더 독한' 종류를 만들기도 한다. 그리고 이런 에탄올과 효모에 있는 유기농산이 합쳐지면 에스테르가 형성된다. 유기농산 중에서는 아세트산이 대표적이며 에탄올과 반응하면 아세트산에틸이 생성된다. 이 물질이 가장 대표적인 에스테르이며 옅은 과일 향을 낸다.

맥주마다 여러 가지 에스테르가 혼합되어 있고 들어 있는 양도 달라서 맛이 느껴지기도 하고 아니기도 하다. 또한 단일한 에스테르로도 아주 특별한 맛을 내기도 하는데, 헤페바이젠에는 초산이소아밀이 있어 바나나 향이 난다. 다른 종류는 과일이 혼합된 향이 난다. 에스테르는 혼합 방식에 따라 성분이 엉키면서 완전히 새로운 향을 내기도 하며, 홉 성분과 결합해 또 다른 향을 만들기도 한다.

다른 종류에 비해 더 많은 에스테르를 생성하는 효모도 있으며, 아메리칸 페일 에일에 넣는 전통적인 캘리포니아 에일 효모의 경우 에스테르 생성률이 낮다.

영국 에일 효모는 대개 과일의 풍미가 강하고, 벨기에 에일 효모는 에스테르의 특징이 강하며 페놀 향이 나기도 한다. 헤이지 IPA에 사용하는 효모는 핵과, 바닐라, 열대과일 같은 다양한 과일 향 에스테르를 생성하면서 맥주의 전체 향에서 큰 부분을 차지하는 경우가 많다.

에스테르 생성에 영향을 주는 요인에는 특정 종류의 효모, 발효 온도, 맥아즙의 그래비티(단맛)가 있다. 발효조의 크기나 종류가 포함되기도 하는데, 낮고 넓은 발효조에서 에스테르가 더 많이 생성된다. 보통 벨기에와 전통 영국식 에일을 만드는 양조장에서 이런 종류를 사용한다.

대표적인 에스테르

에스테르의 주요 향은 붉은 사과와 풋사과 맛 사탕, 자두, 아니스(씨앗이 향미료로 쓰이는 식물 - 옮긴이), 바나나, 딸기, 열대과일, 서양배, 풍선껌, 바닐라, 장미, 꿀 등이다.

초산이소아밀
바나나, 바나나 사탕

초산페닐에틸
장미, 꽃, 꿀

아세트산에틸
가장 많이 나오는 종류지만 반드시 풍미 대부분을 차지하는 건 아니다.
옅은 과일 향, 용매제

뷰티르산에틸
열대과일, 파인애플, 과일 주스

알코올 함량 측정하기

맥주에서 그래비티는 용해된 당 함량을 말하며, 숫자가 높을수록 단맛의 농도가 짙다는 말이다. 양조업자는 발효 시작 전(오리지널 그래비티)에 몰트의 그래비티를 재고 발효가 끝나고(파이널 그래비티) 다시 잰다. 이렇게 얻은 두 수의 차이로 알코올 함량을 계산할 수 있다.

물은 1.000이다. 중간 정도 강도의 오리지널 그래비티는 1.048~1.052이며, 파이널 그래비티 또는 발효 후에 남은 단맛은 1.008~1.020이다. 맥주마다 단맛의 정도는 다르겠지만 모든 맥주는 어느 정도의 단맛이 혀에 남는다.

도수(ABV)는 맥주에 알코올이 얼마나 있느냐를 나타낸다. 5% ABV는 맥주의 알코올 함량이 5%란 의미다. 중유럽에서는 알코올 도수를 재기 위해 플라토 디그리(°P)를 쓰기도 한다. 물에 녹아 있는 당의 함량을 측정하는 방식인데, 물이 0°P이고 당이 100°P다. 그래서 10°P의 맥주는 당분이 10°P이고 물이 90°P라 보면 된다. 이것이 오리지널 그래비티의 측정이다. 그리고 파이널 그래비티는 2°P 정도가 될 것이다.

페놀

특정 종류의 효모는 정향, 약, 회반죽, 스모키 위스키 향이 나는 페놀을 자연적으로 생성하며, 윗비어와 와일드 에일 같은 일부 맥주에서 아주 중요한 역할을 담당한다. 대표적인 페놀은 4-비닐 과이아콜(정향)이며, 윗비어에 많이 넣는다. 4-에틸페놀(약, 헛간)과 4-에틸과이아콜(훈연과 정향)은 와일드와 브렛 맥주에 주로 사용된다.

알코올, 알데하이드, 케톤, 황

알코올도 고유의 풍미가 있다. 보통 옅은 과일이나 와인 맛을 내지만, 함량이 높으면 맛이 독하고 아세톤(매니큐어 리무버) 같은 향이 나거나 순수한 알코올 맛만 나기도 한다. 도수가 높을수록 알코올 함량이 높아서 이런 경우가 흔하다. 알데하이드, 그중에서 아세트알데하이드는 발효 초기 단계에 생성되고 시큼한 풋사과 사탕 같은 향이 나며, 함량이 높으면 오프 플레이버(일반적이지 않은 다른 냄새나 맛이 나는 것 - 옮긴이)로 취급되기도 한다. 케톤, 그중에서 디아세틸은 버터 또는 스카치 캔디 맛이 난다. 알데하이드와 케톤은 효모가 생성한 후 더 오래 두면 재흡수되었다 분해된다. 황은 모든 맥주에 들어 있지만 라거에서 맛이 좀 더 두드러진다.

홉 또는 효모?

과일의 풍미는 보통 에스테르에서 나지만 홉에서도 날 수 있다. 그러므로 에스테르의 맛을 정확히 찾을 수 있는 최고의 방법은 설탕에 조렸거나 인공적인 과일 또는 용매제 같은 느낌(마커펜)을 생각해보면 된다. 초산이소아밀의 경우 바나나 사탕[서커스 피넛(땅콩 모양의 마시멜로 사탕 - 옮긴이)] 향이 나지만 잘 익은 생바나나의 냄새는 아니다. 우리는 종종 배 드롭(서양배 모양의 사탕 - 옮긴이)이나 풍선껌의 에스테르 향을 찾아내기도 하며 모두 설탕에 조린 풍미가 난다. 에스테르의 양이 많아지면 불쾌한 맛이 나겠지만 천연 과일 맛이 나는 홉은 양이 늘어나도 여전히 맛있을 것이다.

핵사논산에틸
붉은 사과, 아니스

카프릴산에틸
풋사과

숙성과 마무리

모든 맥주는 포장에 앞서 마지막으로 향과 맛을 더 첨가해 맥주의 특성을 완성시키는 숙성 과정을 거친다.

숙성과 안정

발효가 끝난 후 맥주는 0°C에서 식히며, 기간은 맥주에 따라 며칠에서 몇 개월까지 걸릴 수 있다. 그동안 남아 있던 효모가 아래로 내려오면서 맥주는 보다 부드러워지고 탄산도 형성된다.

와일드 맥주와 배럴 숙성 맥주는 작용 방식이 조금 다르며, 통상 특정 온도에서 몇 개월 또는 몇 년간 보관하면서 맛이 완성된다. 통 안에서 맥주는 배럴과 섞이고 탄산이 완성되는 등의 자체 '마무리' 작업을 진행하게 된다.

맑거나 탁한 맥주

양조업자는 포장으로 넘어가기 전에 맑은 상태 또는 탁한 상태 중 하나를 결정해야 한다. 맥주를 맑게 하는 방식은 몇 가지가 있다.

첫 번째는 여과 방식이다. 여과를 거쳐 효모와 다른 물질을 걸러주면 맥주는 맑아진다. 효모를 제거하면 마시기에 산뜻하지만 풍미와 질감이 다소 옅어질 수 있다. 그러나 여과가 나쁘다는 말은 아니다. 실제로 이런 방식이 잘 맞는 맥주도 있다. 여과 방법은 맥주를 미세한 구멍의 여과판이나 시트로 거르는 것이며, 이렇게 해서 맑은 액체를 얻을 수 있다.

두 번째는 원심분리기를 이용하는 것이다. 빠르게 맥주를 회전시켜 밀도가 높은 효모 입자를 분리하는 것이다. 맥주의 특징을 좀 더 유지하면서 깨끗한 액체를 얻는 부드러운 방식이다. 또한 의도적으로 탁하게 만든 맥주의 경우 원심분리기를 이용하면 탁한 정도를 일정하게 유지할 수 있다.

세 번째는 파인잉(청징)이다. 보조제를 탱크 속 맥주에 첨가하면 이 물질이 고체를 잡아서 용기 바닥으로 끌고 내려가는 방식이다. 그러면 맥주가 전체적으로 맑아진다. 파인잉에도 여러 종류가 있는데, 부레풀(물고기), 젤라틴(소나 돼지) 같은 동물성 소재와 식물성 소재가 있다.

차가운 맥주는 톡 쏘는 맥주

맥주의 온도가 낮을수록 탄산을 흡수하고 머금는 능력이 올라간다. 온도가 올라가면 더 많은 이산화탄소가 맥주에서 빠져나가기 때문에 탄산은 줄어든다.

탄산화(카보네이션)

맥주에는 모두 탄산이 있지만 영국의 캐스크 에일처럼 탄산이 적은 종류도 있고, 벨지안 트리펠처럼 매우 많은 종류도 있다. 이산화탄소는 맥주의 기포를 형성하는 주요소지만 질소를 넣기도 한다. 맥주에 탄산을 형성하는 방식에는 다음 몇 가지가 있다.

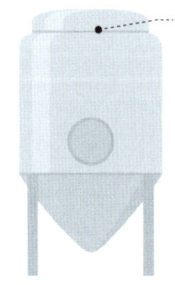

탱크 속 자연 탄산 발생
맥주를 숙성하기 위해 식힐 때도 여전히 효모는 활동을 하며 이산화탄소를 생성한다. 그리고 탱크를 완전히 밀폐한 후 압력을 높이면 기포가 맥주로 흡수되면서 탄산화가 일어난다.

양조업자는 최종 탄산의 정도를 측정한 후 조정한다.

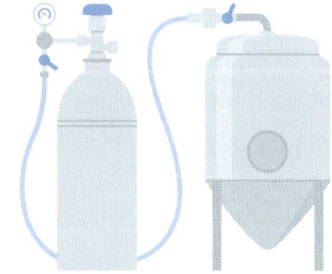

탄산 주입
이산화탄소가 자연적으로 맥주에 흡수되도록 두는 대신 탱크에서 강제로 탄산을 집어넣을 수 있다. 이 작업은 발효가 끝날 때, 여과 후 또는 포장 전에 진행할 수 있다.

저온 살균

저온 살균은 맥주에 남아 있을 법한 박테리아를 제거하기 위해 쓰는 방식이다. 대부분 라거 양조나 더운 기후에서 양조를 할 때 맛의 안정화와 일정함을 위해 사용한다. 포장 중 또는 후에 맥주의 온도를 높여 박테리아를 죽이고 효모의 활동을 저지한다. 온도는 60~72℃ 정도다. 좋은 맥주 중에도 이런 처리를 하는 종류가 있기 때문에 살균 처리가 꼭 나쁜 것은 아니다. 하지만 풍미가 떨어질 수 있으며, 소규모 양조장에서는 잘 하지 않는다.

탄산의 정도

맥주 속 탄산은 이산화탄소의 양과 특정 방식으로 측정한다. 예를 들어 0.5리터 잔의 맥주에 2만큼의 이산화탄소가 있다고 한다면 이 맥주에 들어 있는 이산화탄소의 양은 1리터라는 의미다. 맥주 종류마다 탄산의 정도가 다르기 때문에 수제 맥줏집이라면 가장 맛있는 맥주를 손님에게 대접하기 전에 정확한 양을 알아두는 게 좋다.

스타일	이산화탄소의 양
람빅	0.5 ~ 1.5
캐스크 에일	1 ~ 1.5
임페리얼 스타우트	1.5 ~ 2.3
켈러비어	1.7 ~ 2.2
아메리칸 IPA	2 ~ 2.5
헤이지 IPA	1.8 ~ 2.3
대부분의 에일	1.5 ~ 2.5
대부분의 라거	2.2 ~ 2.7
헤페바이젠	3.5 ~ 4.5
두벨/트리펠/쿼드루펠	3 ~ 4
괴즈	3 ~ 4.5
탄산음료	3 ~ 4
샴페인	4 ~ 6

예상되는 탄산의 정도
람빅 같은 일부 맥주는 탄산이 매우 적고, 괴즈 같은 일부 맥주는 샴페인 수준의 탄산이 들어 있다.

맥주가 탁하다는 의미는?

탁한 정도는 맥주마다 다르다. 헤이지 IPA와 밀 맥주는 계속(또는 콜로이드성으로) 탁한 상태로 있다. 이는 밀과 귀리같이 단백질 함량이 높은 곡물을 사용하거나 홉에 있는 폴리페놀(특히 드라이 호핑을 많이 한 경우) 때문일 수 있다. 맥주에 효모가 남아 있는 경우에도 탁해질 수 있다. 이런 경우 맥주를 오래 두면 효모만 아래로 가라앉을 것이다. '칠리 헤이즈'의 경우도 있는데, 맥주가 매우 차가워질 때 녹아 있던 곡물 속 단백질이 홉의 폴리페놀에 달라붙으며 생긴다. 이때는 온도만 높여주면 다시 맑은 형태로 돌아온다.

병입 숙성
탄산이 없고 여과하지 않은 맥주를 병에 넣는다. 그러면 효모는 단맛을 더 생성하고 이산화탄소를 만들며 이 가스는 맥주에 흡수된다. 이 과정은 몇 주 또는 몇 개월이 소요되며, 탄산이 충분히 형성될 때까지 그대로 둔다.

캐스크 숙성
병입 숙성처럼 탄산이 없는 맥주를 캐스크에 채우고 밀봉하면 안에서 2차 발효가 일어나 탄산이 생긴다. 그러나 탄산의 정도가 낮아서 '탄산이 없다'고 착각하기도 한다.

질소 맥주
탱크에서 질소가스를 적절한 수준까지 녹여 넣는다. 이산화탄소도 적지만 함께 들어 있다. 질소의 기포는 이산화탄소보다 잘고, 잔에 맥주를 따르면 폭포처럼 쏟아져 나오는 특징이 있다(p.83 참조).

배럴 숙성과 기타 재료

근래에는 주요 공정과 주재료 외에도 배럴 숙성을 하거나 다양한 부재료를 첨가하는 일이 많아졌다.

맥주와 나무의 역사

맥주는 생산 과정에서 2,000년 이상 꾸준히 나무와 접촉했다. 몇백 년 전 양조장에서는 뚜껑이 없는 나무 용기에서 맥주를 발효시켰고 커다란 배럴에 담아 보관했다. 그리고 다시 작은 배럴에 담아 다른 곳으로 옮기거나 사람들에게 대접했다. 가장 많이 사용된 나무는 오크였으며, 당시에는 배럴로 인해 바뀐 맛을 좋아하지 않았다.

19세기 말에 나무는 다른 소재(유리와 에나멜 탱크, 콘크리트, 강철, 알루미늄)로 대체되었다. 그리고 스테인리스가 1960년대부터 시장의 표준 소재가 된다.

풍미를 위한 배럴

맥주에 새로운 특징을 부여하기 위해 배럴을 처음 사용했던 맥주는 1992년에 양조된 미국 구스 아일랜드 비어 컴퍼니의 버번 카운티 스타우트다. 나무에서 느낄 수 있는 풍미와 개성을 부여하기 위해 버번위스키를 담았던 배럴에서 숙성시켜 강렬한 스타우트를 만들려는 의도로 시작되었다.

2000년대에 들어서자 버번 배럴 숙성은 독한 맥주를 만들 때 더 많이 사용하게 되었고 스코틀랜드 양조업자들은 자신의 지역에 있는 위스키 배럴을 쓰기 시작했다. 버번과 스코틀랜드의 위스키 배럴 모두 '깔끔하고' 시큼한 맛이 없는 맥주를 만드는 목적으로 사용했다. 위스키 캐스크에서 나는 대표적인 맛은 바닐라, 코코넛, 캐러멜, 나무, 차, 달콤한 향신료, 훈연과 소금(스코틀랜드 위스키), 알코올로 인한 따뜻함, 오크 타닌이다.

캘리포니아처럼 와인을 많이 생산하는 곳에서는 와인 배럴을 많이 쓰기 시작했고, 맥주에 신맛과 함께 와인과 비슷한 특징을 추가하기 위해 사용했다. 또한 통에 남아 있는 박테리아와 미생물을 이용하려는 목적도 있었다.

> **왜 나무를 쓸까?**
>
> 과거 위스키와 와인에만 쓰던 배럴이 이제는 맥주 양조장에서 가장 많이 사용되고 있다. 그 밖에 럼주, 셰리, 코냑, 테킬라, 진을 담은 통이나 브라질의 카샤사같이 특정 지역 증류주를 담았던 나무를 쓰기도 한다.

배럴 숙성의 과학

배럴은 미세한 기공으로 '호흡'을 하는 통이다. 주변 온도가 오르면 이 통은 팽창하면서 맥주가 나뭇결로 흡수된다. 그리고 나무가 식어서 수축하면 맥주가 다시 빠져나오면서 풍미와 타닌을 머금게 된다. 나무마다 나이가 다르고 특징이 다르기 때문에 최상의 맥주를 위해 여러 통을 섞어서 쓰기도 한다. 배럴에 담긴 맥주는 2개월~2년 동안 숙성된다.

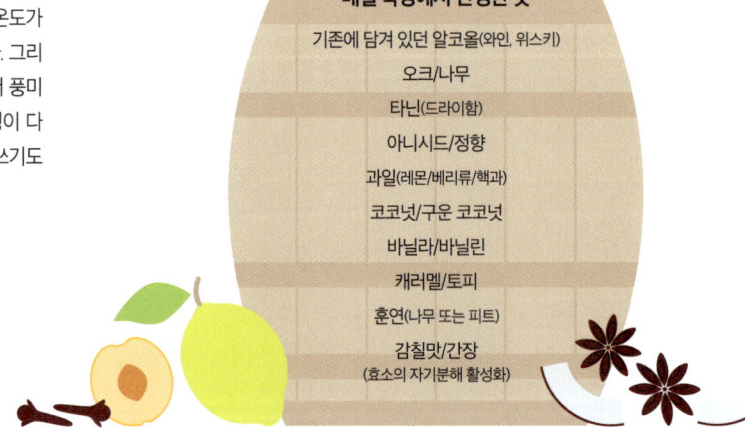

배럴 숙성에서 탄생한 맛

기존에 담겨 있던 알코올(와인, 위스키)
오크/나무
타닌(드라이함)
아니시드/정향
과일(레몬/베리류/핵과)
코코넛/구운 코코넛
바닐라/바닐린
캐러멜/토피
훈연(나무 또는 피트)
감칠맛/간장
(효소의 자기분해 활성화)

기타 재료

물, 곡물, 홉, 효모 외에도 맥주에 추가로 넣을 수 있는 재료는 무궁무진하다. IPA에 추가한 자몽처럼 미묘하면서 부가적인 풍미를 위해 넣기도 하지만, 현대적인 맥주인 프루트 사워와 페이스트리 스타우트처럼 지배적인 맛을 내기도 한다.

과일과 채소

양조에 가장 많이 사용하는 과일은 체리와 라즈베리이며 보통 람빅에 추가하지만 요즘은 다른 베리류도 많이 사용한다. 자몽과 기타 감귤류는 IPA에 넣는 경우가 많다. 망고, 구아바, 패션프루트 같은 열대과일의 경우 단맛이 더 나는 사워 맥주에 많이 넣는다. 포도는 풍미뿐만 아니라 그 즙이 일부 맥주에서는 발효를 일으키기도 한다. 수박과 오이는 낮은 도수의 맥주에 가벼운 청량감을 준다. 과일은 생과일, 과일 퓌레, 말린 과일, 과일 껍질, 주스, 시럽 등 여러 형태로 첨가할 수 있으며 보통 고온 공정 시 첨가하거나 발효 중 또는 후에 넣기도 한다.

호박을 넣은 맥주는 특히 북아메리카의 대표적인 계절 맥주다. 호박은 퓌레나 익힌 형태로 매시 툰 또는 케틀에 첨가할 수 있다. 시나몬과 너트맥 같은 향신료를 함께 넣기도 한다.

허브와 향신료

고수 씨는 윗비어와 고제에 넣는 고전적인 향신료다. 그 외에 많이 사용하는 종류는 다음과 같다. 페퍼콘, 그래인오브파라다이스, 시나몬, 카다몸, 너트맥, 생강. 보통 원물 형태로 매시 툰이나 월풀에 넣거나 숙성 중에 차처럼 우려내기도 한다. 칠리페퍼도 많이 쓰는데, 과일 맛이 나면서 적당히 따뜻하거나 얼얼한 느낌부터 입술이 화끈거리는 단계까지 다양하다. 바닐라 빈이나 통카 빈은 여러 스타일의 맥주에 많이 넣으며 고급스러운 크리미함을 준다. 향나무, 로즈메리, 월계수 잎, 히비스커스, 엘더플라워 같은 신선한 허브와 꽃, 차를 이용해 홉처럼 풍미를 추가할 수도 있다.

초콜릿과 커피

커피는 커피 원두 또는 에스프레소 형태로 어느 단계에 넣어도 괜찮다. 보통 신선한 에스프레소를 첨가해 식힌 다음 최상의 풍미를 얻는 경우가 많다. 초콜릿은 카카오나 코코아 파우더, 카카오닙스, 추출물, 에센스, 바 형태로 첨가할 수 있다. 발효 후 또는 매싱이나 보일링 단계에 넣어 풍미를 추가할 수 있다.

견과류

맥주에 가장 많이 넣는 견과는 코코넛이며 보통 말리거나 구운 형태로 쓴다. 땅콩(그리고 땅콩버터), 헤이즐넛, 피칸, 아몬드 같은 견과류를 넣기도 한다. 지방은 맥주의 거품을 줄일 수 있어 파우더나 추출물 형태로 사용하는 편이다.

당류

락토오스(젖당 또는 유당)는 보통 매싱 또는 보일링 단계의 끝부분에 첨가하며, 맥주에 달고 크리미한 특징을 준다. 황설탕, 설탕, 캔디 슈거, 당밀, 메이플시럽, 꿀은 발효 가능한 당과 풍미를 동시에 얻을 수 있다. 때로는 케이크와 사탕을 추가해 풍미와 당을 얻기도 한다.

생맥주와 숙성 맥주

대부분의 맥주, 특히 홉 향이 강한 스타일은 포장 후 몇 개월 내에 마시기를 권장한다. 그러나 일부 맥주는 숙성시키면 좋은 와인처럼 맛이 훨씬 좋아지기도 한다.

(일반적으로) 생맥주가 최고인 이유

맥주에 담긴 풍미는 대체로 미묘하면서 휘발성이라 시간에 따라 맛이 변하곤 한다. 일단 포장 후 판매대에 오르면 이런 변화가 시작되기 전에 빨리 마시는 게 좋다. 특히 홉 향이 강한 맥주는 몇 주 내에 향이 사라지기 때문에 시간이 중요한 요소가 된다. 맥주마다 신선도를 유지하는 기간이 다르며 스타일과 마시는 방식에 따라서도 달라질 수 있다. 예를 들어 영국의 캐스크 에일은 병에 담긴 벨지안 쿼드루펠보다 빨리 마셔야 한다.

대부분의 맥주는 포장 후 1~2개월 정도는 신선한 상태를 유지하고 그 이후부터 조금씩 변질된다.

그러나 몇 개월이나 몇 년 동안 숙성시키는 특정 맥주도 있으며, 이런 종류는 시간이 지날수록 맛이 더 좋아진다. 1~3년 이상 숙성시키면 맛이 좋아지는 맥주도 소수 있지만, 예외(오른쪽 참조)도 있다.

맥주 저장법

맥주의 최대 적은 산소·열·빛이다. 산소는 맥주를 밍밍하게 만들고, 열은 신선도를 떨어뜨리며, 빛은 맛에 변화(p.80 일광취 맥주 참조)를 가져온다. 따라서 양조장은 산소 차단에 힘을 쓰며, 소비자는 열과 빛을 조절할 수 있다.

온도는 신선도에 큰 영향을 줄 수 있다. 맥주를 보관하는 최적의 온도는 10~12℃다. 그러나 고급 맥주 저장고를 가지고 있지 않은 사람이 대부분이기 때문에 냉장고나 가장 온도가 낮은 곳에 위치한 찬장같이 어둡고 서늘한 곳도 괜찮다. 실온(20℃)에서 3주간 둔 맥주는 3~6개월 된 맥주와 맛이 비슷하다. 하지만 냉장고에 넣어두면 갓 양조된 맛을 느낄 수 있을 것이다.

똑바로 세워두기
와인과 달리 맥주는 똑바로 세워 보관해야 한다. 코르크 마개가 있는 맥주병이라면 눕혀 둘 수도 있겠지만 열기 전에 1~2일 정도는 세워서 효모가 바닥으로 가라앉게 해야 한다.

숙성에 최적인 맥주

숙성에 맞는 맥주는 도수(7% ABV 이상)가 높고, 다크한 맥주지만 페일 맥주를 숙성시키는 경우도 간혹 있다. 또한 여기에는 병입 숙성 맥주도 포함된다.

벨지안 쿼드루펠
보통 병입 숙성하기 때문에 숙성에 알맞은 맥주다. 기간은 1~2년 정도가 적당하다.

임페리얼 스타우트
포장 후 바로 마시면 '뜨겁다(알코올 함량이 높고 균형이 잘 맞지 않아서)'고 느낄 수 있다. 이럴 때 몇 개월 이상의 숙성이 도움이 된다. 배럴 숙성을 하면 더 빨리 마실 수 있을 것이다. 최고의 방법은 양조 후에 바로 포장을 해 병 안에서 숙성 기간을 어느 정도 갖게 하는 것이다.

발리 와인과 빈티지 에일
이 맥주들은 알코올, 몰트, 홉 함량이 높아서 숙성하면 이런 특징이 잘 녹아들어 마치 갓 양조한 것과 같은 느낌과 새로운 맛을 선사한다.

괴즈
여러 해 숙성된 괴즈를 사랑해 마지않는 사람이 있는 반면, 출시 후 빨리 마시는 것을 선호하는 사람도 있다. 사실 괴즈는 양조장에서 이미 몇 년간 숙성한 후 판매되는 제품이다. 또한 병입 숙성 맥주라서 병 안에서 숙성이 진행된다.

좋은 맛:
흥미로워진 몰트 맛, 다양해진 곡물과 효모의 맛, 진해진 무화과나 말린 자두 같은 맛, 낮아진 쓴맛과 향신료 맛, 흥미로운 효모의 특징이 들어간 풍부한 맛, 전체적으로 부드러워진 질감.

1~3년

나쁜 맛:
가벼워진 보디감, 낮은 탄산, 너무 강한 셰리의 특징, 강렬한 맛 대신 밋밋하고 뒤섞인 맛.

좋은 맛:
중간 정도의 풍부한 몰트 맛, 줄어든 로스팅 맛과 진해진 초콜릿 맛으로 인해 기분 좋은 단맛이 증가, 잘 혼합된 알코올, 새로운 효모의 맛이 느껴짐.

1~5년

나쁜 맛:
강렬해진 효소의 자기분해/간장 맛, 너무 진해진 단맛과 불균형, 가벼워진 보디감, 셰리 같은 맛.

좋은 맛:
농축된 몰트 맛, 유쾌한 말린 과일(무화과, 말린 자두, 포트와인)과 셰리 맛이 생김, 복합미가 생기고, 쓴맛이 줄어듦, 홉 향이 맛과 더 잘 어우러짐.

1~10년

나쁜 맛:
줄어든 탄산, 산화된 맛과 효소의 자기분해 작용으로 간장 맛 증가, 풍부한 맛이 사라지고 밍밍해짐.

좋은 맛:
산도와 풍미가 선명하게 유지됨, 몰트의 단맛이 더 올라감, 복합미가 생김, 과일 향이 강해지고 효모의 독한 향이 사라짐.

1~15년 이상

나쁜 맛:
탄산이 사라짐, 선명했던 신맛 대신 너무 달콤한 셰리 맛이 남.

유통기한

수제 맥주는 보통 유통기한을 6~12개월 정도로 정해놓지만 대부분의 맥주는 3개월 안에 마시는 게 가장 좋다. 따라서 맥주가 언제 만들어졌는지 포장 일자를 확인하는 게 유용하다.

일부 맥주병이나 캔에서 이런 문구를 본 적 있을 것이다. '반드시 냉장 보관! 홉 향이 빨리 사라집니다!' 아주 좋은 조언이다. 홉의 풍미는 낮은 온도에서 더 오래간다.

숙성 맥주의 맛

잘 숙성된 맥주는 어떤 맛이 날까? 전반적으로는 셰리나 말린 과일 같은 맛있게 산화된 맛이 날 수 있으며, 이 맛은 맥주와 균형을 이루면서 한층 다양하고 풍부한 맥주를 만들어낼 것이다.

- 홉에서 나오는 풍미는 점점 다른 맛과 섞이면서 많은 부분이 사라지거나 변하지만 쓴맛은 줄어든다. 마멀레이드, 감귤류 오일, 나무 또는 송진 같은 풍미가 더 강해질 수 있다.
- 페일 맥주는 견과류, 아몬드, 브리오슈, 꿀의 풍미가 더 느껴지며 효모의 맛도 진해진다.
- 풍부하고 부드러워진 몰트의 풍미가 생겨난다. 로스팅한 쓴맛이 초콜릿과 캐러멜의 단맛으로 변하거나 견과류나 와인 맛이 나기도 한다.
- 알코올 맛은 갓 제조된 독한 맥주에서 더 많이, 더 뚜렷하게 날 수 있다. 그러나 숙성하면 이런 느낌이 누그러지고 다른 맛과 함께 섞이면서 다양한 맛이 생겨난다. 그리고 약간의 단맛도 생긴다.
- 잉글리시 발리 와인이나 독한 벨지안 에일같이 효모의 특징이 강한 맥주의 경우 생과일이나 향신료의 풍미가 사라지곤 한다. 그러나 맛의 다양성이 늘어나면서 바닐라, 차, 와인 맛까지 느낄 수 있다.
- 신맛은 오랫동안 유지되지만 수년이 지나면 셰리의 특징이 올라가면서 와인의 신맛처럼 변한다.
- 배럴 숙성 맥주는 맛과 향이 전체적으로 더 잘 어우러지지만 효소의 자기분해 작용 때문에 간장 맛이 날 수 있으니 주의해야 한다.

오래된 비숙성용 맥주 맛보기

오래된 맥주의 진정한 의미를 알고 싶다면 직접 맛볼 것을 추천한다. 찬장 구석이나 마트에 가서 유통기한이 지난 맥주를 찾아보자. 직접 마셔보면 오래된 맥주에서 나는 특유의 맛을 알 수 있을 것이다.

- **홉이 진한 맥주가 오래되면** 신선한 홉 향은 사라지고 캐러멜, 건포도, 베리류, 오래된 감귤류의 맛이 나며 드라이함이 남게 된다.
- **오래된 라거**는 꿀이나 셰리 맛이 나며, 종이나 판지를 핥는 듯한 드라이한 느낌이 들 것이다.
- **오래된 다크 에일**은 단맛이 더 진해지지만 마치 일부 맛이 사라진 것처럼 밍밍해진다. 또한 건포도나 셰리 맛이 나기 시작하고 로스팅의 풍미도 없어진다.
- **페일 맥주**는 산화로 인해 색이 변하고 더 어두워진다. 마치 반쯤 먹고 둔 사과나 바나나가 갈변한 듯한 색이다.

맥주가 오래되면 정확히 어떤 현상이 일어날까?

맥주는 산소로 인해 조금씩 바뀌게 된다. 맥주 내 성분은 분해되어 새로운 물질로 변하며, 좋은 맛이 새로 생기기도 하지만 반대인 부분도 있다. 효모가 새로운 맛을 합성하기도 하지만 시간이 지나면 자기분해로 간장처럼 불쾌한 맛이 나기도 한다.

맥주가 너무 오래되었는가?

최적의 기간이 지났다는 신호에는 강한 셰리 맛 또는 건포도 같은 맛, 드라이한 마우스필, 밍밍해진 맛, 숙성과 탄산이 부족한 느낌이 있다.

오래된 맥주 맛이 별로라면?

유감이다! 잘 숙성되었다고 알려진 맥주라도 몇 년 후에 맛이 좋을지는 알 수 없으며, 예상대로 잘 숙성되리라는 보장도 없다. 일부러 맥주를 숙성하면 맛이 형편없어질 위험도 함께 도사리는 법이다. 맛이 별로라면 케이크나 수육을 만들 때 써보자.

오래된 맥주를 먹고 탈이 날 수 있을까?

그렇지 않다. 알코올이나 아주 드물지만 양조장에서의 실수 같은 문제만 아니라면 오래된 맥주는 건강에 문제를 일으키지 않는다. 몇 년간 찬장에 있던 라거는 맛이 변했을 수는 있어도 문제는 없다. 다만 오래된 맥주의 맛이 어떤지 미리 알고 있으면 좋을 것이다.

온도 변화는 중요할까?

냉장고에 있던 맥주를 사서 집에 오는 동안 따뜻해졌다면 올라간 온도에 상관없이 맛에는 영향이 거의 없을 것이다. 오히려 온도 변화가 심한 상태로 오래 두는 것이 더 큰 영향을 준다.

맥주병을 땄을 때 내용물이 솟구쳐 나오고 신맛이 난다면?

예상한 맛인가? 그게 아니라면 박테리아에 의해 상해서 먹을 수 없는 상태일지도 모른다. 만약 본래 신맛이 나는 맥주인데 내용물이 솟구쳐 나온다면 양조장에서의 포장 불량일 수 있다. 어떤 경우든 양조장이나 판매점에 알리는 것이 최선책이다.

오프 플레이버

모든 맥주가 맛이 좋을 수는 없지만 그렇다고 여기에서 개인적으로 싫어하는 맛을 논할 생각은 없다.
지금 소개하려는 내용은 불쾌함을 느낄 수 있는 특정 화학 물질에 대한 것이다.

무언가 맛이 이상하다

우리가 맥주를 훌륭하고 맛있는 음료로 찬양하는 만큼, 꽤 많은 맥주에서 오프 플레이버(p.78~81 참조), 즉 맛이 이상하다고 여겨지는 부분이 있는 것도 사실이다. 때로는 아주 작은 결점이거나 그 수준이 너무 미묘해서 전문가만이 찾을 수 있는 경우도 있고, 너무 직접적으로 느껴져서 마시기 싫어질 정도인 맥주도 있다. 하지만 대다수 사람들은 이 이상한 부분을 정확히 인지하지 못한다. 무언가 이유는 모르겠지만, 맛이 별로다 정도로만 생각하는 것이다. 어쩌면 맥주에서 약간 이상한 맛이 나고 전체적인 균형이 맞지 않다고 느끼지만 정확한 원인을 모르겠다면 양조에서의 문제일지도 모른다.

여기에서는 우리가 생각해볼 만한 원인을 소개하고자 한다. 몇몇 요인은 특정 맥주에는 부정적인 영향을 주지만 다른 스타일의 맥주에는(아래 참조) 잘 어울리기도 한다. 이런 화학 물질은 대다수의 맥주에 아주 소량 들어 있다. 그리고 그 수준이 맛을 인지하는 특정 단계에 이르게 되면 사람들은 거슬림을 느끼게 된다. 사실 우리는 이런 성분을 '제대로 맡지' 못할 수도 있다. 즉 아주 높은 용량이 아니라면 냄새로는 알 수 없다는 말이다. 물론 특정 향, 특히 디아세틸과 정향/페놀 같은 향을 잘 맡는 사람도 일부 있기는 하다.

형편없는 맥주는 어떻게 처리할까?

맛이 별로라도 개의치 않는다면 마셔도 되지만 그게 아니라면 그냥 버리고 다른 것을 마시는 게 좋다. 아니면 양조회사에 정중하면서도 사적인 메시지를 남기거나, 술집이라면 교환해달라는 요청을 할 수도 있다. 명확히 양조장에 관련된, 가령 지저분한 기계를 썼거나 오랜 기간 맥주를 방치하는 등의 문제로 시큼한 맛이 나는 오프 플레이버는 반품을 추천한다.

시큼하게 변한 맥주는 산화되었다는 의미이다. 그러나 양조장에서 일으킨 큰 문제만 아니라면 평소와 다른 맛이 난다고 해도 맛이 없는 정도의 문제라서 건강에는 해가 없다.

부정적인 맛과 긍정적인 맛

맥주는 종류에 따라 적당한 맛의 단계가 다르다. 따라서 맛있게 느껴지는 맛이 다른 종류에서는 아닐 수도 있다.

페놀
효모가 생성한 페놀이 윗비어에서는 훌륭한 맛을 내지만, IPA에서는 홉과 페놀이 어울리지 않아 거슬리는 맛이 된다.

산화
산화는 발리 와인에는 다양한 맛을 내지만, 페일 에일에서는 홉의 맛을 빼앗는다.

초산이소아밀
바나나 향은 헤페바이젠에는 어울리지만, 필스너의 깔끔한 쓴맛과는 균형이 맞지 않는다.

혀를 훈련하자

우리는 맥주의 특정한 맛을 감지하는 훈련을 할 수 있으며, 연습할수록 맛을 더 잘 인식할 수 있다.

오프 플레이버 훈련

오프 플레이버를 배우는 최고의 방법은 오프 플레이버 훈련을 받는 것이다. 비용은 다소 들지만 그만한 가치가 있다. 이 훈련은 다양한 화학 첨가물이 강조된 샘플을 수없이 맛보면서 화학 성분을 정확히 알아가는 것을 목표로 한다. 그러면 맥주를 마실 때도 성분을 더 쉽게 인지하게 된다. 정확한 성분을 찾아내는 훈련을 직접적인 경험으로 배우는 것이다.

아니면 이런 비슷한 훈련을 집에서 해볼 수도 있다. 바로 특정한 성분이 강조된 맥주를 맛보는 것이다. 예를 들어 초산이소아밀이 강한 저먼 헤페바이젠, 페놀이 강한 벨지안 윗비어 등을 마셔보는 것이다. 체코 필스너(필스너 우르켈 등)는 버터 같은 맛이 나기도 하며, 초록색 병에 들어 있는 라거라면 일광취(p.80 참조)가 날지도 모른다. 그리고 유통기한이 지난 맥주는 산화된 맛이 난다.

좋은 맛을 보는 훈련

부정적인 맛을 하나씩 찾는 훈련도 효과적이지만, 맥주에는 이보다 더 많은 긍정적인 향과 맛 성분이 있다. 그러므로 이런 좋은 부분을 찾아보는 것도 즐거운 경험이 될 것이다. 아울러 흔한 음식이더라도 냄새로만 찾는 게 얼마나 어려운지 깨닫게 될지도 모른다. 훌륭한 맛을 찾는 최고의 방법은 음식에 대한 호기심을 갖는 것이다. 모든 음식을 정확하게 맡아보자. 요리할 때 향신료를 넣는다면 넣기 전에 먼저 냄새를 맡아보자. 과일을 먹을 때는 껍질과 과육의 냄새를 맡아본 후 맛을 보자. 한 번도 먹어보지 않은 과일을 먹어보자.

또 다른 방법은 안대를 한 후 다른 사람이 과일 조각을 각 용기에 담아 놓아주면 냄새로만 알아내는 것이다. 의외로 쉽지 않을 것이다. 하지만 더 많은 음식의 냄새를 맡고 맛을 보면서 의식적으로 생각하다 보면 맥주에서도 더 다양한 맛을 찾아낼 수 있을 것이다.

대표적인 오프 플레이버

맛이 이상하거나 밸런스가 맞지 않는 원인은 많지만, 그중에서 가장 흔한 오프 플레이버와 원인을 알아보도록 하자.

오프 플레이버	디아세틸	아세트알데하이드
비슷한 냄새/맛	버터, 스카치 캔디, 마가린, 버터 바른 팝콘. 이 성분이 있으면 미끈거리는 기름기가 입안에서 느껴진다. 잉글리시 에일과 체코 라거에서는 소량 정도면 괜찮겠지만, 페일 에일과 IPA에 이런 맛이 난다면 전체적인 균형을 깨뜨릴 수 있다.	사과 맛 사탕, 화학적인 사과 향, 사과주, 호박, 유화액/라텍스 도료. 소량이라면 약간의 과일 향을 내기 때문에 문제가 없지만 과하면 과일 향이 불쾌한 향으로 바뀔 수 있다.
왜 그럴까?	디아세틸은 모든 효모가 발효 과정에서 만들어내는 물질이며, 적절한 환경과 충분한 시간이 주어지면 효모는 다시 이 성분을 재흡수한다. 그러나 양조업자가 작업을 서두르거나 '디아세틸 휴지' 과정(발효가 끝나갈 때 서서히 온도를 높여 다시 효모가 활동하면서 이 물질을 흡수하도록 한다)을 생략하면 이런 현상이 발생할 수 있다. 그 밖에 젖산 발효나 위생 상태 불량의 부산물로 생기기도 한다.	아세트알데하이드는 발효 과정에서 자연적으로 생기는 부산물이며, 몰트의 당이 알코올로 전환될 때 생성(인체가 알코올을 처리하면서 생기는 물질이기도 하며, 숙취의 원인으로 꼽힌다)된다. 이 물질이 있다는 것은 맥주가 양조 후 너무 빨리 출시되거나 생산 과정에서 효모가 스트레스를 받았다는 의미이기도 하다. 캐스크에 담긴 잉글리시 에일에서 가장 흔히 볼 수 있으며, 디아세틸이 함께 들어 있는 경우도 있다.

디메틸설파이드(DMS)	황	산화되었거나 오래된 맥주
스위트콘, 크림 옥수수, 콘플레이크, 삶은 양배추, 딸기잼, 구운 토마토. 소량이라면 맥주에 다양한 맛과 향을 주지만, 함량이 올라가면 맛을 해치는 원인이 된다. 보통 라거나 아주 옅은 색의 에일에 들어 있다.	**달걀, 마찰시킨 성냥, 탄 고무, 구운 채소, 스컹크 분사물.** 황은 일부 라거와 에일의 경우 미네랄이나 신선한 맛을 내주는 긍정적인 측면도 있다. 그리고 모든 황은 휘발성이라 맥주에 남더라도 빠르게 증발할 것이다.	**셰리, 오래된 꿀, 말린 과일, 달지 않은 캐러멜, 그리고 종이나 판지를 핥는 듯한 드라이한 느낌.** 이 성분이 있으면 맥주에서 무언가 빠진 게 있는 듯한 느낌이 들고 밍밍한 맛이 난다.
DMS는 몰트에 있는 성분이며, 가마에서 구우면 나오지 않기 때문에 보통 페일 라거 몰트에서 발견되는 물질이다. 매싱 공정에서 나왔다가 케틀에서 끓이면 사라진다. 그러므로 이 물질이 맥주에 남아 있다면 충분히 끓이지 않았거나 양조가 짧은 시간에 이루어졌다는 말이다.	달걀 향이 나는 황화수소는 보통 발효 과정 또는 미네랄, 특히 황산칼슘 함량이 높은 물로 양조한 맥주에서 생성된다. 트렌트의 버턴에 흐르는 경수가 그렇다. 이 물은 '버턴 향'이라 알려진 독특한 유황 냄새가 나지만 그리 흔한 경우는 아니다. 아황산가스는 성냥을 마찰시킨 향을 내며 라거 효모에서 이런 냄새를 맡을 수 있을 것이다. 소량이라면 신선하고 심지어 달콤한 향을 내기도 한다.	산화된 맥주는 눅눅하고 오래된 맛이 난다. 산소와 맥주가 접촉하면 새로운 맛의 화합물을 만들어내면서 전체 균형을 흐트린다. 그래서 맥주의 복합미, 깊이, 신선함이 사라지게 된다. 홉의 특징이 강한 맥주가 오래되면 캐러멜 맛이 진해지고 홉 향은 옅어진다. 신선한 홉은 블랙커런트, 오래된 말린 감귤류의 맛으로 바뀐다. 일부 숙성 맥주(p.74 참조)는 약간의 산화라면 새로운 느낌과 복합미를 주기도 한다.

오프 플레이버	의도치 않은 시큼한 맥주	일광취 또는 '스컹크' 맥주
비슷한 냄새/맛	시큼한 우유나 요구르트 (염소젖 또는 '땀내가 나기도 함), 감귤류, 레몬, 사과주, 식초 맛(몰트 또는 발사믹). 의도치 않게 에스테르가 생성되거나 다른 향이 들어가서 생겨난 맛이다.	화창한 날에 라거의 뚜껑을 따거나 야외에서 마실 때 썩은 채소, 마늘, 마리화나, 스컹크 분사물의 냄새를 맡아본 적 있는가? 이를 일광취 맥주라 하며 흔히 '스컹크' 맥주라 부르기도 한다.
왜 그럴까?	시큼한 맛은 맥주가 박테리아에 오염되었다는 의미일 수 있으며, 종종 신맛의 맥주를 만들 때 쓰는 종류와 같은 경우가 많다. 맥주가 오래될수록 신맛은 더 두드러진다. 그 외에 술집의 청결 상태가 원인이라면 맥주를 내기 전에 깨끗하게 청소하면 해결된다.	자외선은 홉 분자 일부를 분해해 유황 반응을 일으켜 스컹크 분사물(3-메틸-2-부텐-1-티올 또는 MBT)과 같은 화학 물질을 생성한다. 맥주에서는 절대 일광취가 나면 안 되지만, 많은 소비자가 병에 있는 라거의 맛으로 여기는 경향이 있다. 갈색 병은 투명한 병 또는 녹색 병보다 자외선을 더 잘 차단한다. 야외에서 맥주를 마시면 금방 일광취가 날 수 있으니 맥주를 그늘에 두도록 하자.

페놀	에스테르	기타
정향, 후추, 블랙카다멈, 연기, 약, 회반죽, 바닐라, 스모키 위스키, 심지어는 '말 안장'으로 묘사되는 **동물의 냄새**가 나기도 한다.	**화학 또는 인공적이거나 과일 사탕 같은 과일의 풍미**: 바나나, 서양배, 배 드롭, 사과, 아니시드, 꿀, 장미, 딸기, 자두, 파인애플, 바닐라, 포도, 풍선껌.	**간장, 효모 추출물, 탄 타이어, 블루치즈 껍질.** 효모가 자기분해(사멸해 사라진다)한 후의 맛과 비슷하다. 소량이라면 숙성 맥주에 복합미를 줄 수 있지만, 너무 많으면 마실 수 없을 정도가 된다. **알코올, 아세톤.** 알코올 맛이 강한 맥주도 많다. **치즈, 땀이 찬 양말.** 양조장에서 오래된 홉을 사용했을 가능성이 크다. **은박지, 동전, 피 같은 쇠 맛.** 원인은 대부분 물이나 양조에 쓰는 용기의 오염이다. 맥주 캔에서 이런 맛이 난다면 맥주가 아닌 캔이 원인일 수 있다. 모든 캔 안쪽에는 코팅이 되어 있어 맥주와 알루미늄이 직접 닿는 일은 거의 없다. 그러므로 일반 맥주 캔에서는 이런 맛이 나지 않는다.
페놀은 발효 과정에서 생성된다. 의도하지 않았다면 발효 시 온도 조절 실패나 박테리아 감염으로 생기는 부정적인 물질일 것이다. 헤페바이젠, 윗비어, 벨지안 에일, 일부 브레타노미세스 맥주 같은 경우는 일부러 넣기도 한다. 그러나 너무 많으면 불쾌한 향이 남는다. 일부 소비자는 이 냄새 (생고수를 싫어하는 사람이 있듯이)에 매우 민감하게 반응하기도 한다.	효모가 만들어내는 향 성분은 모든 맥주에서 기본 풍미를 이루고 있으며, 수많은 스타일의 맥주(p.66~67 참조)에서 기초가 되어준다. 하지만 양이 많거나 스타일과 맞지 않으면 불쾌한 느낌을 주기도 한다. 이 물질은 발효 과정에서 나오는 부산물이며 발효 온도가 높을수록 더 많이 생성된다.	

술집에서 판매하는 맥주

술집에서는 당신이 캐스크 에일, 케그 라거, 부드러운 맛의 질소 스타우트 중 어떤 것을 주문하느냐에 따라 서빙 방식이 달라진다.

캐스크 에일이란?

캐스크 에일 또는 리얼 에일은 영국의 명물이다. 신선한 맥주를 바로 마시는 일은 정말 멋진 경험이 아닐 수 없다. 캐스크 에일은 맥주를 서빙하는 하나의 방식이며, 모든 스타일의 맥주를 이런 식으로 마실 수 있다. 과거에는 나무로 된 캐스크에 양조된 맥주를 담아 술집에 팔았으며, 캐스크에서 바로 잔에 담아주었다고 한다. 현재는 스테인리스로 만든다. 이 통은 술집의 저장고에 보관하고 맥주를 따르는 펌프인 핸드풀과 연결되어 있다.

캐스크 보관용 맥주는 1차 발효를 끝내고 며칠간 탱크에서 숙성시킨 후 캐스크에 담는다. 이때 파이닝을 함께 넣어 효모만 캐스크 바닥으로 내려보낸다. 효모와 프라이밍 슈거(병입할 때 넣는 소량의 몰트, 옥수수, 설탕 – 옮긴이)를 섞기도 한다. 캐스크에 담긴 맥주는 2차 발효를 하면서 가벼운 탄산이 생긴다. 캐스크 에일의 맛이 달라지지 않도록 저장하고 서빙하는 일은 전적으로 술집에 달렸다.

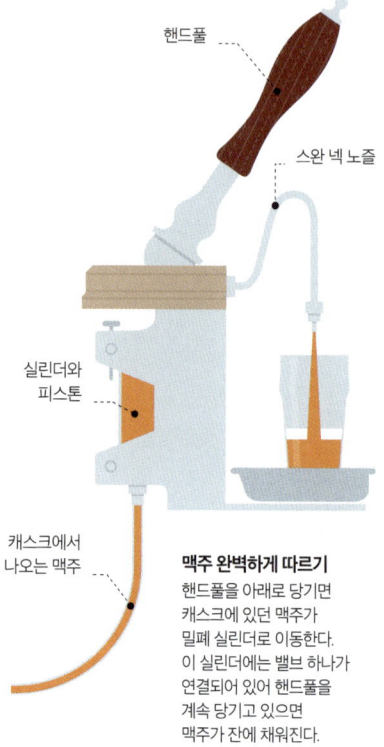

맥주 완벽하게 따르기
핸드풀을 아래로 당기면 캐스크에 있던 맥주가 밀폐 실린더로 이동한다. 이 실린더에는 밸브 하나가 연결되어 있어 핸드풀을 계속 당기고 있으면 맥주가 잔에 채워진다.

캐스크로 서빙 준비

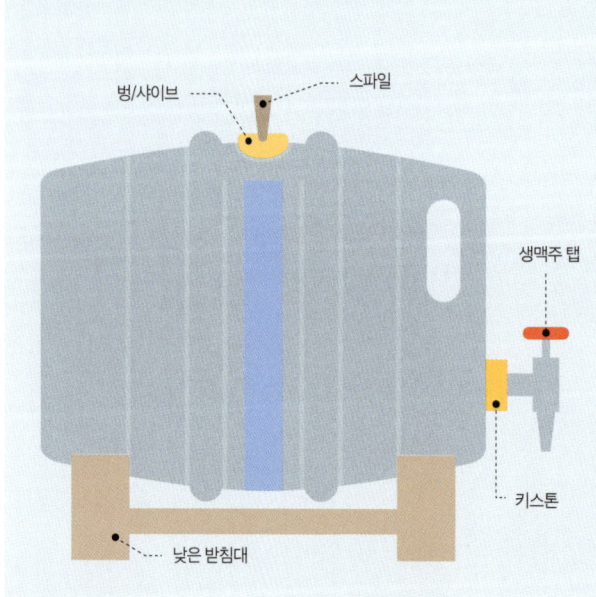

캐스크에 맥주가 가득 채워지면 벙/샤이브로 막아둔다. 그리고 며칠 내로 캐스크를 술집 저장고로 운반해 낮은 받침대에 놓고 이틀 정도 2차 발효를 시킨다. 효모는 남은 당을 이산화탄소로 바꾸고 맥주에는 부드러운 탄산이 형성된다. 그리고 효모와 다른 물질은 서서히 바닥으로 가라앉아 맥주는 맑은 색을 띤다.

맥주를 낼 준비가 거의 되면 말뚝 못을 벙에 대고 도구로 살짝 친다. 그러면 벙에 약간의 구멍이 생기면서 캐스크 내의 과도한 압력이 내려간다. 그리고 기공이 있는 부드러운 스파일을 못 대신 그 자리에 꽂아서 캐스크 안으로 공기가 들어가도록 한다. 그 후 생맥주 탭을 키스톤에 밀어 넣어 캐스크와 연결한다. 24시간 정도 두면서 맛을 확인한다. 준비가 되었다면 부드러운 스파일을 (탄산을 유지하기 위해) 단단한 스파일로 교체하고 캐스크에 줄을 연결해 서빙 준비를 마친다. 일단 탭을 틀기 시작하면 산소가 캐스크로 들어갈 수 있기 때문에 신선도가 떨어지거나 시큼한 맛이 나기 전에 며칠 내로 소비하는 게 좋다.

케그 맥주

수제 맥주의 경우 꽤 복잡한 준비가 필요하다. 케그에 담긴 맥주를 서빙하는 방식은 많지만 모두 가스, 일반적으로 이산화탄소를 함께 쓴다. 이산화탄소 통의 한쪽과 케그는 가스 라인으로 연결되어 있고 커플러 커넥터로 조절한다. 먼저 가스 라인에서 케그로 이산화탄소를 보내면 맥주 라인은 맥주를 케그 밖으로 보내고 맥주가 비워진 자리에 이산화탄소가 들어오면서 산화를 방지한다. 맥주 라인은 냉각 장치와 연결되어 있어 맥주 탭으로 가는 동안 차갑게 변한다.

맥주를 따르는 속도는 생맥주 탭으로 조절할 수 있으며, 가스통에 붙어 있는 조절 밸브도 압력 조절에 도움이 된다. 이런 수제 맥주의 케그 시스템은 맥주 온도와 가스 압력의 균형을 맞추는 것이 핵심이다. 압력은 따뜻해질수록 올라간다. 그리고 이런 균형을 잘 맞추려면 온도와 압력, 그리고 맥주 라인의 길이와 지름의 상호작용에 대한 복잡한 이해 역시 필요하다. 수제 맥줏집의 저장고에는 대략 20개가 넘는 케그가 연결되어 있는데, 각 케그는 탄산을 기준으로 적절한 균형을 이루고 있어야 한다.

케그 맥주 서빙하기

케그 맥주를 손님에게 내기까지의 시스템에는 가스 실린더와 가스 라인, 맥주 라인, 냉각 장치가 포함된다.

질소 맥주

완벽한 형태의 기네스 한 잔이라 하면, 무수히 솟아오르는 기포가 표면에서 특유의 크리미한 거품을 형성한 것이라 할 수 있다. 일반적인 맥주와 달리 기네스에는 질소가 들어 있다. 보통 양조장에서는 기네스를 이산화탄소가 조금 들어 있는 압력 탱크 안에 넣어두는데, 여기에 질소도 들어 있다. 질소는 맥주에 잘 녹지 않기 때문에 잔에 따르면 빠져나가려 하고 이때 이산화탄소도 함께 끌고 나가면서 이런 풍부한 거품이 생겨난다. 질소 맥주들은 탭 노즐을 통해 잔에 따른다. 이 노즐에는 아주 작은 구멍이 있어 더 많은 가스를 만들어낸다. 저장고에 있는 질소 케그는 혼합된 가스(질소와 이산화탄소)통과 연결되어 있다.

맥주와 음식

이번에는 맥주와 궁합이 좋은 음식을 알아보자. 풍미에 중점을 두면 접근하기가 한결 쉬울 것이다. 맥주와 가장 궁합이 잘 맞는 음식과 아닌 음식을 알고 싶거나, 맥주 파티에 어울리는 음식을 찾는다면 귀를 기울여보자.

왜 맥주와 음식인가?

와인이 고급스러운 저녁과 어울려 보이는 반면, 맥주는 피자나 햄버거와 어울리는 편안한 파트너다. 당연히 나쁜 의미가 아니다. 맥주에는 함께 먹기 좋은 간단하면서도 훌륭한 조합이 많다. 와인이 대부분의 음식과 잘 어울리는 것처럼 맥주도 마찬가지다. 맥주 안에는 음식을 한층 돋보이게 할 만한 중요한 특징이 있기 때문이다. 심지어 와인보다 낫다고 주장하는 사람도 있다. 여기에서는 맥주와 음식에 대해 간단히 알아보고 최적의 조합을 찾는 데 집중할 것이다. 우선 왜 맥주와 음식이 아주 근사하게 어울리는지부터 알아보자.

탄산

탄산은 무겁거나 기름진 고지방 음식(폭찹과 두벨의 조합)에 상쾌함을 주며, 맥주의 쓴맛은 음식의 짠맛과 합쳐지며 균형을 이룬다. 감자칩과 맥주가 어울리는 이유다.

몰트의 풍미와 곡물

페일 몰트에서는 기본적으로 익힌 맛이나 빵 같은 맛이 나서 대부분의 음식과 잘 어울린다. 마치 다양한 음식과 빵을 함께 먹는 것처럼 말이다.

맥주에 호박색이나 갈색을 내기 위해 넣는 일부 곡물은 마이야르 반응으로 인해 캐러멜 맛이 나기 때문에 그릴에 굽거나 캐러멜라이징한 음식과 잘 어울린다. 가령 엠버 라거는 그릴에 구운 양파를 올린 핫도그와 찰떡궁합이다.

로스팅 풍미

대부분의 다크 맥주는 로스팅 풍미가 있어 스타우트와 양지머리처럼 구운 음식과 무난하게 어울린다.

발효와 산미

맥주도 발효를 거치기 때문에 모든 발효 음식, 특히 빵, 채소 피클, 소시지, 치즈, 초콜릿과 잘 어울린다.

일부 맥주의 신맛은 입맛을 자극해 와인과 비슷한 느낌을 받기도 한다.

향이 강한 홉

향이 강한 홉은 음식에서 첫 번째로 맡게 되는 향, 가령 신선한 양념이나 허브, 감귤류, 소스 등과 연결된다. 그러므로 음식에 올려진 것을 한번 생각해보자.

균형 찾기

맥주와 어울리는 음식은 정말 많지만 그렇다고 이런 조합이 항상 옳다고 장담할 수는 없다. 대부분은 좋은 조합을 금방 찾아내겠지만, 가끔 어울리지 않는 특정 맥주와 음식을 마주할 때도 있을 것이다.

음식과의 궁합은 취향의 문제이기도 해서 원하는 조합을 찾고 싶다면 다양한 맥주와 음식을 함께 먹어보는 게 좋다. 더 많이 시도해볼수록 풍미, 강렬함, 특징의 차이뿐만 아니라 어떤 식으로 상호작용하는지도 알 수 있게 된다. 완벽한 궁합을 찾으려 너무 애쓰지 말자. 복잡한 생각보다는 맛에 집중하는 것이 현명하다.

현지에서 마시기

당신이 어디를 가든 현지인들이 맥주와 무엇을 함께 먹는지 눈여겨보도록 하자. 독일 사람들은 슈니첼(송아지 커틀릿)을 몰트의 특징이 강한 라거와 함께 먹는다. 영국, 호주, 뉴질랜드에서는 파이, 구운 요리, 샌드위치 등 술집에서 파는 음식을 에일과 먹는다. 또한 북아메리카에서는 햄버거, 닭 날개, 타코와 함께 즐기고 동남아시아에서는 신선한 라거를 면 요리와 함께 먹는다. 브라질에서는 술집에서 파는 튀긴 음식과 즐긴다.

맛의 강도로 매칭하기

최고의 조합을 찾는 방법은 맛의 강도를 알아보고 비슷한 수준의 맥주와 음식을 같이 먹는 것이다. 물론 여기에는 예외도 있다. 진한 맛을 가진 음식과 청량한 맥주를 함께 먹는 것처럼 말이다. 예를 들어 강한 인도 카레는 페일 라거와 잘 맞고, 매운 돼지 뱃살은 필스너와, 라면은 슈바르츠비어와 잘 어울린다.

높은 강도

- 홉 향이 강한 맥주
- 효모 맛이 강한 맥주
- 몰트 맛이 강한 맥주

맥주와 음식

맥주 피라미드 (위에서 아래로):
- 발리 와인
- 더블 IPA / 트리펠 / 쿼드루펠 / 임페리얼 스타우트
- IPA / 세종/벨지안 블론드 / 두벨/브룬 / 도펠보크
- 레드/블랙 IPA / 괴즈/와일드 / 훈제 맥주
- 페일 에일 / 패스트 사워 / 스타우트/포터
- 잉글리시 비터 / 보크 / 브라운 에일
- 골든 에일 / 윗비어 / 헤페바이젠 / 다크 라거
- 필스너 / 아메리칸 라거 / 헬레스

음식 (왼쪽): 치즈케이크, 치즈버거, 칠리, 라자냐, 붉은 고기, 딤섬, 구운 닭고기, 랍스터, 흰살생선

음식 (오른쪽): 스틸턴, 스티키 토피, 숙성 체더치즈, 기름진 생선, 채소 피자, 프리첼, 일반 치즈, 구운 채소, 가벼운 샐러드

낮은 강도

맥주와 음식에 대한 색다른 접근법

맥주와 음식 궁합에서 최고의 풍미를 찾는 방법에는 여러 가지가 있다.

공유되는 풍미와 질감 찾기

맥주와 음식 사이에 비슷한 점이 있다면 대개 궁합도 잘 맞는 편이다. 입안에서 각각의 공유되는 부분을 금세 연결해버리기 때문이다. 맥주와 음식의 대표적인 부분이 이어지기도 하고 특정한 부분이 이어지기도 한다.

먼저 맥주의 홉, 몰트, 효모에서 특징을 찾아내고 이와 어울리는 부분이 있는 음식과 매치해보자.

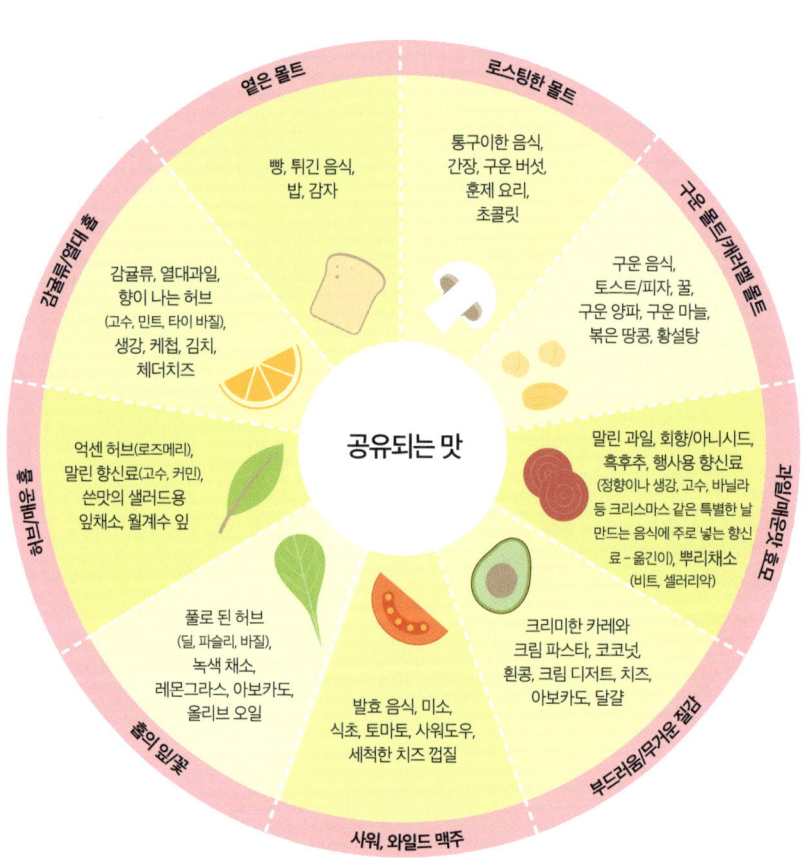

페어링의 기술과 상호작용

어떤 음식이든 여러 가지 방식으로 상호작용하면서 서로를 보완하는 맥주는 하나 이상 존재할 것이다. 예를 들어 팔라펠 케밥은 벨지안 블론드처럼 매운맛이 나는 맥주와 어울리며, 토스트 맛 몰트의 브라운 에일은 빵·튀김·견과류 맛이 나는 음식과 잘 맞다. 홉이 강하고 감귤류의 맛과 탄산이 진한 필스너는 샐러드와 비슷한 점을 공유할 것이다.

균형과 조화 찾기

앞에서 제시한 접근 방식을 이용하면 거의 성공적인 결과를 얻을 수 있다. 항상 만족스럽지는 않겠지만 실망하는 일은 아주 적을 것이다. 공유된 부분의 조합처럼 균형에 집중하면 맥주나 음식이 한쪽으로 튀지 않는 균형과 조화(p.88~89 참조)를 느낄 수 있을 것이다.

무거운 음식에 청량감을

기름진 음식에는 높은 탄산과 신맛, 쓴맛을 내는 청량감이 있는 맥주가 어울린다. 가벼운 맥주인 필스너는 구운 돼지 뱃살과 잘 맞지만, 이 또한 함께 먹는 반찬이나 소스에 따라 달라지기도 한다. 가령 고기가 그레이비(고기를 익힐 때 나온 육즙에 밀가루 등을 넣어 만든 소스-옮긴이)와 매시트포테이토가 아닌 밥과 샐러드와 함께 나온다면 필스너와 잘 어울릴 것이다.

벨지안 블론드와 연어와 크리미한 딜 소스

홉이 강한 필스너와 아란치니

두벨과 비프 웰링턴

트리펠과 돼지고기, 도피누아즈 포테이토

풍미 올리기

음식의 모든 구성 요소를 맥주와 연결해도 되고 특정한 재료에 맞춰보는 것도 좋다. 이번 조합은 무거운 맛을 가볍게 하는 것이 핵심이지만, 때로는 단순히 맥주로 인해 음식의 맛이 달라지는 것만으로도 효과가 있다고 할 수 있다.

헤이지 페일 에일과 버섯 볶음밥

두벨과 라자냐 또는 라구 파스타

스위트 체리 비어와 다크 초콜릿 무스

아메리칸 더블 IPA와 당근 케이크

입에서 불이!

칠리에는 캡사이신 성분이 들어 있어 입안이 타는 듯한 느낌이 든다. 또한 아주 쓰거나 도수가 높은 맥주도 뜨거운 느낌을 받는다. 매운 음식을 먹을 때는 이를 식혀줄 맥주가 필요하다. 크리미하거나 몰트 향이 강하고 도수가 적당하며 단맛이 적은 맥주를 골라보자.

몰트의 특징이 약하면서 쓴 라거와 토마토 카레

윗비어 또는 헤페바이젠과 코코넛이 들어간 카레

둥켈과 매운 볶음 우동 또는 볶음밥

오트밀 스타우트와 버펄로 윙 또는 칠리

소스 매치하기

소스가 있는 음식을 먹으면 소스가 입안 가득 느껴지기 때문에 이와 어울리는 맥주가 필요하다. 예를 들어 크림소스가 뿌려진 생선은 맑고 크리미한 질감의 맥주와 어울린다. 미트 그레이비는 진한 다크 에일과 잘 맞다. 이런 식으로 케첩(홉이 강한 에일), 마요네즈(윗비어와 헤페바이젠), 머스터드(다크 라거와 베스트 비터), 핫소스(포터) 등에 집중해 맥주를 매치해보면 어떨까?

균형과 조화 찾기

다음은 각자 다른 맛과 특징을 가진 음식과 맥주가 어떤 식으로 어울릴 수 있는지를 몇 가지 나열한 것이다. 공유되는 풍미와 맛의 강도를 고려해서 찾은 조합들이다.

단맛과 향신료
- 밀크/오트밀 스타우트와 칠리
- 포터와 페리페리 치킨
- 둥켈바이젠과 타진

쓴 맥주와 짠 음식
- 페일 에일과 프라이드치킨
- 저먼 필스너와 솔트 앤 페퍼 두부 요리/오징어
- 트리펠과 안초비와 케이퍼 피자

홉의 쓴맛과 지방
- 베스트 비터와 소시지 롤
- 아메리칸 IPA와 체더치즈와 대파 리소토
- 발리 와인과 블루치즈

단맛이 더 나는 맥주와 감칠맛/짭짤한 음식
- 헤이지 IPA와 버섯 볶음밥
- 두벨과 파스타와 마리나라 소스
- 포터와 미소 가지 연어

로스팅한 맛과 새콤한 맛
- 오트밀 스타우트와 버펄로 윙
- 스타우트와 연어와 레몬 버터 소스
- 라즈베리 사워와 다크 초콜릿

로스팅한 맛과 구운 맛/향신료
- 블랙 IPA와 양지머리 혹은 베이징 덕
- 블랙 라거와 겉만 살짝 태운 대구 요리/콜리플라워
- 임페리얼 스타우트와 커피 케이크

시도해볼 만한
훌륭한 맥주와 음식 조합

이번에는 음식을 기준으로 한번 시도해보기 좋은 최고의 조합을 소개하고자 한다. 앞에서 소개한 부분과 비슷한 궁합도 있을 것이다.

이탈리아 음식

두벨과
라자냐, 라구 파스타
또는 마리나라 소스

벨지안 블론드와
카르보나라

둥켈바이젠과
버섯 리소토

필스너와
마르게리타 피자

스낵

호피 라거와
과카몰레와 나초

헬레스와
바바리안 프리첼

둥켈 또는 베스트 비터와
구운 소시지

헤이지 페일 에일과
할루미 프라이와
스위트 칠리

채소/비건 음식

윗비어 또는 세종과
팔라펠랩

헤이지 IPA와
콩 햄버거

오트밀 스타우트와
콜리플라워
버펄로 윙

**둥켈바이젠 또는
오트밀 스타우트**와
칠리 빈

고기

헬레스 또는 헬레스 보크와
로스트 치킨

사워 레드-브라운과
스테이크와 감자칩

두벨 또는 포터와
비프스튜

벨지안 블론드와
양고기 케밥

생선

잉글리시 페일 에일과
피시 앤 칩스

아메리칸 페일 에일과
생선 타코

윗비어와
랍스터 롤

벨지안 블론드와
맥주를 넣은 홍합찜

카레와 면 요리

윗비어 또는 헤페바이젠과
락사 카레

헬레스와
마드라스 카레

호피 라거와
베트남 국수 샐러드

둥켈바이젠과
팟키마오
(볶은 쌀국수 – 옮긴이)

치즈

**헤이지 페일 에일 또는
헤페바이젠**과
브리치즈 또는 카망베르치즈

**크렉 또는
괴즈**와
염소치즈

**임페리얼 스타우트 또는
아메리칸 DIPA**와
냄새가 강한 블루치즈

**아메리칸 IPA 또는
잉글리시 발리 와인**과
숙성 체더치즈

디저트

임페리얼 스타우트와
초콜릿 브라우니/케이크

스위트 체리 비어와
다크 초콜릿 무스

**배럴 숙성 트리펠 또는
페일 발리 와인**과
크렘 브륄레

둥켈바이젠보크와
스티키 토피 푸딩

과일

배럴 숙성 도펠보크와
아펠슈트루델
(파이의 일종 - 옮긴이)

헤이지 DIPA와
파인애플 업사이드다운
케이크

스위트 체리 비어와
체리 치즈케이크

**배럴 숙성
임페리얼 스타우트**와
바나나 케이크 또는 푸딩

스타일로 맥주 살펴보기

이번 장에서 우리가 살펴볼 내용은 세계에서
가장 유명한 스타일의 맥주들이다. 훌륭한 라거,
황홀한 홉의 맛을 가진 IPA, 먹음직스러운 다크 에일부터
사워 맥주, 과일 맥주, 밀 맥주, 벨기에식 맥주에 이르기까지
50가지 이상의 다양한 스타일을 만나볼 수 있다. 그리고
스타일별로 예상되는 풍미, 양조 방식, 역사와 함께
대표적인 맥주 네 가지를 소개해두었다.
실제로 만나볼 수 있는 제품들이니 하나씩 알아보고
기회가 된다면 직접 구입해 마셔보자.

라거

===

흔히들 하는 생각은, 라거가 단지 청량한 황금색 맥주라는 정도다.
하지만 사실 이 맥주는 라거 효모(에일 효모의 반대)만 써서 생산되는
하나의 독립적인 거대한 무리를 이끌고 있다. 라거라는 무리는
정말 다양한 풍미와 특징을 가진다. 종류만 해도 산뜻한 아메리칸 라거에서부터
진하고 독한 도펠보크까지, 쌉싸름한 저먼 필스너와
토스트의 풍미를 가진 엠버와 둥켈에서부터 로스팅 맛을 내는 슈바르츠비어와
축제에서 마시는 페스트비어까지 셀 수 없을 정도다.
또한 홉의 특징이 강해진 현대적인 스타일들이 새롭게 등장하면서
새로운 라거 열성 팬을 더 끌어들이고 있다.

독일식 필스너

이 쌉쌀한 맛의 황금색 맥주는 미국에서 처음 양조되었지만, 지금은 세계 곳곳에서 만날 수 있다.

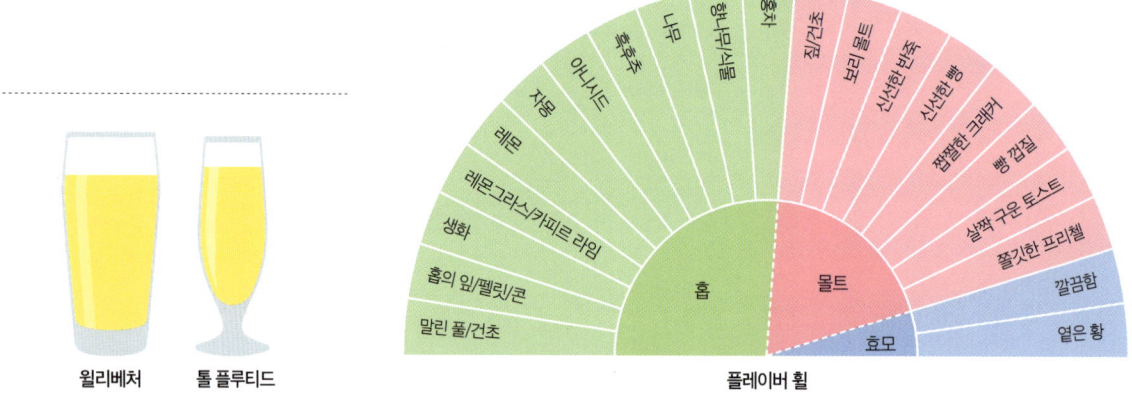

윌리베처 / 톨 플루티드

플레이버 휠

맛, 제조 과정, 스토리

저먼 필스너는 쌉싸름하고 홉 향이 강한 라거다. 외양은 대부분 맑지만, 여과하지 않아 살짝 탁한 종류도 몇몇 있다. 이 맥주를 따를 때는 항상 흰색의 왕관 모양 거품을 잘 살려야 한다. 할러타우 미텔프뤼, 할러타우 트래디션, 스팔터 셀렉트, 헤르스브루커 같은 독일 홉이 이 맥주의 스타일을 만드는 주요소다. 홉의 특징이 강하지만 쓴맛이 오래가고 허브, 감귤류, 풀, 매운맛으로 인해 항상 향기롭게만 느껴지는 것은 아니다. 미국과 신생 홉 재배 국가의 홉은 다른 특징을 나타내지만, 이 역시 좋은 필스너가 된다. 발효에서 생긴 향은 극히 적고 탄산은 중간에서 높은 편이다.

필스너 몰트만 사용해서 만들기도 하는데, 몰트에서 오는 가벼운 보디감과 풍미를 지니며 단맛은 없다. 고전적인 독일식 버전은 처음에는 보디감을, 마지막에는 드라이함을 주기 위해 디콕션 매싱 공법을 써서 양조된다.

1842년 체코의 플젠에서 처음 양조된 필스너는 원산지를 벗어나 다른 나라에서도 생산되는 첫 번째 맥주이며, 그렇기에 생산지마다 특징이 다르다. 북아메리카에서는 더 라이트함이, 아시아에서는 더 드라이함이, 북유럽에서는 더 적은 단맛과 강한 쓴맛이 난다. 필스너야말로 진정한 세계 맥주라 할 수 있겠다. 현재 전통적인 저먼 필스너는 다른 필스너의 원형이 되었고, 논쟁의 여지는 있겠지만 세계에서 가장 많이 소비되는 맥주다.

맥주 정보

색	투명도	발효	ABV(도수)	쓴 정도
밀짚색~황금색	맑음	깔끔/중간	4.6~5.2%	25~45 IBU (중간)

로트하우스 탄넨채플레 필스

| 5.1% ABV | 양조지: 독일 그라펜하우젠 |

논쟁의 여지는 있지만 이 맥주는 저먼 필스너 중에서도 세계적으로 인정받는 맥주의 스타일이 되었다. 정말 완벽한 구성을 가지고 있다. 감귤류(중과피와 설탕에 조린 껍질을 생각해보자)와 홉의 꽃을 포함한 홉의 향기가 당신을 끌어들인다. 몰트에서 오는 약간의 달콤함으로 시작해 드라이한 느낌이 우아하게 퍼지다가 후추의 쓴맛으로 마무리된다. 처음의 단맛을 다시 느끼고 싶은 마음에 한 모금 더 마시게 되는 중독적인 맛이다.

앨더 비어 컴퍼니 헤링

| 5.2% ABV | 양조지: 이탈리아 세레그노 |

따스한 햇살 아래 지중해 식물들이 아름다운 자태를 뽐내며 양쪽으로 쭉 늘어선 이탈리아 정원을 상상해보자. 바로 앨더의 헤링이 불러일으키는 느낌이다. 조화로우면서도 강렬한 맛의 독일식 필스너이며, 드라이 호핑을 해 뛰어난 향과 깊은 쓴맛이 난다. 이탈리아에 가면 몇 가지 훌륭한 필스너를 만나볼 수 있다.

예퍼 필스너

| 4.9% ABV | 양조지: 독일 예퍼 |

당신이 예퍼를 처음 맛본다면 아마도 놀라움을 넘어 충격을 받을지도 모른다. 쓴맛이 매우 두드러지기(40 IBU) 때문이다. 이 맥주에서는 허브, 감귤류 – 중과피의 맛과 함께 나무의 깊은 맛과 매운맛을 느낄 수 있다. 베이스 몰트의 풍미가 기저에 있지만 그다지 두드러지지는 않는다. 홉의 기름은 잔에 보일 정도로 진하게 우러나와 최상의 풍미를 느낄 수 있다. 동일한 스타일의 맥주 중에서 강렬한 버전에 속한다.

듀레이션 브루잉 도시즈 필스너

| 5.1% ABV | 양조지: 영국 웨스트 에이커 |

대부분의 독일식 필스너에는 정확한 특징이 있다. 산뜻함, 짙은 향, 맑음이다. 이 양조장의 도시즈에서는 약간의 시골 분위기를 느낄 수 있다. 이 맥주를 마시면 처음에는 구운 몰트의 곡물 맛이 나며, 여과를 하지 않아 더 자연스러운 질감과 홉(할러타우 미텔프뤼, 사피르, 사즈)을 느낄 수 있다. 홉에서는 쓴 레몬, 오렌지 중과피, 오렌지 꽃, 쓴 허브, 진한 레몬 오일의 향이 풍겨온다.

기타 추천 맥주

로스트 & 그라운디드 켈러 필스: 꽃, 허브, 향기로운 독일 홉

스리스 브루잉 블리엣: 말린 레몬, 허브 홉, 중과피의 쓴맛

벨우즈 벨와이저: 홉의 꽃, 옅은 감귤류, 크래커 몰트, 산뜻함

체코 페일 라거

이 맥주는 1842년 체코의 플젠이란 도시에서 처음 양조되었다. 페일 라거의 원조 형태이며 달고 캐러멜 맛의 몰트와 쓴맛이 강한 체코 홉이 특징적이다.

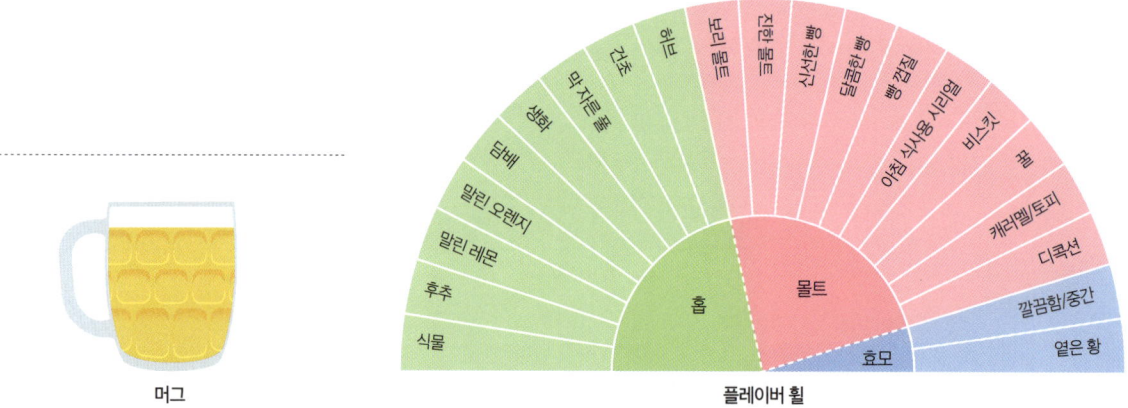

머그

플레이버 휠

맛, 제조 과정, 스토리

체코 페일 라거는 살짝 달면서 쓴맛이 덜한 형태부터 달콤쌉쌀한 형태까지 다양한 맛이 있으며, 잘 알려진 종류에는 버드와이저 부드바르와 필스너 우르켈이 있다. 이 두 가지 맥주의 특징은 완전히 다르다. 저먼 필스너와는 달리, 이 맥주들은 일반적으로 디콕션 매싱 공법을 사용해 깊이 있는 캐러멜 맛 몰트를 만들고, 적은 탄산을 주입하고 연수를 사용해 부드러운 질감을 준다. 그래서 몰트의 단맛이 더 올라간다. 체코의 사즈 홉 역시 꽃과 건초 같은 풀, 담배, 말린 레몬이 어우러진 향을 내고 쌉쌀한 맛을 더해주는 데 큰 역할을 한다. 체코 페일 라거를 서빙할 때는 부드럽고 두꺼운 거품을 유지하는 것이 중요하다.

보통 필스너 몰트를 사용해서 만드는 이 맥주의 진한 맛은 디콕션 방식에서 나오게 되며, 여기에서 풍미와 색이 달라진다. 대개 여과를 거치지만 여과하지 않고 나오는 형태도 점점 늘어나는 추세다.

보통 이런 맥주를 모두 필스너라 부르지만, 진정한 체코 필스너는 필스너 우르켈 하나뿐이다. 이 맥주가 처음 제조되었을 때, 플젠의 연수, 모라비안 보리를 사용해 영국식 간접 몰트 공법으로 만든 페일 몰트(현재는 필스너 몰트라 부른다), 자테크(체코의 도시 – 옮긴이) 홉, 독일 라거 효모, 독일 라거 양조 기술 등 당시로서는 새로운 방식과 재료를 사용했다. 저먼 필스너와 비교해보면 이 맥주는 더 진하고, 캐러멜 맛이 나며, 보디감이 부드럽고, 홉의 향을 더 잘 느낄 수 있다.

맥주 정보

색	투명도	발효	ABV(도수)	쓴 정도
옅은 황금색~진한 황금색	맑음~살짝 탁함	깔끔/중간	4~5%	20~40 IBU (중간)

필스너 우르켈

4.4% ABV	양조지: 체코 플젠

이 맥주의 미묘한 맛은 저온 살균법과 포장으로 많이 사라지기 때문에 체코에 가서 신선한 맥주를 직접 마셔보면 정확한 맛을 알 수 있을 것이다. 필스너 우르켈은 캐러멜, 토스트, 꿀맛이 진하게 나는 몰트를 쓰며, 목넘김이 좋고 살짝 단맛이 난다. 3중 디콕션 공법을 사용했기 때문에 음식이 갈변하면서 내는 특유의 맛을 느낄 수 있다. 사즈 홉은 꽃, 허브, 말린 레몬 향이 나고 쓴맛(38 IBU)이 강해 전체적으로 달콤쌉쌀한 맛이 균형을 이룬다. 피니시가 달콤해 놀랄 정도로 부드러운 느낌을 준다.

버드와이저 부드바르

5% ABV	양조지: 체코 체스케부드요비치

필스너 우르켈이 목넘김이 좋고 캐러멜과 쓴맛이 난다면, 부드바르는 단맛이 적은 몰트를 넣으며 쓴맛(22 IBU)도 덜하다. 체코 특유의 곡물 맛과 2중 디콕션, 약간의 토스트 맛이 나는 몰트, 꿀, 빵 껍질, 비스킷 맛이 특징이다. 쓴맛이 더 강한 다른 라거와는 달리 사즈 홉이라는 꽃을 넣어 향긋한 꽃 향기가 나며, 허브가 지닌 약간의 쓴맛과 잘 어우러져 우아한 맛을 즐길 수 있다. 그리고 이 맥주에서 나는 옅은 과일 향은 효모에서 그 실마리를 얻을 수 있다.

노치 브루잉 더 스탠더드

4.5% ABV	양조지: 미국 매사추세츠 주 세일럼

전통적인 체코 방식으로 양조한 더 스탠더드는 2중 디콕션 공법을 이용하고, 개방된 발효조에서 오랜 시간 하면 발효 방식을 사용해 제조한다. 체코 전통 방식의 플로어 몰팅을 바탕으로 하면서 미국식으로 살짝 변형했고, 스털링 홉을 넣어 양조한다. 이 맥주는 멋진 황금색과 두껍고 새하얀 거품이 특징이며, 목넘김이 좋고, 디콕션 방식이 곡물의 맛을 높여 중독성 있는 맛을 낸다. 발효를 거치며 효모는 살짝 과일 맛을 내고, 홉은 독특한 꽃의 향과 더불어 말린 레몬과 허브 향을 풍긴다.

갓스피드 브루어리 스베틀리 레작 12°

5% ABV	양조지: 캐나다 토론토

체코에서 생산된 재료로 양조해 전통적인 맛이 난다. 색은 진한 황금빛 호박색을 띠며, 디콕션 매싱 공법을 쓰기 때문에 목넘김이 부드럽다. 양조업자는 이런 방식으로 캐러멜, 토스트, 빵 반죽 맛과 약간의 단맛이 나는 특별한 체코 몰트를 만든다. 이 맥주는 필스너 우르켈과 비슷한 정도로 쓴맛이 강하며, 꽃과 허브 향을 내는 홉을 넣어 마시는 내내 이 향을 음미할 수 있다.

기타 추천 맥주

우네티체 피보 12°: 토스트 맛의 몰트, 꽃 향이 나는 홉, 드라이하면서 산뜻한 맛

마투스카 데시카 10°: 빵 껍질 맛의 진한 몰트, 쓴 허브 맛이 오래감

히터 앨런 필스: 토스트 맛의 몰트, 꽃 향이 나는 홉, 산뜻하면서 쓴맛

아메리칸 라거와 필스너

이 산뜻한 라거들은 미국에서 가장 유명한 대세 맥주다. 현재 많은 수제 양조장에서는 자신만의 방식으로 재해석된 맥주를 내놓고 있다.

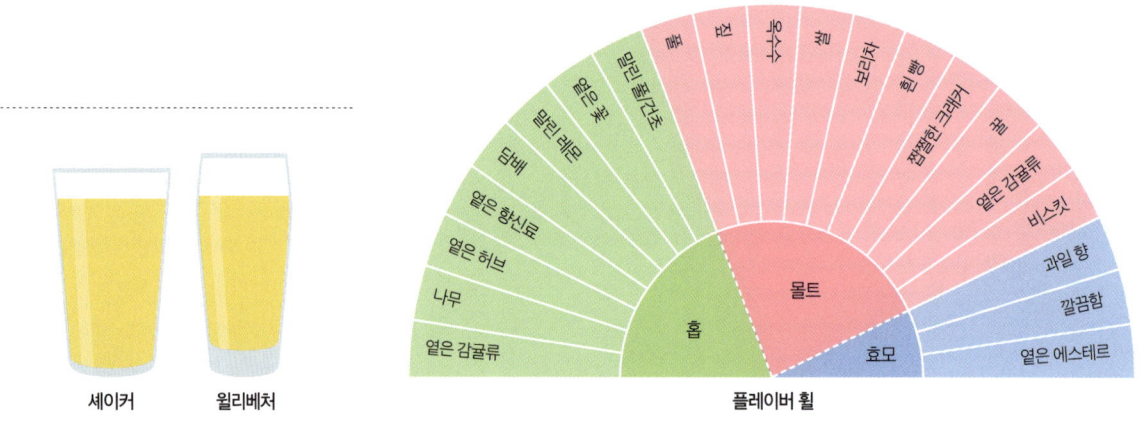

세이커 / 윌리베처 / 플레이버 휠

맛, 제조 과정, 스토리

여과를 거친 아메리칸 라거는 청량하고 목넘김이 좋으며 탄산이 적당해서 많은 소비자에게 사랑받고 있다. 풍미가 잘 느껴지지 않는 것이 이 맥주의 특징이라 할 수 있다. 필스너나 라거 몰트를 베이스로 하지만, 쌀이나 옥수수를 사용하기도 하며 전체 곡물 지출액의 40% 정도를 차지한다. 홉(모든 종)은 풍미가 아닌 약간의 쓴맛을 내려고 첨가하지만, 현재 나오는 종류는 쓴맛과 함께 향이 더 진하다. 요즘 대세인 라거는 발효에서 오는 특징(옅은 과일 향 에스테르, 아세트알데하이드, DMS)도 적은 편이며, 이는 하이 그래비티(발효 후 물을 섞는 방식 – 옮긴이)로 인한 결과 때문일 수도 있다.

1840년대 북아메리카에서는 낮은 도수의 달고 짙은 색의 첫 번째 라거가 양조되었다. 독일 이민자가 만들었으며 동포들이 주로 마셨다. 1870년대에는 더 많은 미국인이 이 맥주를 마시기 시작했으며, 좀 더 가벼운 맥주를 찾기 시작하자 쌀이나 옥수수를 첨가했다. 곧 대량 생산 체제로 바뀌게 되고 대대적인 마케팅이 이루어졌으며 전국으로 퍼져 나갔다. 일관성 있는 맛과 여과를 거쳐 투명한 색이 인기를 얻게 된 하나의 요인이다. 오늘날 수제 맥주 양조장에서는 유명한 아메리칸 라거나 멕시칸 라거를 바탕으로 특별한 종류 또는 더 고전적이고 전통적인 맥주를 만들려는 노력을 아끼지 않고 있다.

맥주 정보

색	투명도	발효	ABV(도수)	쓴 정도
밀짚색~옅은 황금색	맑음	깔끔~옅은 과일 향	4~5%	10~25 IBU (낮음~중간)

버드와이저

| 5% ABV | 양조지: 미국 미주리 주 세인트루이스 |

버드와이저, 밀러, 쿠어스 같은 맥주의 맛을 아는 것은 세계 맥주 시장에서 이들의 위치를 이해하는 데 매우 중요하다. 버드와이저는 색이 매우 밝고 거품이 아주 적거나 금세 사라진다. 쌀을 첨가해 양조하고, 드라이하지만 옅은 보리차의 단맛이 나며, 에스테르의 사과 향이나 아세트알데하이드 향이 나기도 한다. 쓴맛이 거의 없어서 드라이함과 탄산으로 인한 청량감을 느낄 수 있다.

라이브 오크 브루잉 프리-워 필스

| 5% ABV | 양조지: 미국 텍사스 주 오스틴 |

1912년부터 이어진 기본 레시피를 바탕으로 옥수수 가루를 1/3가량 넣는다. 밝은 밀짚색을 띠며 살짝 탁하다. 맛은 산뜻하고 가벼우며 아주 청량하다. 홉에서 오는 옅은 레몬–꽃의 특징이 매우 흥미로우며, 진한 몰트의 풍미로 인해 진하고 크리미한 옥수수의 맛과 약간의 크래커와 꿀맛이 난다. 그러고는 깔끔한 쓴맛과 톡 쏘는 탄산이 그 뒤를 잇는다. 아메리칸 라거가 라이트하게 변하기 전에 어땠는지를 잘 보여주는 맥주다.

그린 벤치 브루잉 컴퍼니 포스트카드 필스

| 4.7% ABV | 양조지: 미국 플로리다 주 세인트피터즈버그 |

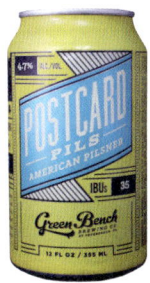

현대의 술꾼들을 위해 고전 아메리칸 라거 레시피를 업그레이드한 버전이다. 독일 홉과 여섯줄보리, 옥수수를 사용해 양조하며, 디콕션 매싱 공법으로 옥수수의 맛과 향을 한층 끌어올렸다. 깊이감은 전통 저먼 필스너를 떠올리게 한다. 또한 옥수수, 효모의 과일 향, 홉의 옅은 감귤류, 허브의 쓴맛(35 IBU)으로 미국식 맥주의 느낌을 강조하기도 한다.

21ST 어멘드먼트 엘 설리

| 4.8% ABV | 양조지: 미국 캘리포니아 주 샌 린드로 |

유명한 멕시코 라거 브랜드의 청량감에서 영감을 받아 만든 이 멕시칸 라거는 현재 미국에서 서서히 인기를 얻고 있다. 엘 설리는 옥수수, 비엔나 몰트를 많이 사용해 옥수수에서 오는 드라이함이 스타일을 완성시킨다. 비엔나와 필스너 몰트를 추가해 색깔, 토스트한 맛, 약간의 꿀과 빵 맛을 냈다. 홉에서는 옅은 꽃 향과 말린 감귤류 향이 난다. 그래서 이 맥주를 마실 때는 라임을 따로 곁들일 필요가 없다.

기타 추천 맥주

잉링 트래디셔널 라거: 몰트의 살짝 구운 토스트 맛, 홉의 꽃 향, 산뜻함

리틀 하페스 치킨 스크래치: 크리미한 몰트, 부드러운 질감, 홉에서 나는 옅은 허브 향

파이어스톤 워커 805 세르베자: 옅은 라임, 빵 껍질, 청량감

모던 필스너

페일 라거에는 이탈리아와 뉴질랜드 필스너, 필스너와 IPA가 만나면서 탄생한 더 독한 IPL 등이 있으며, 이 맥주들은 향기롭고 풍미가 좋은 홉에 대한 수제 양조업자의 사랑으로 계속 업데이트되고 있다.

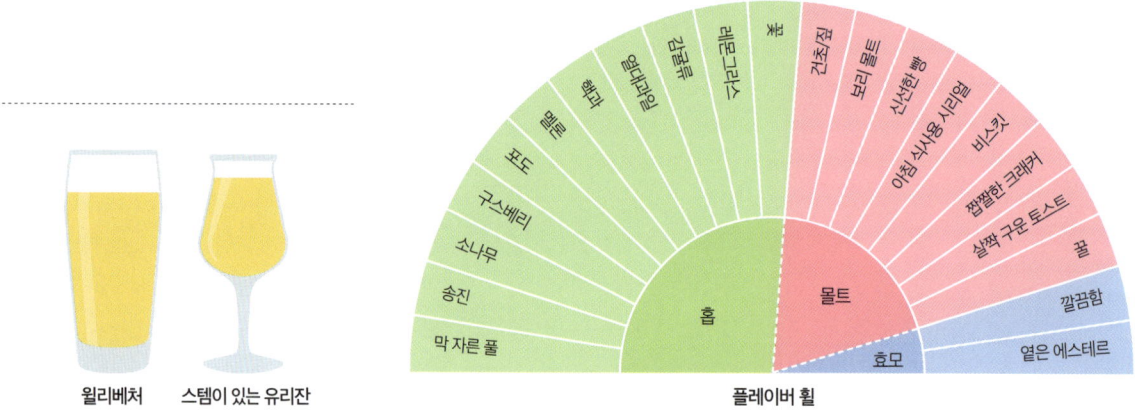

윌리베처 / 스템이 있는 유리잔

플레이버 휠

맛, 제조 과정, 스토리

독일 품종이나 페일 에일 또는 IPA에 들어가는 홉으로 드라이 호핑을 해서 향이 근사해진 페일 라거를 한번 떠올려보자. 홉의 강도나 알코올 함량과는 상관없이 이런 맥주는 깔끔한 쓴맛으로 산뜻함과 드라이함을 남길 것이다. 훌륭한 라거라면 지니고 있어야 할 요건은 균형이다. 이런 맥주들은 몰트가 풍부하게 느껴지지는 않지만, 복합미와 단맛이 추가되어 홉의 풍미를 높일 수 있다. 보통 여과를 하지 않지만 탁함의 정도는 심하지 않다.

대부분 아주 심플한 필스너 몰트 베이스로 양조하고, 뮤닉이나 카라몰트를 조금 추가해 색과 약간의 보디감 또는 단맛을 더 내기도 한다. 이탈리안 필스너는 독일 홉을 사용하고, 뉴질랜드 필스너는 뉴질랜드 홉과 더 진하고 토스트 맛의 몰트를 쓴다. 홉이 강한 필스너나 더 독한 IPL은 대개 미국과 신생 홉 재배 국가의 홉을 넣기 때문에 드라이 호핑한 필스너나 라거/IPA 하이브리드와 비슷한 맛이 난다.

'호피 라거'는 강한 홉의 특징을 지닌 라거를 아우르는 말이다. 이탈리안 필스너와 뉴질랜드 필스너는 지역 맥주로 시작해 전국으로 퍼졌고 현재는 세계적으로 유명해졌다. 이런 현상은 훌륭한 라거의 전통을 기반 삼아 발전시키려는 수제 맥주 양조업자의 노력의 결실이라 볼 수 있다. 결국 이들은 많은 소비자들에게 진정한 '라거'의 이미지를 각인시켜준 계기를 만든 셈이다.

맥주 정보

색	투명도	발효	ABV(도수)	쓴 정도
밀짚색~황금색	맑음~살짝 탁함	깔끔~옅은 에스테르	4~7% 이상	20~50 IBU 이상 (중간~높음)

비리피시오 이탈리아노 티포필스

5.2% ABV | 양조지: 이탈리아 리미도 코마스코

티포필스는 1996년에 처음 양조된 원조 이탈리안 필스너다. 저먼 필스너의 전통적인 스타일을 기반으로 했기 때문에 몰트에서는 약간의 단맛 정도의 약한 특징만 나고, 독일 홉의 쓴 허브 맛이 입안에 강하게 남는다. 특징은 여과를 하지 않았고 잉글리시 에일처럼 향을 더 내기 위해 드라이 호핑을 했다는 것이다. 그러나 IPA처럼 대대적인 드라이 호핑은 아니며 홉을 조금 더 추가해 허브, 레몬, 레몬그라스, 꽃의 향만 부여했다.

리버티 브루잉 할로 필스너

5% ABV | 양조지: 뉴질랜드 헬렌스빌

할로 필스너는 마시는 즉시 뉴질랜드 홉의 패션프루트, 리치, 포도, 구스베리, 귤 향이 입안에 퍼져 나가는 맥주다. 일부 양조업자는 골든 에일(에일 효모를 사용하는 곳도 있다)과 비슷하게 만들기도 한다. 그러나 이 맥주는 가볍고 와인 같은 향과 주스 맛의 달콤한 몰트를 베이스로 해서 빵과 토피 맛, 그리고 청량한 피니시의 특징을 지닌 게 가장 잘 어울린다. 할로 필스너는 열대과일의 특징을 내는 홉과 필스너가 만난 가장 완벽한 예시다.

하이랜드 파크 팀보 필스

5.8% ABV | 양조지: 미국 캘리포니아 주 로스앤젤레스

이 맥주는 웨스트코스트 페일의 향기로운 홉의 향과 독일식 필스너의 산뜻하고 우아한 쓴맛이 합쳐진 듯한 현대식 아메리칸 라거다. 여과하지 않았으며, 일반 필스너보다 도수를 더 높여 보디감과 질감이 더 좋지만 라이트함도 살짝 남겨두었다. 시트라와 모자이크 홉을 써서 중과피, 허브의 쓴맛이 깔끔하게 나고 핵과, 열대과일, 오렌지 제스트, 소나무, 꽃, 홉의 오일도 느껴진다.

잭스 애비 호포니우스 유니언

6.5% ABV | 양조지: 미국 매사추세츠 주 프레이밍햄

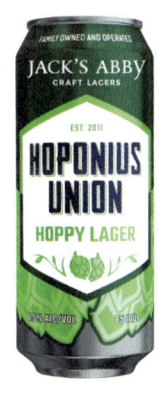

IPL은 IPA와 필스너가 완벽하게 조합된 맥주라 할 수 있다. 살짝 탁한 황금색에 사라지지 않는 거품, 몰트에서 나오는 시리얼 같은 달콤함은 홉의 풍미와 과일잼의 단맛을 더 높여준다. 홉은 감귤류의 과육과 중과피, 마멀레이드, 자몽, 망고, 파인애플의 풍미를 낸다. 라거 효모로 저온 발효를 했고 숙성 시간을 늘려 더 부드럽고 균형이 잘 맞는 맥주가 되었다. 끝맛은 산뜻하면서 드라이하다.

기타 추천 맥주

옥스보우 루폴로: 홉의 꽃 향, 감귤류 껍질, 허브, 옅은 크래커 몰트

에머슨스 필스너: 열대, 포도, 구스베리, 옅은 토피

로스트 앤 그라운디드 러닝 위드 셉트레스: 감귤류, 소나무, 살짝 구운 몰트

헬레스

'헬레스'는 짙은 둥켈 라거보다 밝거나 옅은 색을 띤 맥주를 말한다. 목넘김이 매우 좋은 이 황금빛 라거는 바바리아 중에서도 특히 이 맥주의 원산지인 뮌헨에서 가장 인기가 좋다.

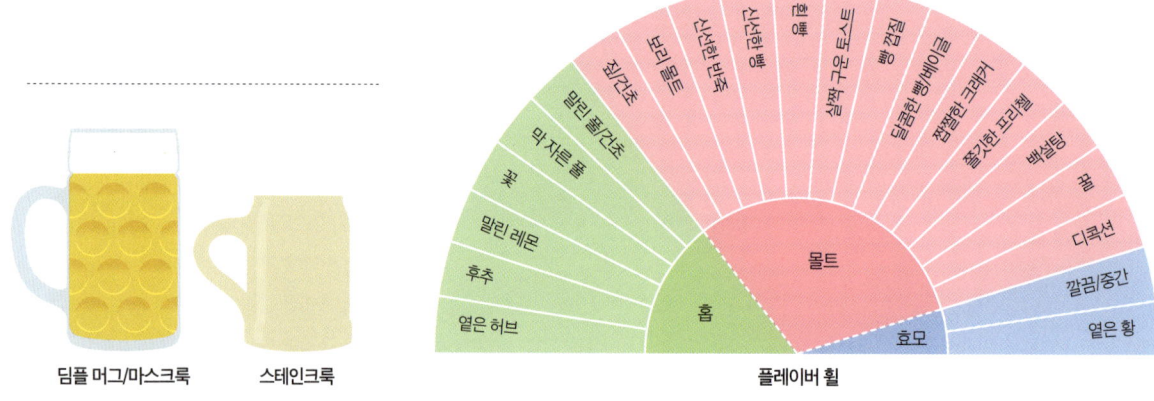

딤플 머그/마스크룩 · 스테인크룩 · 플레이버 휠

맛, 제조 과정, 스토리

밝은 황금색을 띤 헬레스는 진한 몰트의 맛으로 유명하지만, 이는 홉의 특징이 강한 필스너와 비교했을 때다. 물론 몰트도 두드러지지만 이런 특징이 아니라도 항상 흥미로움을 안겨주는 맥주다. 헬레스는 신선할수록 효모에서 나온 황이 잘 느껴진다. 홉의 쓴맛은 적지만 꽃이나 풀의 향과 어울리고, 탄산은 필스너보다 적으며, 질감은 부드럽다.

보통 필스너 몰트와 독일 노블 홉만 쓰지만, 때로는 비엔나 또는 카라필스 같은 몰트로 색을 내기도 한다. 이곳의 물은 드라이한 끝맛을 짧게 남기는 역할을 한다. 대부분의 독일 양조업자는 디콕션 매싱 공법으로 몰트의 풍미를 끌어올리고 보통 여과를 한다. 이 맥주는 완벽한 결과를 내기가 정말 어려워 아주 작은 결함이나 불균형은 언제나 존재한다.

진정한 첫 번째 뮌헨의 헬레스는 1894년 뮌헨의 스파텐 양조장에서 탄생했다. 처음에는 이 지방의 유명했던 다크 라거의 명성을 해친다는 이유로 지역 양조업자들이 이 새로운 스타일을 거세게 반대했다고 한다. 그러나 점차 페일 맥주에 대한 소비자들의 증가하는 수요로 인해 밝은색의 헬레스는 짙은 색의 둥켈 옆자리에 서게 되었고 현재는 바바리아에서 가장 많이 소비되는 맥주가 되었다.

맥주 정보

색	투명도	발효	ABV(도수)	쓴 정도
황금색	맑음	깔끔/중간	4.8~5.2%	15~30 IBU (낮음~중간)

아우구스티너 라거비어 헬

5.2% ABV	양조지: 독일 뮌헨

이 맥주는 뮌헨 헬레스의 교과서 버전이라 할 수 있으며, 밝은 황금빛에 두껍고 하얀 거품을 가지고 있다. 약간의 황이 생성되어 신선한 레몬 향이 나기도 한다. 몰트의 특징이 강하게 느껴지고 전체적으로 부드럽지만 라이트하다. 몰트에서는 신선한 빵 껍질 맛이 나며 무거운 느낌은 남지 않는다. 또한 깔끔하고 청량한 피니시, 홉이 부여한 꽃과 허브의 특징을 느낄 수 있다. 마시면 마실수록 더 많은 모습을 보여주는 훌륭한 맥주다.

쇤라머 헬

5% ABV	양조지: 독일 쇤람

아름다운 황금색을 자랑하는 맥주에서는 예상대로 구운 몰트 맛이 살짝 난다. 품질이 좋은 순수한 페일 몰트에 디콕션 방식을 써서 전반적인 품질은 더 향상되었다. 홉에서는 꽃, 말린 감귤류 껍질, 옅은 후추의 특징이 나지만 이런 쓴맛은 몰트에 가려져 마치 뒤에서 빼꼼히 내다보는 정도로만 느껴진다. 전체적으로 깊이 있는 풍미로 유명한 맥주다.

비어슈타트 헬레스

5% ABV	양조지: 미국 콜로라도 주 덴버

비어슈타트 양조장에서는 이 맥주를 단조로움과 극단적임 사이에 그어진 선을 따라 걷는 느낌이라 묘사했다. 정말 딱 맞는 표현이 아닐까 싶다. 이 헬레스는 밝은 노란색 – 황금빛을 띠며 디콕션 방식 덕분에 몰트에서는 빵 껍질과 신선한 빵 맛이 속삭이듯 다가오며, 홉에서는 오일이나 풀 향이 진하게 난다. 오랫동안 저온 발효하고 여과한 후 정제해 우아하며 깔끔한 마무리감을 가지고 있다. 바바리아 외 지역에서 생산되는 헬레스 중에 가장 믿을 수 있는 최고의 맥주다.

슈티글 골드브로이

5% ABV	양조지: 오스트리아 잘츠부르크

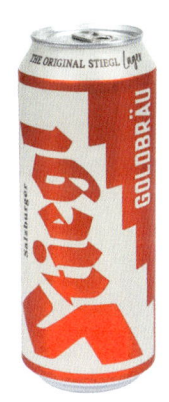

이 맥주는 오스트리아의 메르첸(독일 바바리아에서 기원한 붉은빛의 라거 – 옮긴이)이다. 이름이 독특하긴 하지만 스타일은 바바리안 헬레스(이런 몇몇 튀는 오스트리아식 이름은 메르첸 스타일의 맥주를 표현하는 오래된 방식이다)로 분류된다. 밝은 황금색을 띤 골드브로이는 페일 몰트의 매혹적인 향과 풍미를 품고 있으며, 기분 좋은 부드러움과 살짝 단맛의 보디감을 준다. 꿀, 크래커, 비스킷의 깊이감이 있으며, 홉에서는 말린 레몬 껍질, 후추 향과 드라이한 쓴맛이 난다.

기타 추천 맥주

테게른제어 헬: 페일 몰트, 크래커, 옅은 황, 홉의 후추 향

바이엔슈테판 헬레스: 비스킷 몰트, 디콕션 방식의 깊이감, 산뜻함

유토피안 브리티시 라거: 신선한 빵 반죽, 토스트, 감귤류 중과피

프랑코니아 라거와 켈러비어

프랑코니아 주변에서 주로 발견할 수 있는 이 맥주는 여과를 거치지 않았으며, 바바리안 헬레스의 정제된 느낌과 비교해보면 거친 느낌이 있다.

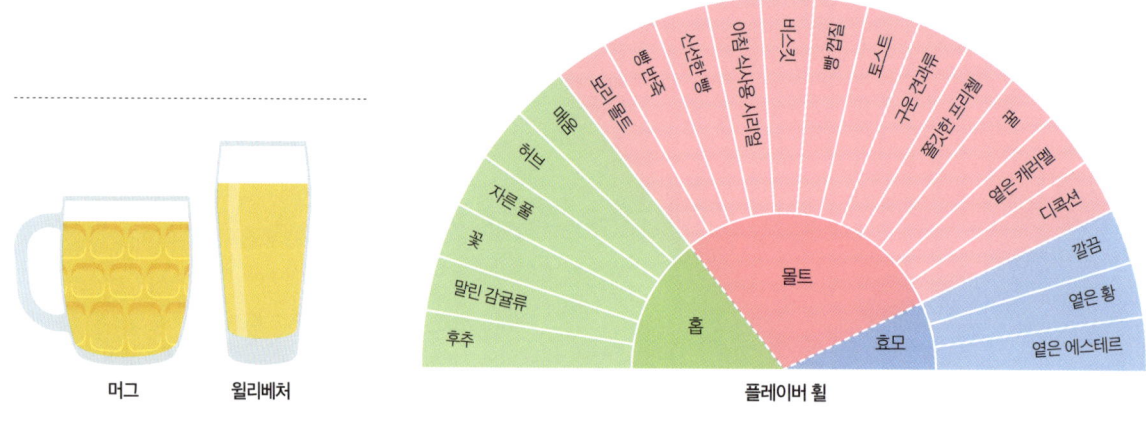

머그 　 윌리베처 　 　 플레이버 휠

맛, 제조 과정, 스토리

이 맥주들은 여과하지 않은 헬레스 같은 라거에서부터 거칠고 진한 몰트의 엠버 라거까지 종류가 다양하다. 탄산이 적당하고 부드러워 여과를 하지 않아도 목넘김이 좋다. 이 맥주들은 토스트, 빵 껍질, 갈색 빵, 비스킷, 꿀 등 몰트가 풍미의 대부분을 차지한다. 전통적인 독일 홉을 넣어 꽃, 매운맛, 허브의 쓴맛과 향이 더 진하며, 그 강도는 다양하다. 생맥주로 마시면 신선한 느낌을 많이 받을 것이다. 단맛이 오래가서 기분이 좋아지는 특징이 있다.

보통 필스너, 뮤닉, 비엔나 몰트를 넣어 색과 특색 있는 맛, 풍부함을 내며 디콕션 매싱 공법으로 몰트의 풍미를 높이고 여기에 마이야르 반응을 추가한다.

이런 맥주들의 레시피는 보통 소규모 양조장에서 대대로 이어져 왔고 필스너가 인기를 끌기 전까지 전통적 스타일의 라거 양조 방식을 따랐다. 전통 방식을 유지하는 게 매우 중요하기 때문에 프랑코니아의 술집에서 파는 맥주는 모두 호박색, 몰트에서 오는 약간의 단맛과 풍미, 부드러운 탄산이라는 공통점을 지니고 있다. 켈러비어(셀러비어) – 여과 처리 없는 라거이며 지하 저장고에서 바로 연결해 마신다 – 라는 단어는 현재 프랑코니아와 구분 없이 쓰게 되었고, 다른 의미로 사용할 때도 있다. 당신도 헬레스와 비슷한 켈러비어를 보거나 홉이 강한 필스너 중에서 켈러비어 버전의 필스너를 발견할지도 모른다.

맥주 정보

색	투명도	발효	ABV(도수)	쓴 정도
황금색~호박색	맑음~살짝 탁함	깔끔~옅은 에스테르	4.4~5.2%	15~35 IBU (낮음~중간)

마하스 브라우 아우

5.2% ABV | 양조지: 독일 밤베르크

즐거움을 안겨주는 이 유명한 프랑코니아 엠버 라거는 독일 몰트를 사용해 갓 구운 토스트, 신선한 빵, 옅은 캐러멜, 다이제스티브 비스킷이나 달콤한 크래커 맛을 낸다. 단맛이 먼저 입술을 적시고 끝맛에서 사라진다(디콕션 매싱 공법의 영향). 홉에서 오는 꽃, 허브, 달콤쌉쌀한 맛이 기분을 좋게 한다. 생맥주는 특히 탄산이 적으며, 자꾸만 손이 가는 훌륭한 맥주다.

세인트 조르젠브라우 부텐하이머 켈러비어

4.7% ABV | 양조지: 독일 부텐하임

진한 호박색을 띤 여과하지 않은 이 맥주는 풍성한 거품을 자랑한다. 발효의 특징이 거의 나타나지 않고 효모의 과일 맛도 옅어서 이내 몰트의 꿀, 신선한 반죽, 토스트 맛과 섞인다. 질감은 부드럽고 몰트가 잘 느껴지며 단맛이 오래간다. 끝맛은 약간의 쓴맛과 함께 후추와 풀의 특징만 남는다. 이 지역에서 라거와 이 맥주를 주문하면 가장 전형적인 맛을 즐길 수 있을 것이다.

수아레즈 패밀리 브루어리 미즈 프랭크

4.7% ABV | 양조지: 미국 뉴욕 주 허드슨

직접 프랑코니아에 방문해본 적 있는 미국 양조업자만이 진정한 맛을 낼 수 있는 맥주다. 그 이유는 신선한 상태로 여러 번 마셔보지 않으면 이 맥주의 미묘한 맛을 알아채기 힘들기 때문이다. 미즈 프랭크는 주황 – 호박색이며 살짝 탁하다. 마시면 토스트, 꿀, 비스킷의 풍미가 바로 느껴지고 이어지는 풀보디감이 진정한 프랑코니아식 맥주를 떠올리게 한다. 그 외에 홉에서 오는 산뜻한 허브와 꽃 향을 느낄 수 있다. 최근 수아레즈 패밀리는 잔거품의 청량한 탄산이 새롭게 추가된 제품을 내놓았다.

브레이브룩 헬레스 라거

4.2% ABV | 양조지: 영국 마켓하버러

브레이브룩은 프랑코니아에서 영감을 받아 설립된 양조장이다. 그래서 이 헬레스는 프랑코니아식 맥주라 뮌헨에서는 찾지 못할 것이다. 짙은 황금빛을 띤 살짝 탁한 이 맥주에서는 몰트에서 구운 브리오슈, 프랑지판 크림 또는 아몬드, 토스트 맛과 자꾸만 손이 가는 맛(뮌헨에서 양조한 것보다 더 진한 몰트 맛)이 난다. 할러타우 트라디션 홉에서는 후추 같은 허브의 향신료 향이 풍겨 나온다.

기타 추천 맥주

몬삼바흐 라거비어: 토스트, 단맛이 강한 몰트, 매운 홉

폭스 팜 게더: 크래커와 구운 몰트, 허브 홉, 옅은 감귤류

파슬라 라거비어: 구운 몰트, 갈색 빵 껍질, 허브 홉

비엔나 라거와 아메리칸 엠버 라거

이 호박색 라거에는 고전적인 유럽 라거에서부터 현대적인 아메리칸 엠버 라거까지 다양한 종류가 있다.

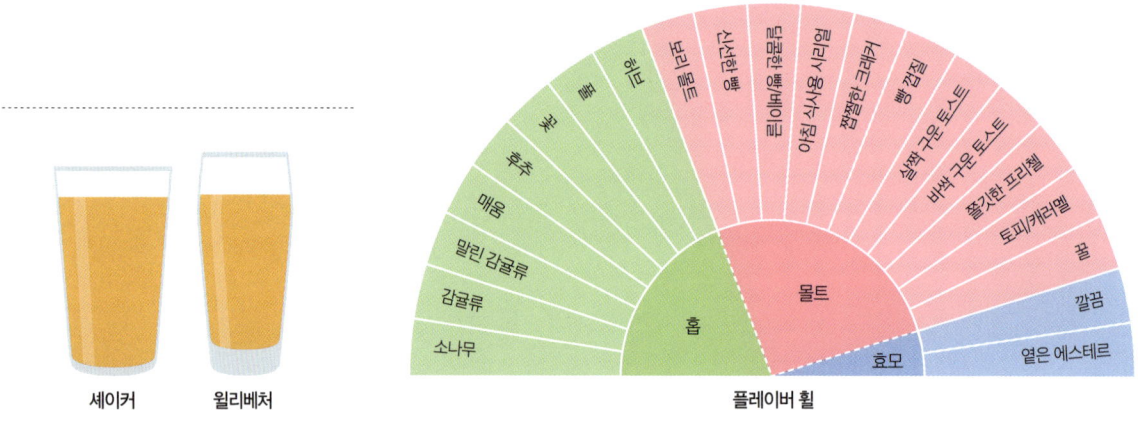

셰이커 · 윌리베처 · 플레이버 휠

맛, 제조 과정, 스토리

몰트의 풍미, 단맛, 홉의 쓴맛, 드라이함, 알코올 함량의 완벽한 조합을 이룬 것을 최고로 여기는 맥주들이다. 비엔나 몰트만 사용해서 비엔나 라거를 만드는 양조장도 있고 필스너, 뮤닉, 카라몰트 또는 로스팅한 몰트를 넣는 곳도 있다. 전통 비엔나 라거는 디콕션 방식으로 몰트의 깊이와 풍미를 더 높이기도 한다.

비엔나 라거는 홉의 특징 - 매움, 꽃, 허브 - 이 적당하게 나타나지만, 아메리칸 엠버 라거는 보통 미국 홉을 넣기 때문에 감귤류나 소나무의 맛과 향이 아주 강하게 나기도 하고, 아니면 은은하게 나면서 후추의 특징이 더해지기도 한다. 라거 효모를 쓰고 발효 시간을 더 늘려서 부드럽고 목넘김이 좋은 맥주가 탄생했다.

빈에 있는 안톤 드레허 브루어리는 영국식 몰팅 기술을 사용해 새로운 종류의 페일 몰트를 만들어냈고 뮌헨에서 배웠던 새로운 스타일의 라거 양조 기술에 이 몰트를 넣었다. 1841년 이곳에서 처음 양조된 비엔나 라거는 최고의 현대식 라거 중 하나로 꼽히게 된다. 황금색 필스너가 그 자리를 차지하기 전까지 이 호박색 라거는 다크 라거 옆에 서 있었다. 필스너 이후 서서히 잊혔다가 수제 맥주 열풍으로 다시 예전의 인기를 되찾는 중이다. 아메리칸 엠버는 1980년대의 원조 수제 맥주 중 하나였으며, 표준 아메리칸 라거에 비해 몰트의 깊은 맛과 진한 홉의 향이 특징이다.

맥주 정보

색	투명도	발효	ABV(도수)	쓴 정도
옅은~진한 호박색	맑음~살짝 탁함	깔끔/중간	4.5~6%	20~35 IBU (중간)

브라우에레이 슈베하트 위너 라거

5.5% ABV | 양조지: 오스트리아 빈

이 맥주는 안톤 드레허 브루어리에서 양조했다가 한동안 사라졌다. 그리고 2016년 양조장의 175년 기념식에서 재생산을 알렸다. 양조법은 과거의 방식을 답습했다기보다는 좀 더 현대적으로 보인다. 외양은 필스너와 비엔나 몰트를 사용해서 나온 짙은 호박색을 띠며, 몰트에서는 진하고 달콤하며 깊이 있는 캐러멜 맛과 약간의 토스트 맛도 난다. 사즈 홉을 써서 꽃의 풍미와 쓴맛이 오래간다.

도브테일 브루어리 비엔나식 라거

5.1% ABV | 양조지: 미국 일리노이 주 시카고

100% 비엔나 몰트로 만든 맥주다. 구리-호박색에 살짝 탁하며, 거품은 두껍고 오래간다. 몰트에서는 토스트와 캐러멜, 빵 껍질, 베이글 외에도 자꾸만 더 마시고 싶어지는 마이야르의 깊은 등 다양한 풍미가 전해온다. 부드러운 보디감에 홉에서 나오는 허브 같은 약한 쓴맛이 드라이한 피니시를 준다. 그러나 많이 쓰지 않아 몰트의 맛을 편안하게 즐길 수 있으며 마지막에 구운 빵 맛이 입안에 남는다.

브루클린 브루어리 브루클린 라거

5.2% ABV | 양조지: 미국 뉴욕 주 브루클린

현대적이면서 고전적인 스타일을 효과적으로 새롭게 창조하거나 옹호한 초창기 아메리칸 엠버 라거 중 하나다. 구리 동전처럼 밝은색의 맑고 깨끗한 외형을 지니고 있다. 드라이 호핑 덕분에 처음에는 옅은 감귤류와 꽃 향이, 그 후에는 자몽 제스트, 신선한 홉, 허브-소나무의 풍미가 느껴진다. 몰트에서 토스트, 빵 껍질, 바닐라, 크래커, 약간의 캐러멜 맛이 나며 쓴맛은 드라이함과 산뜻함을 준다.

그레이트 레이크스 엘리엇 네스 엠버 라거

6.1% ABV | 양조지: 미국 오하이오 주 클리블랜드

이 진한 호박색의 고전적인 미국 맥주는 뮌헨과 카라몰트에서 오는 빵, 토스트한 빵 껍질, 약간의 캐러멜 풍미를 지니고 있다. 단맛이 적고 몰트의 맛이 강하다. 도수가 높으면 그 매력은 한층 높아지고 효모의 과일 맛도 살짝 느낄 수 있다. 마운트 후드 홉이 허브, 꽃, 오렌지 껍질의 특징을 내지만, 쓴맛은 몰트로 인해 많이 감춰진다. 미국 맥주 특유의 톡 쏘는 느낌과 산뜻함을 가지고 있다.

기타 추천 맥주

오타크링거 위너 오리지널: 빵 껍질, 토피 단맛, 홉의 후추 향

새뮤얼 애덤스 보스턴 라거: 토피, 버터 바른 갈색 토스트, 말린 감귤류 껍질

처카넛 비엔나 라거: 비엔나 몰트, 견과류, 진한 토스트, 향기로움, 홉의 꽃 향

메르첸과 페스트비어

축하용 라거라고 할 수 있다. 메르첸은 양조 시즌이 될 때를 기념하면서, 페스트비어는 축제를 위해 양조된다. 대부분은 뮌헨의 연례행사인 옥토버페스트 용으로 양조되지만, 세계 각국의 축제에 영감을 받아서 나오기도 한다.

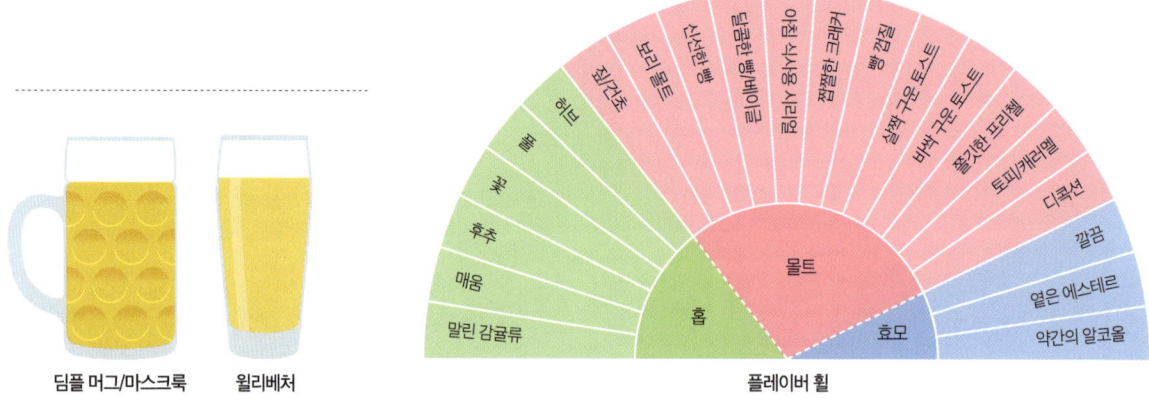

딤플 머그/마스크룩   윌리베처   플레이버 휠

맛, 제조 과정, 스토리

메르첸과 페스트비어는 보통 저온 발효 시간이 길고 탄산이 적으며 상대적으로 몰트와 홉의 특징이 적게 나타난다. 여과를 하기 때문에 부드럽고 산뜻하며 목넘김이 좋고 독특한 특징이 있다. 뮌헨에서 생산된 종류 대부분은 도수가 높고 황금색의 헬레스와 비슷하지만, 수제 맥주로 만든 종류는 몰트의 특징이 더 강한 호박색 메르첸-페스트비어-옥토버페스트를 만들어내기도 한다. 그러나 공통적으로 한 가지 재료나 특징이 다른 것보다 튀지 않게 하는 게 일반적이다.

초기 메르첸은 3월에 양조를 시작해 여름에 발효시켰고 9월이나 10월에 마셨다. 그러나 어느 순간부터 뮤닉 몰트로 만들기 시작했고 일반적인 다크 라거보다 색이 더 옅어졌다. 1870년대 메르첸비어가 새로운 전통의 시작을 알리며 처음으로 옥토버페스트에 등장했고 이후 이런 옥토버페스트비어들은 뮤닉 헬레스의 더 독한 버전이 되었다.

현재 독일에서 메르첸은 맥주의 종류라기보다는 풍미의 강도를 나타내며, 이제는 거의 찾아보기 힘들어졌다. 그러나 수제 맥주 시장에서 메르첸이란 단어는 페스트비어-메르첸 사이에 있는 호박색의 다소 독한 라거란 의미를 띤다. 옥토버페스트 때 실제로 제공되는 맥주만 아니라면 옥토버페스트비어는 황금색이든 호박색이든 크게 따지지 않기도 한다. 원래 페스트비어는 더 독한 버전의 헬레스처럼 만드는 반면, 메르첸은 이와 비슷하지만 뮤닉 몰트를 넣는다.

맥주 정보

색	투명도	발효	ABV(도수)	쓴 정도
밀짚색~진한 호박색	맑음~살짝 탁함	깔끔/중간	5.5~6.5%	20~35 IBU (중간)

아우구스티너 옥토버페스트비어

| 6.3% ABV | 양조지: 독일 뮌헨 |

뮌헨에서 양조되는 옥토버페스트비어는 빛나는 황금색에 두껍고 풍성한 거품을 자랑한다. 헬레스와 비슷하지만, 더 독하며 구운 몰트에서 나오는 토스트와 빵 껍질 맛이 나고 페일 몰트를 사용해 질감이 부드럽다. 그리고 홉의 특징을 살짝 눌러 드라이함과 알코올이 잘 혼합되도록 했다. 다만 병맥주는 축제에서 마실 때의 느낌(풍미, 탄산, 현장 분위기)을 그대로 재현하지 못한다.

웨이파인더 비어 프라이하잇!

| 5.7% ABV | 양조지: 미국 오리건 주 포틀랜드 |

전통적으로 양조된 프라이하잇!은 뮌헨의 페스트비어 중 한 종류다. 진한 황금색의 이 맥주를 잔에 따르면 풍성한 거품이 형성된다. 부드러운 보디감을 자랑하며 몰트의 토스트, 부드러운 흰 빵, 쫄깃한 프리첼 맛이 난다. 흥미로운 점은 잔잔한 탄산을 느끼려는 찰나 바로 드라이함과 깔끔한 쓴맛이 나타난다는 것이다. 홉에서 나오는 허브와 꽃의 풍미는 뮌헨에서 생산된 다른 맥주보다 그 특징이 더 강하게 나타난다.

호프브로이 옥토버페스트비어

| 6.3% ABV | 양조지: 독일 뮌헨 |

뮌헨의 '빅6' 양조장 중 한 곳에서 만들어진 고전적인 옥토버페스트비어다. 밝은 황금색을 띠며 두껍고 새하얀 거품이 만들어진다. 페일 몰트는 브리오슈나 할라브레드(유대인의 전통 빵 – 옮긴이)처럼 깊은 토스트 맛과 약간의 단맛을 낸다. 진한 알코올로 인해 따뜻하고, 축제의 느낌이 들면서도 청량함까지 느낄 수 있다. 이 맥주의 목적에 맞게 목넘김이 좋고 끝맛이 깔끔하면서 살짝 쓰다. 독일 홉의 특징인 허브 향도 살짝 느낄 수 있다.

돈조코 페스트비어

| 5.8% ABV | 양조지: 스코틀랜드 리스 |

이 진한 황금색 라거는 홉의 특징이 추가되어 고전과 현대의 스타일을 모두 아우르고 있다. 대부분 필스너 몰트를 사용하고 뮤닉과 비엔나 몰트를 소량 넣어 색과 토스트의 맛이 첨가된다. 디콕션 매싱으로 몰트의 풍미를 높이고 질감이 더 부드러우며 드라이한 끝맛을 내도록 했다. 탄산이 강해서 홉의 말린 레몬, 허브, 후추의 향을 한층 부각시키며, 쓴맛은 적당한 편이다.

기타 추천 맥주

하커 – 프쇼르 옥토버페스트 메르첸: 빵, 갈색 토스트, 매운 홉

그레이트 레익스 옥토버페스트: 구운 몰트, 부드러운 토피, 매운 홉

시에라 네바다 옥토버페스트: 꿀, 빵 껍질, 크래커, 홉의 후추 향

체코식 엠버와 다크 라거

사즈 홉을 쓰는 이 체코식 라거는 몰트의 풍부함을 간직하고 있으며, 종류는 폴로트 마비(호박색)와 트마비(갈색)에서부터 체르니(검은색)까지 다양하다.

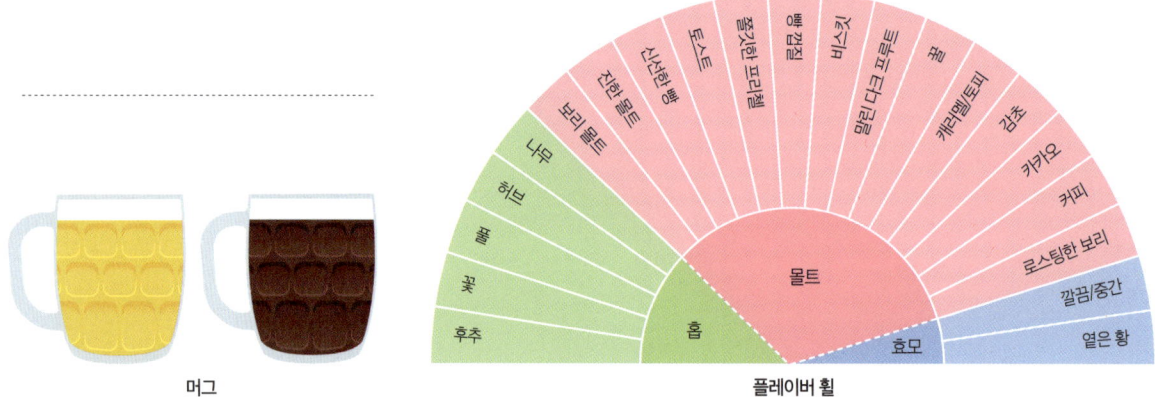

머그 / 플레이버 휠

맛, 제조 과정, 스토리

이 맥주의 향은 베이커리와 카페를 떠올리게 한다. 호박색 맥주에서는 빵과 토스트와 비스킷이, 더 짙은 색 맥주에서는 초콜릿과 토피, 커피 맛이 난다. 거품은 두껍고 탄산이 적어서 목넘김이 부드럽다. 대부분 체코 홉만 사용하며, 적당한 쓴맛으로 단맛이 더 진해지고 오래가면서 전체적인 균형이 잘 맞지만 사실 이 맥주들은 몰트 맛이 더 강한 종류다. 그리고 단맛이 특히 오래간다는 특징이 있다.

체코식 엠버 라거는 프랑코니아 라거, 비엔나 라거, 아메리칸 엠버 라거보다 몰트의 풍미가 더 강하고, 다크 라거는 둥켈이나 슈바르츠비어와 비교해보면 풀보디감을 더 느낄 수 있다. 필스너 몰트가 곡물 지출액의 대부분을 차지한다. 엠버 라거는 비엔나, 뮤닉 몰트를 사용하지만, 카라몰트를 넣는 경우도 간혹 있다. 다크 라거는 보통 다크 뮤닉을 사용하고 카라파나 블랙 몰트를 넣기도 한다. 연수를 사용해 입안에 머금었을 때의 느낌이 매우 좋고, 저온 발효와 숙성으로 전반적인 질감이 매우 부드럽다.

2010년대 후반까지 이런 맥주들은 체코에서 주로 소비되고 다른 곳에서는 보기 힘들었다. 그러나 점차 인기는 체코 페일 라거 정도까지는 아니지만 급상승하게 되었다. 이 맥주들의 맥아즙 농도는 13~14°P로 도수가 살짝 높다. 보통 더 짙은 색 라거에서 일반적으로 볼 수 있는 농도다.

맥주 정보

색	투명도	발효	ABV(도수)	쓴 정도
호박색~검은색	맑음~살짝 탁함	깔끔/중간	4.5~6%	25~40 IBU (중간)

비노흐라츠키 피보바르 잔타로바 13

| 4.9% ABV | 양조지: 체코 프라하 |

이 호박색의 맥주는 맥아즙 농도가 13°P이며 도수는 약 4.9%다. 그래서 단맛이 약간 나지만 입술이 끈적할 정도는 아니다. 전형적으로 캐러멜 풍미가 나는 몰트의 특징이 강해서 빵 껍질, 토스트, 비스킷의 맛이 진하고 몰트의 쓴맛이 살짝 난다. 허브와 매운 특징의 홉은 강한 쓴맛을 내기 때문에 이 맥주의 달콤함과 잘 어울린다. 두껍고 달짝지근한 거품이 마실 때마다 질감을 한층 업그레이드시킨다.

우 플레쿠 플레콥스키 트마비 레작

| 5% ABV | 양조지: 체코 프라하 |

많은 양조업자가 이 클래식한 체코 트마비 레작을 맛본 후 따라 해보려고 노력해봤을 것이다. 맥아즙 농도는 13°P로, 약 5%의 도수가 혀에 남아 있는 단맛과 잘 어울린다. 액체는 매우 진한 갈색이며 황갈색 거품이 나온다. 몰트의 풍미와 깊이는 카카오, 초콜릿, 말린 과일, 로스팅한 몰트, 토피 같은 단맛, 감초, 베리류 등으로 뚜렷하다. 드라이하고 베헤로브카(체코의 약술 – 옮긴이) 같은 허브의 쓴맛으로 깔끔하게 마무리된다.

실링 비어 컴퍼니 모더니즘

| 4.8% ABV | 양조지: 미국 뉴햄프셔 주 리틀턴 |

당신은 자신도 모르게 사즈 홉의 꽃, 허브 향을 향기롭게 내뿜는 이 체코식 다크 라거의 달콤한 거품에 입술을 대고 있을지도 모른다. 몰트는 다크 토피, 콜라, 바싹 구운 토스트, 초콜릿 비스킷 맛을 낸다. 다른 단맛이 더 나는 체코 맥주에 비해 보디감은 더 가볍지만, 버드와이저 부드바르의 트마비 레작처럼 기본에 충실한 맛이며, 홉의 쓴 허브 맛이 더 두드러진다. 실링에서는 아우구스틴 13°과 폴로트마비도 만든다.

유토피안 브루잉 체르니 스페시알니

| 5.9% ABV | 양조지: 영국 크레디턴 |

도수가 더 높은 이 블랙 라거는 체코식으로 양조되지만 영국 재료가 들어간다. 사라지지 않는 진한 갈색의 크리미한 거품, 부드러운 질감, 일반적인 영국식 라거에 비해 낮은 탄산이 특징이다. 쌉싸름한 다크 초콜릿, 로스팅한 몰트, 아니시드, 술맛이 도는 다크 프루트의 맛이 나며, 민트의 허브와 매운맛으로 마무리된다. 다른 체코식 맥주에 비해 강한 쓴맛이 두드러지는 맥주지만 끝맛이 라이트하게 마무리되는 체코의 마술을 느낄 수 있다.

기타 추천 맥주

스트라호프 스바티 노르베르트 잔타르 13°: 캐러멜, 구운 몰트, 비스킷, 홉의 허브 향

피보바르 솔니체 폴로트마바 11°: 비스킷 맛의 몰트, 크리미한 몰트, 토스트, 매움

버드와이저 부드바르 트마비 레작: 다크 몰트, 말린 다크 프루트, 옅은 캐러멜, 산뜻함

둥켈과 슈바르츠비어

이 다크한 독일식 라거에는 호박색 – 갈색 둥켈에서부터 갈색 – 검은색 슈바르츠비어까지 다양한 종류가 있으며, 짙은 몰트에서 나오는 특유의 풍미가 있다.

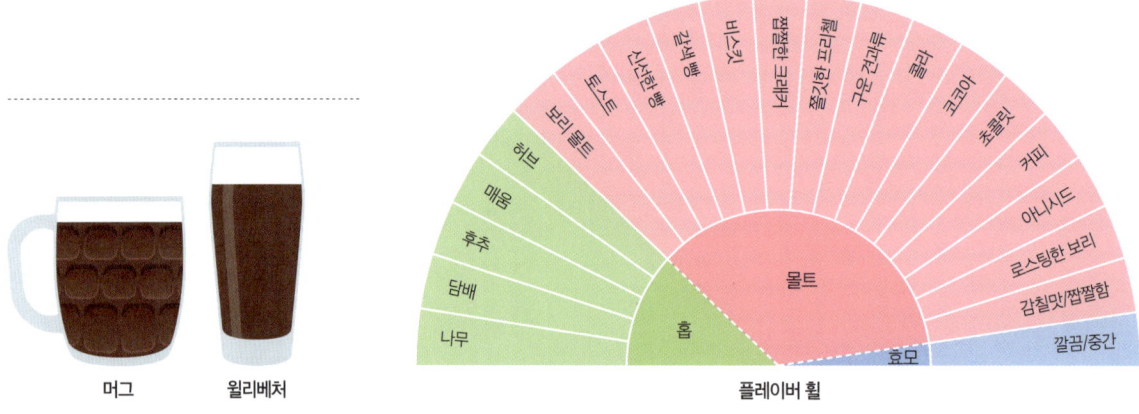

머그 　 윌리베처 　 　 플레이버 휠

맛, 제조 과정, 스토리

둥켈은 뮤닉 몰트에서 나오는 토스트, 빵 껍질, 옅은 코코아 맛의 풍미가, 슈바르츠비어(흑맥주)는 로스팅 맛이 더 강한 편이다. 둥켈은 다크한 헬레스를 떠올리게 하고 슈바르츠비어는 홉의 쓴맛이 적은 블랙 필스너와 더 가깝다. 이들 맥주는 몰트의 맛이 강하지만 결코 균형이 흐트러지지 않아서 강한 다크 몰트 맛이 진하게 올라오는 경우는 드물다.

둥켈은 뮤닉 몰트로만 양조하지만 필스너 몰트나 카라몰트, 다크 몰트를 조금 첨가하기도 한다. 고전적인 레시피에서는 디콕션 매싱 공법으로 마우스필과 몰트의 풍미, 복합미를 높이고 드라이함을 남겨 맥주가 너무 무겁지 않도록 한다.

슈바르츠비어는 필스너 몰트 외에도 로스팅한 몰트, 도정하지 않은 다크 몰트를 넣기도 하고 심지어는 시나마르라는 천연 액체 몰트 추출물을 넣어 색만 추가하기도 한다. 이 맥주는 일반적인 둥켈에 비해 드라이함과 탄산이 더 강하다.

둥켈은 600년 전 로스팅한 몰트로 양조한 가장 초기 라거를 떠올리게 한다. 시간이 지나면서 뮤닉 몰트의 함량이 높아지고 페일 몰트의 양도 증가했지만, 여전히 풍부한 몰트의 풍미는 남아 있다. 슈바르츠비어는 독일의 프랑코니아, 작센 주, 튀링겐 주 지역에 그 역사가 있는 맥주다. 당시 라거 맥주로는 아마도 최고의 발효 맥주였을 것이다.

맥주 정보

색	투명도	발효	ABV(도수)	쓴 정도
짙은 호박색~검은색	맑음~살짝 탁함	깔끔/중간	4.5~5.9%	15~25 IBU (낮음~중간)

아잉거 알트바이리시 둥켈

| 5% ABV | 양조지: 독일 아잉 |

고전 스타일의 바바리아 둥켈인 이 맥주는 맑고 진한 적갈색에 풍성한 황백색 거품을 자랑한다. 몰트의 부드러운 풍미가 맥주에 층층이 쌓여 있으며, 토스트와 빵 껍질, 말린 다크 프루트, 토피 애플의 맛을 낸다. 여기에 코코아, 다크 몰트의 맛도 아주 살짝 난다. 디콕션 매싱 기법 덕분에 풀보디감이 느껴지고 자꾸만 손이 가는 맥주가 되었다. 홉의 향은 약하지만, 독일 몰트의 깊이와 풍미를 한껏 즐길 수 있는 맥주다.

케이시 비어 컴퍼니 둥켈

| 5% ABV | 양조지: 미국 미주리 주 캔자스시티 |

밝은 구릿빛 – 갈색 맥주에는 황갈색 거품이 오랫동안 자리 잡고 있다. 특유의 빵 껍질, 쫄깃한 프리첼, 바싹 구운 토스트, 캐러멜 비스킷 맛의 뮤닉 몰트가 한 컵 가득 차 있지만, 전체적으로 두드러지지는 않는다. 기분 좋은 몰트의 맛이 부드러운 보디감을 형성한다. 그러나 달지 않게 모든 풍미를 전달하면서 드라이하게 마무리한다. 예상대로 별로 쓰지 않고 다른 뮌헨의 맥주보다 끝맛이 더 깔끔하다.

쾨스트리처 슈바르츠비어

| 4.8% ABV | 양조지: 독일 바트 쾨스트리츠 |

가장 유명한 독일 슈바르츠비어는 적갈색 – 검은색을 띤다. 향은 적당하며, 몰트에서는 말린 과일, 아니시드, 빵, 코코아, 구운 견과류, 약간의 로스팅 맛이 난다. 코코아 탄산주나 초콜릿 몰트의 향과 흡사하며 전체 맥주의 풍미에 스며 있다. 홉의 허브 향은 몰트의 쓴맛을 상쇄하고 청량한 탄산으로 시작해 드라이함으로 빠르게 마무리된다.

수아레즈 패밀리 브루어리 본즈 셔트

| 4.9% ABV | 양조지: 미국 뉴욕 주 허드슨 |

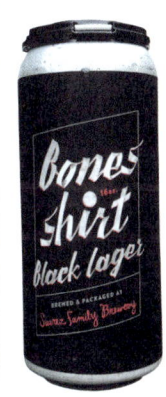

짙은 갈색을 띤 이 맥주는 몰트에서 오는 우아하고 묵직한 보디감이 마치 필스너와 비슷하다. 약간의 코코아 파우더, 다크 호밀 빵, 은은하게 퍼지는 로스팅한 몰트 맛이 나지만 모든 풍미의 깊이감은 각각 다르다. 홉에서는 쓴맛, 꽃 향이 나는 담배, 차의 맛이 잠깐 났다가 매운맛이 이어진다. 탄산이 적어 라이트한 맛을 즐길 수 있는 현대적인 맥주라고 할 수 있다.

기타 추천 맥주

아우구스티너 둥켈: 살짝 구운 토스트, 빵 껍질, 다크 토피, 홉의 꽃 향

비어슈타트 둥켈: 빵 껍질, 코코아, 쫄깃한 프리첼, 홉의 매운 향

클로스터브로 슈바르츨라: 달콤한 홍차, 다크 몰트, 콜라, 홉의 허브 향

보크와 도펠보크

바바리아가 원산지인 이 강렬하고 특별한 라거는 매년 계절이 바뀔 때마다 기념으로 나온다. 페일 마이보크, 다크 보크, 더 강한 도펠보크가 대표적이다.

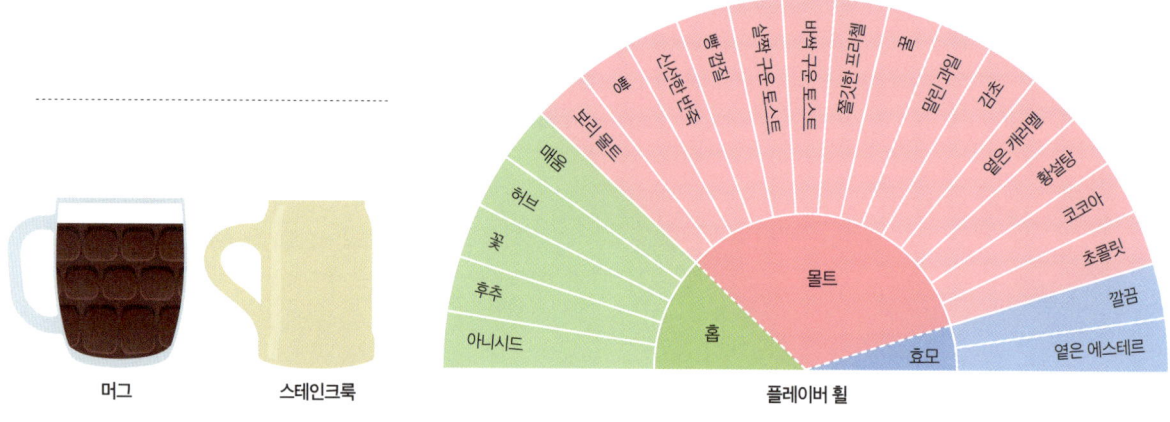

머그   스테인크룩   플레이버 휠

맛, 제조 과정, 스토리

이 독한 라거들은 부드럽고 몰트 맛이 강하며 홉의 특징이나 쓴맛은 약하다. 페일 보크(마이보크, 헬러보크)는 빵과 토스트한 맛이 나는 반면, 다크한 보크와 도펠보크는 캐러멜, 마이야르, 바싹 구운 토스트, 로스팅 맛이 더 난다. 입안의 단맛은 오래가기도 하지만 대량으로 마시도록 고안된 맥주들이다. 보통 쓴맛과 탄산은 그다지 강하지 않다. 네덜란드인들은 자신만의 보크비어에 대한 전통을 간직하고 있으며 두벨을 연상시키는 맛이 난다.

독일식은 전통적인 라거 방식으로 양조하기 때문에 대부분 페일 몰트를 사용하며, 진한 색을 낼 때는 다른 곡물 – 뮤닉·비엔나·카라몰트, 심지어 더 진하게 로스팅한 몰트 – 을 소량 넣기도 한다. 대개 몰트의 맛이 풍부하게 느껴지며, 특히 디콕션 매싱이나 단맛이 더 강한 몰트를 사용하는 도펠보크가 이런 특징을 가진다. 대부분 독일 홉을 쓰며, 오랫동안 저온 발효해서 깊이 있는 부드러움을 만들어낸다.

이런 맥주들은 본디 바바리아의 계절 변화를 나타내는 존재였으며, 축하의 의미로 오랫동안 숙성한 맥주를 따서 즐겼다. 지금도 계절이 바뀌는 때를 반영하며 축제나 특별한 행사에 자주 쓰인다. 페일 보크는 봄(마이보크 또는 메이 보크)에, 다크 보크는 가을과 겨울에 주로 마신다. 도펠보크는 부활절과 관련 있으며, 처음에는 뮌헨의 수도사들이 양조했다.

맥주 정보

색	투명도	발효	ABV(도수)	쓴 정도
옅은 황금색~진갈색	맑음~살짝 탁함	깔끔~옅은 에스테르	6~8%	20~50 IBU (중간~높음)

마하스 브라우 헬러 보크

| 6.8% ABV | 양조지: 독일 밤베르크 |

10월에 나오는 이 맥주는 진한 황금색의 살짝 탁한 외형을 가진다. 약간의 토피, 브리오슈, 흰 빵, 바닐라, 꿀, 마지팬(설탕과 아몬드를 갈아 만든 페이스트 – 옮긴이), 토스트 등 페일 몰트에서 나오는 진한 풍미에 효모가 살짝 발을 걸치고 있다. 이 맥주는 목넘김이 부드러우며, 달콤하면서도 입술이 끈적할 정도는 아니다. 여기에 홉의 쓴맛, 꽃, 허브의 풍미가 뚜렷하게 나타난다. 맛은 진하지만 헬레스처럼 편하게 마실 수 있는 맥주다.

셸즈 브루어리 보크

| 6.5% ABV | 양조지: 미국 미네소타 주 뉴얼름 |

계절성 맥주로서 연초에 마시는 이 밝은 호박색–갈색의 보크는 토스트, 옅은 토피, 당밀, 갈색 빵 토스트, 과일 케이크, 프리첼 등 부드러운 몰트의 맛을 자랑한다. 단맛이 어느 정도 있지만 과하지 않으며, 전체적으로 다른 독일식 버전보다 가벼운 맥주다. 톡 쏘는 탄산이 깔끔한 느낌을 주며, 약간 쌉싸름하게 마무리되는 끝맛은 미국식 보크의 특징을 잘 보여준다.

라 트라페 트라피스트 보크비어

| 7% ABV | 양조지: 네덜란드 베르켈 앙쇼트 |

가을에 나오는 이 네덜란드 보크는 저먼 보크와 뿌리는 같지만 맛은 살짝 다르다. 전형적으로 진한 적갈색이며, 도수는 6.5~7%, 상면 발효를 하기도 하며 저먼 보크보다 효모와 홉의 풍미가 더 진하다. 상면 발효한 보크는 태운 토스트, 캐러멜, 황설탕, 감초, 아니시드의 맛과 함께 두벨처럼 말린 다크 프루트, 초콜릿, 약간의 따뜻함(높은 도수), 에스테르의 과일 향, 맵고 쓴맛도 난다.

아잉거 셀러브레이터

| 6.7% ABV | 양조지: 독일 아잉 |

이 고전적인 도펠보크는 도펠치고는 강도가 약하지만 복합미에서는 상위를 차지하고 있다. 진한 흑적색에 크리미한 황백색 거품을 지닌 이 맥주에는 빵, 캐러멜, 쓴맛이 살짝 도는 밤꿀, 트리클, 감초, 건포도, 과일 케이크(살짝 태워서 말린 과일 조각), 약간의 로스팅 맛까지 다양하게 들어 있으며, 커피·허브 맛 알코올로 마무리된다. 이 모든 맛은 혼합되었다기보다는 독립적으로 느껴진다.

기타 추천 맥주

파울라너 살바토르: 티케이크, 캐러멜, 구운 몰트

유토피안 레인보크: 달콤한 몰트, 꿀, 스펀지 케이크, 매운 홉 향

슐로스 에겐베르그 사미클라우스: 술 맛, 진한 셰리 맛의 몰트, 체리

쾰쉬

독일의 도시인 쾰른은 쾰쉬로 매우 유명하다. 이 페일 맥주는 에일 효모를 쓰며, 밝은색이 산뜻함을 준다. 또한 강한 홉의 특징을 가지고 있다.

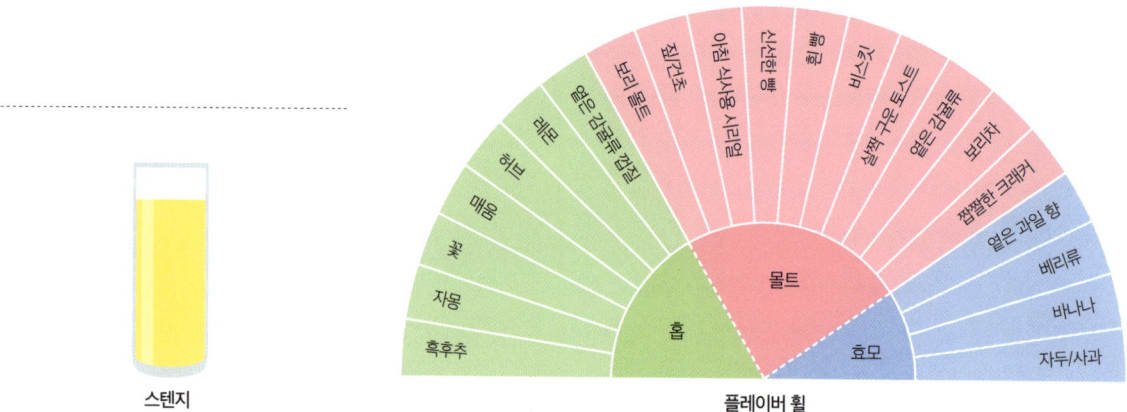

스텐지   플레이버 휠

맛, 제조 과정, 스토리

쾰쉬는 여과를 거쳐 밝고 노란색을 띠며, 필스너와 비슷한 옅은 몰트 맛이 나지만 탄산이 더 적고 보디감은 가벼우면서 드라이하다. 또한 깔끔한 쓴맛과 미네랄워터의 특징을 느낄 수 있다. 향이 독특한데, 특히 옅은 에스테르 과일 향 또는 부드러운 홉의 향을 뿜낸다. 많은 양조업자가 쾰른 외의 지역에서 다양하게 양조를 시도했지만, 이 맥주 특유의 맛을 내는 데 번번이 실패했다.

쾰른에서 양조하는 쾰쉬는 쾰쉬 협약에 의거해 제조하는데 내용은 다음과 같다. 맑은 색, 여과, 홉의 진한 풍미, 상면 발효, 4.5% ABV, 쾰른에서 양조할 것. 베이스는 필스너 몰트를 쓰지만, 여기에 뮤닉 몰트를 첨가해 색과 몰트의 맛을 더 강조하기도 한다. 독일 홉은 보통 허브, 매운맛, 쓴맛을 내지만 때로는 꽃과 허브 맛이 살짝 돌기도 한다. 에일 효모를 쓰고 따뜻한 온도에서 발효해 과일 맛을 내는 에스테르가 형성된다. 숙성 시간이 길어질수록 깔끔한 맛의 맥주가 탄생한다.

필스너가 유럽 전역에 퍼지자 쾰른의 양조장은 그 인기를 인정하면서도 홉을 강조한 에일 맥주 전통을 지켜나갔고 지역 주민들이 환영하는 새로운 스타일을 창조해냈다. 일반적으로 쾰른에 기반을 둔 양조장에서만 '쾰쉬'라는 이름을 사용할 수 있다. 뒤셀도르프에도 이런 비슷한 종류의 전통적인 에일 맥주가 있지만, 맥주(알트비어)의 색이 진하다는 차이가 있다. 이 두 도시는 현재까지도 최고의 맥주 자리를 차지하기 위해 경쟁하고 있다.

맥주 정보

색	투명도	발효	ABV(도수)	쓴 정도
노란색	맑음	깔끔~옅은 에스테르	4.4~4.9%	15~35 IBU (낮음~중간)

프뤼 쾰쉬

4.8% ABV	양조지: 독일 쾰른

이 쾰쉬는 밝은색 짚처럼 연한 노란색을 띠며 크리미한 흰 거품이 일품이다. 효모의 과일 향이 은은하게 스며 나오고 보디감은 가벼우면서 깔끔하다. 몰트에서는 토스트한 맛이 살짝 난다. 끝에는 깔끔한 드라이함과 적당한 쓴맛이 나면서 레몬 탄산주 같은 맛으로 마무리된다. 다양한 풍미가 있는 맥주는 아니지만 균형과 신선함, 산뜻함, 기분 좋은 목넘김이 눈에 띈다. 그러나 병이나 캔에 담기면 그 미묘한 맛이 사라진다.

가펠 쾰쉬

4.8% ABV	양조지: 독일 쾰른

이 맥주의 기본은 매력적인 과일 맛이며, 홉과 효모가 조화를 이루면서 아주 옅은 포도, 사과, 레몬 맛을 낸다. 빵과 크래커 맛이 나는 몰트는 프뤼의 쾰쉬보다 더 풍부한 맛을 낸다. 산뜻한 탄산의 느낌은 깔끔한 드라이함과 홉의 쓴맛을 만나 완벽한 조화를 이룬다. 깔끔하게 딱 떨어지는 이 흥미로운 맥주는 여러 잔을 마셔도 결코 지루함을 느끼지 못할 것이다.

손브리지 브루어리 차라

4.8% ABV	양조지: 영국 베이크웰

차라는 진정한 쾰쉬의 맛을 내는 맥주다. 밝고 맑은 황금빛 맥주는 홉에서 레몬과 꽃 향이 은은하게 풍기고 기저에는 효모와 발효에서 나온 풍미가 자리한다. 소량의 밀과 카라필스를 넣어 보디감이 좋으며, 페일 몰트는 토스트한 맛을 더 진하게 만들어준다. 끝맛은 홉의 후추 맛으로 깔끔하게 마무리된다. 쾰쉬가 당당히 블론드 에일과 필스너 사이에 서 있는 이유를 잘 보여주는 맥주다.

도브테일 브루어리 쾰쉬식 에일

4.6% ABV	양조지: 미국 일리노이 주 시카고

도브테일 브루어리는 쾰쉬를 200밀리리터 스텐지 글래스(쭉 뻗은 막대란 의미로 길쭉한 형태의 맥주잔 – 옮긴이)에 담아 판매한다. 독특하게 여과를 하지 않아서 다른 범주에 속한다고 생각하는 사람들도 있지만, 쾰른에도 여과하지 않은 쾰쉬가 있다. 이 맥주는 전통적인 맛을 가지고 있지만, 과일 향 에스테르의 레몬 향, 풀보디감, 크리미한 질감, 크래커 맛의 몰트, 아침 식사용 시리얼, 허브와 중과피의 쓴맛과 같은 지역적 변형도 살짝 가미되어 있다.

기타 추천 맥주

라이스도르프 쾰쉬: 꿀맛의 몰트, 홉의 옅은 후추 향, 균형감

패프겐 쾰쉬: 레몬과 허브의 쓴맛, 크래커, 페일 몰트

처카넛 쾰쉬: 고전적, 가벼운 몰트 맛, 옅은 감귤류, 홉의 꽃 향

알트비어

갈색을 띤 알트비어는 쌉싸름한 맛이 강한 '옛날 스타일'의 상면 발효식 다크 맥주다.
독일의 뒤셀도르프가 이 맥주로 유명하다.

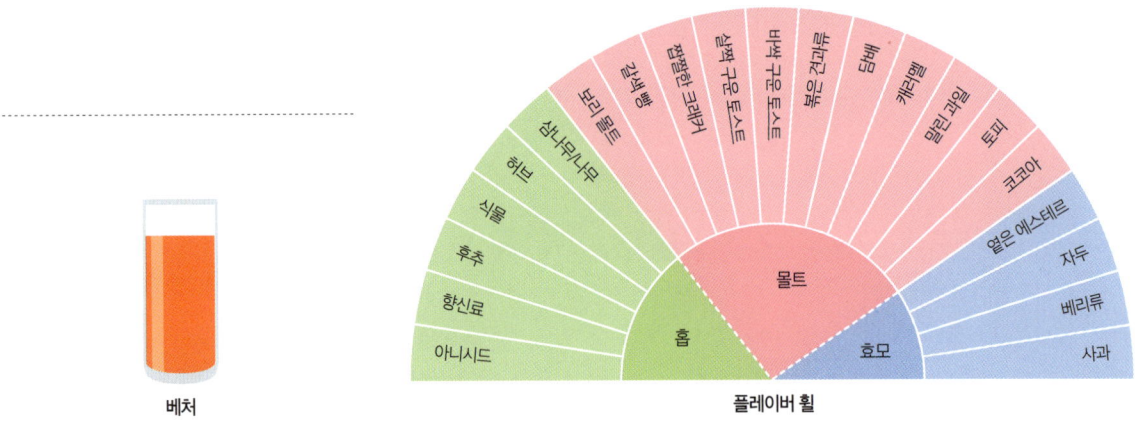

베처

플레이버 휠

맛, 제조 과정, 스토리

선명한 갈색빛을 띤 맥주이며 황갈색 거품이 생긴다. 구운 몰트, 허브의 쓴맛이 나는 홉, 과일 에스테르의 맛과 향이 혼합되어 있다. 몰트에서는 볶은 견과류, 바싹 구운 토스트, 약간의 캐러멜, 말린 과일, 약간의 로스팅한 맛이 난다. 쓴맛의 정도는 중간에서 높은 수준이며 허브, 후추, 매운 독일 홉의 맛도 느낄 수 있다. 에스테르의 정도는 맥주마다 달라서 과일 향이 진한 것도 있고 적당한 것도 있다. 다크 뮤닉 몰트로 풍미와 색을 내고 독일 홉의 허브 맛이 알트비어의 스타일을 만들어준다. 에일 효모와 일반적인 온도보다 더 높은 발효 온도 덕분에 과일 향 에스테르가 생성된다.

라거처럼 저온 숙성을 하기 때문에 다크 몰트가 가진 거친 맛과 진한 쓴맛, 에스테르의 향이 어느 정도 중화된다. 그리고 물은 미네랄이 함유된 경수를 쓰기 때문에 몰트와 홉의 쓴맛을 살짝 가려준다.

'옛날 맥주'란 의미인 '알트비어'는 기간이 오래되었다는 말이 아니라 고전 스타일을 의미한다. 쓴맛이 강한 브라운 에일은 독일의 북서 지방에서 유명했지만 새로운 종류의 라거가 인기를 끌자 이 예전 스타일의 맥주는 이름을 새로 바꾸고 과거의 영광을 꾀했다. 쾰른의 쾰쉬처럼 뒤셀도르프를 대표하는 알트비어의 진정한 맛을 느끼고 싶다면 이 지역에 직접 가서 신선한 맥주를 마셔봐야 한다.

맥주 정보

색	투명도	발효	ABV(도수)	쓴 정도
구리색~갈색	맑음	깔끔/옅은 에스테르	4.5~5%	25~50 IBU (중간~높음)

유에리게 알트비어

| 4.7% ABV | 양조지: 독일 뒤셀도르프 |

이 밝은 빛의 밤색–갈색 맥주에는 옅은 과일 에스테르 향이 난다. 몰트를 굽고 캐러멜라이징해서 갈색 빵, 황설탕, 말린 과일 맛이 나며, 드라이하고 강하지만 부드러운 느낌을 주는 맥주다. 50 IBU는 유에리게 양조장만의 특징을 잘 보여주고 있다. 허브를 먹은 듯이 쌉싸름한 끝맛이 여운을 남기는 와중에 꽃의 향(홉의 꽃 전체를 넣었다)이 과일 향 에스테르와 어우러지며 전체적으로 상큼함을 끌어올린다.

하우스브라우에라이 줌 쉴리셀 오리지널 알트

| 5% ABV | 양조지: 독일 뒤셀도르프 |

뒤셀도르프의 알트비어는 쾰른의 쾰쉬보다 종류가 다양하다. 퓌센은 퀴닌(남미산 기나나무 껍질에서 얻은 물질 – 옮긴이) 같은 쓴맛과 몰트의 단맛이 더 진하며, 쿠르저는 바싹 구운 토스트에 발린 체리잼 맛이 나며, 쉴리셀은 정확히 이 두 가지의 중간에 위치하고 있어 몰트와 홉이 적절하게 혼합되어 있다. 부드러운 몰트의 깊이, 뮤닉 몰트의 토스트 맛, 진한 풀보디감, 홉의 풍미를 느낄 수 있으며, 쓴맛이 후추와 매운맛의 끝맛을 어느 정도 완화해준다.

세르베자리아 밤베르크 알트비어

| 4.8% ABV | 양조지: 브라질 보토란칭 |

독일 맥주를 전문으로 하는 브라질 양조장에서 만든 알트비어다. 48 IBU인 이 맥주는 쓴맛이 강하지만 달콤한 맛의 캐러멜, 갈색 빵 토스트, 황설탕, 로스팅한 몰트의 맛과 균형을 이루고 있다. 몰트를 로스팅하면서 나오는 쓴맛은 홉의 쓴맛–허브, 매운맛–과 만나게 되고 효모는 체리와 사과 맛을 낸다. 산뜻함, 쓴맛, 약간의 과일 맛은 이 맥주처럼 훌륭한 알트비어가 지닌 특징이다.

에네그렌 브루잉 컴퍼니 발키리

| 6.2% ABV | 양조지: 미국 캘리포니아 주 무어파크 |

슈티케 알트라고도 하는 발키리는 일반 알트비어의 독한 버전이다. 색은 밝고 진한 호박색이다. 뮤닉 몰트를 많이 넣기 때문에 갈색 빵 토스트, 빵 껍질, 캐러멜(멜라노이딘 몰트를 사용해 디콕션 방식의 맛을 흉내 낸다) 맛이 강하게 나고 그 외에 다크 프루트와 말린 과일 맛도 난다. 홉에서 나는 허브와 나무의 특징이 몰트의 단맛 아래에 단단히 자리하고 있다. 홉에서 과일 향도 살짝 난다.

기타 추천 맥주

슈마허 알트: 견과류, 캐러멜, 홉의 허브와 매운맛

알래스칸 엠버: 구운 몰트, 빵, 산뜻함, 홉의 꽃 향

유에리게 슈티케: 다크 캐러멜, 더 강렬함, 홉의 허브 향, 말린 과일

라우흐비어와 훈제 맥주

훈연 몰트로 만든 전통 맥주들이며 훈연 향과 맛이 난다.

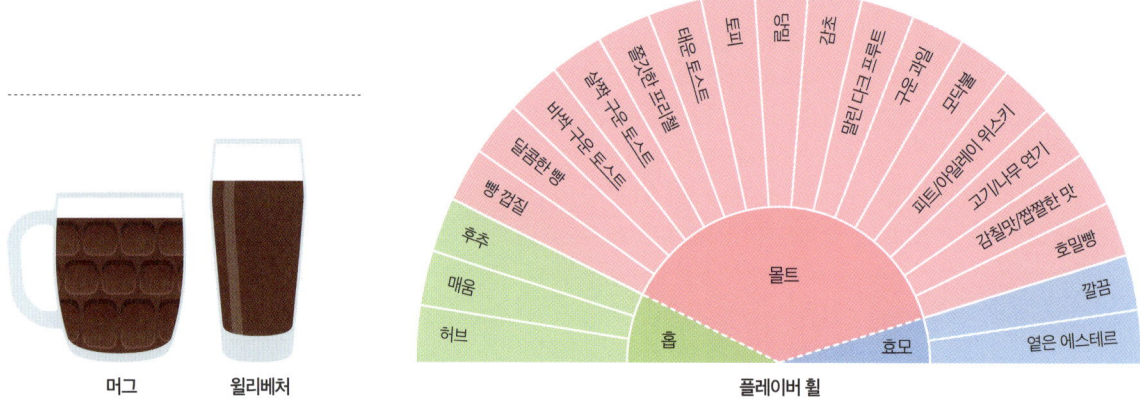

머그 / 윌리베처 / 플레이버 휠

맛, 제조 과정, 스토리

훈제 맥주는 훈제 고기, 장작불, 피트 또는 아일레이 위스키와 같은 연기의 특징이 확연하게 나타나는 맥주다. 라우흐비어는 훈제 맥주의 가장 대표적인 스타일이다. 이 몰트의 특징이 강한 저먼 라거에서는 특유의 훈제 고기향이 난다. 다른 맥주에도 훈연 몰트를 넣을수는 있지만, 대개 다크 에일에 많이 쓴다.

이 맥주의 기본 스타일은 양조 방식과 기본 풍미를 결정하게 된다. 대부분의 훈연 몰트(보리나 밀)는 맑은 색을 뽑아내기 때문에 양조업자는 원하는 색이 있다면 따로 색을 내거나, 로스팅한 몰트를 추가해야 한다. 또한 완전히 훈연 몰트만 사용하기도 하고, 맛을 약간 변형하기 위해 함량을 줄여서 넣기도 한다. 홉은 보통 적게 넣기 때문에 향에 거의 영향을 미치지 않는다.

간접열이 몰트하우스에서 불과 연기를 사라지게 했지만 그전까지만 해도 대부분의 맥주에 훈연 맛과 어두운색이 남아 있었다. 점차 많은 맥주에서 훈연 향이 사라지고 색도 더 맑아지며 청량한 맛이 나게 되었지만, 밤베르크 - 라우흐비어의 원산지 - 의 일부 양조업자는 여전히 나무를 때서 몰트를 굽는다. 이곳의 양조업자는 보통 비치우드를 사용해 훈제 소시지와 베이컨 향을 내며, 다른 곳에서는 체리나무나 오크 등 다른 나무를 사용한다.

맥주 정보

색	투명도	발효	ABV(도수)	쓴 정도
황금색~짙은 갈색	맑음~살짝 탁함	깔끔~옅은 에스테르	4.5~6.5%	15~25 IBU (낮음~중간)

슐렌케를라 메르첸 라우흐비어

5.1% ABV | 양조지: 독일 밤베르크

이 맥주는 라우흐비어로 분류하며, 비치우드로 땐 가마에서 나온 특유의 훈연 몰트로 만들었다. 짙은 보라-갈색의 메르첸(더 독한 라거)이다. 이 맥주에서는 곧바로 나무 연기, 따뜻한 재, 훈제 고기, 훈제 치즈의 향이 물씬 나며 기저에는 달콤한 몰트, 말린 과일, 태운 토스트의 풍미가 있으며, 만족감을 주는 감칠맛도 느껴진다. 끝맛은 후추의 쓴맛으로 마무리된다.

스페지엘 라우흐비어 라거

4.9% ABV | 양조지: 독일 밤베르크

스페지엘은 밤베르크의 또 다른 라우흐비어 양조장이다. 이곳의 대표 훈제 라거는 진한 호박색을 띤다. 훈연 향은 슐렌케를라의 것보다 옅지만 여전히 비치우드의 훈제 소시지 향을 담고 있다. 구운 몰트, 부드러운 질감으로 시작해 꿀처럼 단맛으로 이어지며, 끝맛은 크래커 같은 드라이함과 홉에서 나오는 후추의 쓴맛으로 마무리된다. 스페지엘은 흥미로운 스모크 헤페바이젠을 만들어냈는데, 옅은 훈연 향과 바나나 에스테르 향이 혼합된 맥주다.

알래스칸 스모크드 포터

6.5% ABV | 양조지: 미국 알래스카 주 주노

매년 11월 1일에 출시되는 미국의 클래식한 맥주다. 캠프파이어-마치 불 앞에 앉아 꼬챙이에 끼운 마시멜로를 굽는 듯한-연기 향이 난다. 우아한 훈연 향, 체리 나무와 같은 달콤한 연기, 다크 초콜릿, 살짝 로스팅한 보리, 트리클, 코코아, 옅은 스모키 위스키의 풍미가 기저의 진한 포터의 맛과 완벽하게 어우러진다. 마지막에는 훈연의 풍미가 약하지만 계속 입안에 남아 있다.

잭스 애비 스모크 & 대거

5.6% ABV | 양조지: 미국 매사추세츠 주 프레이밍햄

우아한 훈연 향이 나는 다크 라거다. 훈연 향은 다른 재료를 더 진하고 풍부하게 만드는 마술을 부린다. 다크 초콜릿, 옅은 로스팅 맛, 훈제 베이컨, 비치우드, 과일 맛 커피의 풍미가 나타나고 끝맛은 매운 홉으로 마무리된다. 전반적으로 가볍고 산뜻하다. 포터, 슈바르츠비어, 라우흐비어를 마실 때 함께 마시면 특유의 훈연 향이 다른 맥주의 맛까지 상승시켜줄 것이다.

기타 추천 맥주

야주 수: 다크 초콜릿, 나무 연기, 다크 프루트

밤베르크 비어 라우흐비어: 훈제 고기, 꿀, 토스트, 말린 과일, 허브

슐렌케를라 아이헤 도펠보크: 아주 달콤한 몰트, 깊은 오크 연기, 나무

페일 에일,
IPA, 홉의 특징이
강한 에일

현대의 맥주를 한 가지 특징으로만 정의하라고 한다면
감귤류, 핵과, 열대과일, 허브, 꽃, 향신료와 같은 홉의 향과 풍미일 것이다.
홉의 특징이 강한 스타일에는 청량한 세션 IPA,
주스 맛이 나는 헤이지 페일 에일, 쓴맛의 웨스트코스트 IPA,
강렬한 맛의 더블 IPA, 고전적인 잉글리시 IPA,
여름이 생각나는 퍼시픽 페일 에일 등이 있으며, 색으로 보면 블론드와
골든 에일에서부터 엠버, 레드, 블랙 IPA까지 다양하다.
이런 맥주들의 레시피는 모두 다르지만
홉에서 나오는 훌륭한 향과 풍미를 공유하고 있다.

미국의 영향을 받은 IPA

2000년대 초에는 IPA가 미국 수제 맥주의 대표 주자가 된다. IPA는 진한 쓴맛, 강렬한 홉 아로마, 풍부한 몰트의 보디감, 높은 도수 등 라이트한 라거가 갖지 못한 모든 것을 대표하게 된다.

IPA의 네 가지 종류

미국의 영향을 받은 IPA는 대표적으로 웨스트코스트, 아메리칸, 헤이지, 뉴잉글랜드 IPA 등 네 가지로 나눌 수 있다.

웨스트코스트 IPA

밝은 웨스트코스트 IPA는 옅은 황금색이나 호박색을 띠며 캐스케이드, 센테니얼 치눅, 심코 같은 품종의 홉에서 나오는 감귤류, 꽃, 소나무, 향이 강한 마리화나의 특징을 가진다. 또한 특정 현대식 품종은 열대의 특징을 띤다. 몰트에서는 깔끔하고 산뜻하며 캐러멜 같은 진한 풍미와 높은 쓴맛이 난다.

아메리칸 IPA

밝거나 살짝 탁한 아메리칸 IPA는 황금색에서 옅은 호박색을 띠며 캐스케이드, 센테니얼, 콜럼버스, 아마릴로, 심코 홉을 넣어 고전적인 감귤 맛, 꽃 (웨스트코스트보다 더 뚜렷하다), 소나무의 특징을 지닌다. 몰트에서는 토스트 또는 캐러멜의 단맛이 살짝 나며 쓴맛은 중간에서 높은 정도다.

헤이지 IPA

낮거나 중간 정도의 탁도를 가지며, 노란색에서 주황색을 띤다. 모자이크, 시트라, 엘도라도 같은 홉을 넣어 감귤류, 열대, 멜론, 주스의 특징이 나온다. 또는 다른 종을 더 첨가하기도 한다. 쓴맛은 적당하고 마시면 부드러우면서 진한 맛을 느낄 수 있지만 끝맛은 드라이하다. 귀리와(또는) 밀을 베이스로 넣기도 한다. 과일 에스테르의 향도 적당하다.

뉴잉글랜드 IPA

중간에서 매우 탁한 뉴잉글랜드 IPA는 노란색에서 주황색을 띤다. 시트라, 모자이크, 아자카, 아이다호 7, 에콰노트 같은 새로운 홉 품종을 넣어 진한 감귤 맛, 열대, 멜론, 주스의 특징을 낸다. 쓴맛은 적거나 중간 정도이고 질감은 보통에서 무거운 정도다. 귀리와(또는) 밀을 베이스로 해 다량 넣기도 한다. 과일과(또는) 달콤한 향의 에스테르가 강하게 느껴질 수 있다.

웨스트코스트 vs. 아메리칸

웨스트코스트는 몰트의 특징이 약하고 홉의 쓴맛이 강하다. 홉은 감귤류, 향이 강한 마리화나, 송진의 특징을 띤다. 아메리칸 IPA는 캐러멜이나 달콤한 몰트의 풍미가 더 강하며, 홉에서는 꽃과 감귤류(보통 자몽)의 특징이 강하다.

뉴잉글랜드 vs. 헤이지

이 두 종류에서는 뚜렷한 차이가 느껴지지 않지만, 헤이지의 풍미가 조금 더 오래가고 끝맛이 가볍다. 뉴잉글랜드는 마우스필과 질감이 조금 더 무겁고 탁하며 전체적으로 향이 더 진한 편이다.

헤이지 웨스트코스트

헤이지 웨스트코스트 IPA 또는 뉴잉글랜드 IPA 같은 종류도 있다. 좀 더 전통적인 미국 홉(캐스케이드 등)을 사용하고 쓴맛을 더 높이는 편이다. IPA는 새로운 영감을 받아들이면서 지속적으로 발전하는 맥주라고 할 수 있다.

플레이버 프로필

미국의 영향을 받은 IPA의 맛과 특징에는 중복되는 요소들이 있다.

향 증가 →

	맑음	탁함	매우 탁함	
풀/건초/밀짚색			뉴잉글랜드 IPA	노란색
		헤이지 IPA		주황색
		아메리칸 IPA		황금색
맥아향/드라이	웨스트코스트 IPA			호박색
	소나무/허브　　꽃　　감귤류　　열대　　멜론/주스			

IPA의 가족

IPA는 대가족을 이루고 있으며, 특정한 하위 그룹을 함께 가지고 있다. 세션, 더블 또는 임페리얼(심지어 트리플까지) 버전이 그 예들이다. 이름은 보통 줄여서 쓰는데, 더블 IPA는 DIPA로 표기하고 '디파'라고 읽는다. 스트롱 페일 에일은 페일 에일과 IPA 사이에 위치해 있지만 사실 하나의 스타일이라기보다는 경쟁력을 높이기 위해 내놓은 제품이다. 라벨에 따로 표기되어 있는 경우도 있다.

골든 에일
4~5% ABV
20~45 IBU

페일 에일
4.5~6% ABV
20~50 IBU

세션 IPA
3.5~5% ABV
20~55 IBU

IPA
6~7.5% ABV
30~70 IBU

더블 IPA
7~9% ABV
40~100 IBU

아메리칸 페일 에일

오리지널 수제 맥주인 아메리칸 페일 에일은 감귤 향의 홉, 살짝 달콤한 몰트, 쌉쌀한 피니시가 잘 혼합되어 청량함을 안겨준다.

셰이커 / 파인트

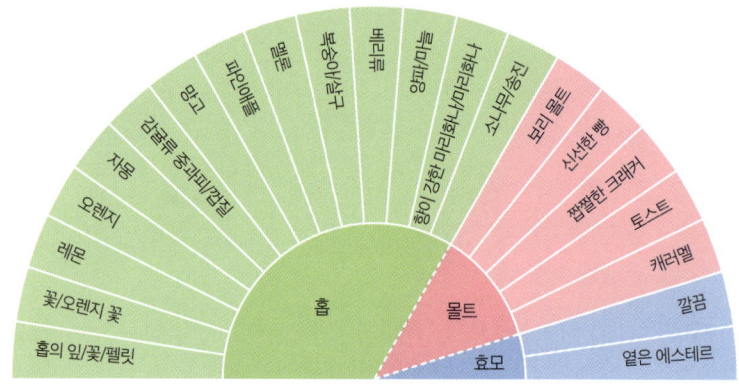

플레이버 휠

맛, 제조 과정, 스토리

이 맥주는 미국과 신생 홉 재배 국가의 홉을 사용해 다양한 감귤류의 풍미와 함께 열대과일, 소나무, 꽃 등의 독특하고 매혹적인 향을 만들어낸다. 캐스케이드, 센테니얼, 치눅, 심코, 아마릴로 같은 홉은 전통적인 풍미가, 시트라와 모자이크 같은 새로운 품종은 더 진한 열대의 풍미를 낸다. 보통 보일링 단계에서 홉을 첨가하며 드라이 호핑도 한다. 페일 에일 몰트가 빵, 구운 몰트, 옅은 캐러멜의 맛과 함께 대부분(또는 완전히)의 단맛을 책임진다.

도수는 4% 이하도 있고 6% 이상도 있으며, 캐러멜과 몰트의 맛이 더 강한 것이 있고 이런 맛이 약하면서 쓴맛이 강한 종류도 있다. IPA와 비교하면 페일 에일은 몰트의 특징이 두드러지고 알코올 함량, 쓴맛, 홉 향이 적다. 여과를 해서 맑은 종류가 있고 살짝 탁한 종류도 있다. 헤이지 페일은 보디감을 위해 밀과 귀리를 넣기 때문에 맛의 차이가 있으며 열대의 향이 더 진하다.

오리지널 미국식 수제 맥주는 잉글리시 페일 에일의 레시피를 기본으로 삼아 여기에 몰트를 더 넣고 미국 홉을 써서 영국식보다 더 독하고 쓰며 향이 강해진 맥주를 생산했다. 현재 미국식 페일 에일(APA라 쓰기도 한다)은 세계적으로 양조되고 있으며, 헤이지 페일도 자신만의 스타일을 발전시켰다.

맥주 정보

색	투명도	발효	ABV(도수)	쓴 정도
노란색~호박색	맑음~살짝 탁함	깔끔~옅은 에스테르	4~6.5%	30~50 IBU (중간~높음)

시에라 네바다 페일 에일

| 5.6% ABV | 양조지: 미국 캘리포니아 주 치코 |

이 전형적인 아메리칸 페일 에일은 밝고 진한 황금색을 띠고 있으며, 캐스케이드 홉의 향은 우아하지만 강렬하지 않다. 자몽 제스트와 껍질, 설탕에 조린 자몽, 달콤쌉싸름한 감귤 맛이 나며 홉의 꽃에서 상큼한 향이 흘러나온다. 단맛이 없는 진한 몰트의 보디감과 옅은 토스트의 맛은 홉의 중과피, 후추 향과 균형을 이루며, 쓴맛이 오래 남는다. 페일 중에는 쓴맛과 향이 더 강한 종류도 있지만, 이 맥주는 딱 중간에 있다.

스리 플로이즈 브루잉 알파 킹

| 6.66% ABV | 양조지: 미국 인디애나 주 먼스터 |

IPA 정도의 강한 페일 에일이다. 고전적인 특징을 지니고 있고 진한 호박색에 살짝 끈적이는 캐러멜 몰트의 단맛이 난다. 홉에서는 중과피, 소나무, 감귤류 껍질, 말린 핵과, 자몽, 향이 강한 마리화나, 송진, 매운 호밀 빵의 특징이 나온다. 쓴맛이 68 IBU라 끝맛이 더 쓰지만, 단맛과 쓴맛이 균형을 잘 이루고 있다. 수십 년간 아메리칸 페일 에일로서 굳건히 자리를 지켜 온 맥주다.

트랙 소노마

| 3.8% ABV | 양조지: 영국 맨체스터 |

이 현대적인 잉글리시 아메리칸 페일 에일을 보면 술 문화의 변화가 맥주 스타일에 어떤 식으로 영향을 주는지 잘 알 수 있다. 모자이크, 시트라, 센테니얼 홉을 넣어 양조한 소노마는 열대과일, 레몬 제스트, 자몽 맛이 난다. 강한 쓴맛은 끝맛의 드라이함과 토스트 맛의 몰트와 함께 전체적으로 균형을 이룬다. 캐스크에 담긴 소노마는 케그나 맥주 캔의 강렬한 홉의 풍미보다는 부드러운 질감과 크리미한 핵과의 특징을 보여준다.

마투스카 아폴로 갤럭시

| 5.5% ABV | 양조지: 체코 브로우미 |

아폴로, 갤럭시, 시트라 홉을 넣은 이 맥주는 살짝 탁한 황금색을 띤다. 잔에 따르면 두꺼운 거품이 꺼지지 않은 채 열대과일 주스, 복숭아, 살구, 꽃, 망고, 파인애플, 오렌지 등 멋진 홉의 향을 머금고 당신에게 우아함을 선사한다. 이 미국식 향은 클래식한 체코와 만나 균형을 이룬다. 베이스로 라거 몰트를 써서 부드러운 질감과 약간의 단맛을 내며, 허브의 쓴맛은 필스너처럼 오래 지속된다.

기타 추천 맥주

| **하프 에이커 데이지 커터**: 신선한 감귤류, 옅은 송진, 균형감 | **리버티 브루잉 야키마 몬스터**: 자몽, 귤, 소나무의 쓴맛 | **더 커널 페일 에일**: 꽃과 과일, 부드러운 몰트, 쓴맛의 여운 |

아메리칸 IPA와 웨스트코스트 IPA

홉의 강한 감귤류 향과 쓴맛을 자랑하는 미국식 IPA는 수제 맥주의 풍미를 정의하고 있다.

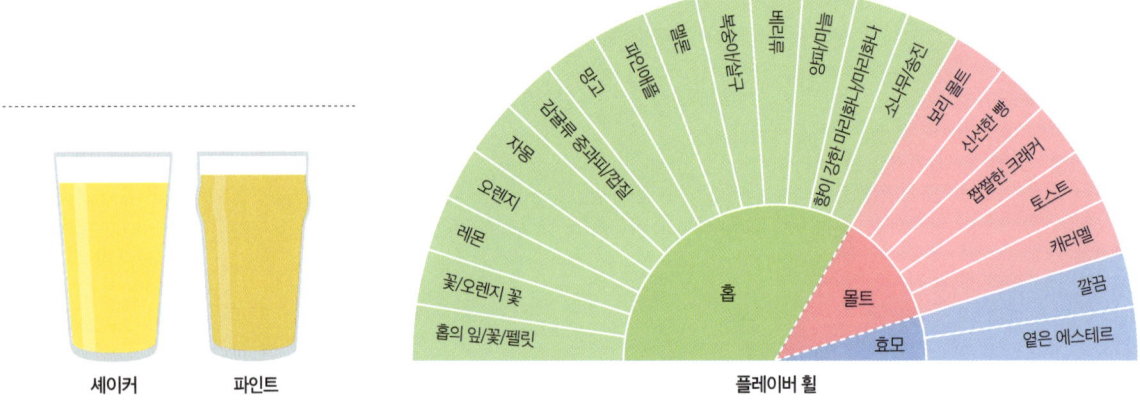

맛, 제조 과정, 스토리

아메리칸 IPA와 웨스트코스트 IPA는 홉의 특징이 비슷하다. 캐스케이드, 센테니얼, 심코와 같은 고전적인 미국식 품종을 쓰며 여기에 시트라, 모자이크, 에콰노트 같은 주스 향의 다양한 홉을 추가하기도 한다. 홉에서는 감귤류, 소나무, 핵과, 꽃 향이 난다. 처음에는 강한 쓴맛을 내기 위해 홉을 넣고 다음에는 향을 내기 위해 보일링 과정에서 드라이 호핑을 한다. 그러면 진한 쓴맛이 오래가면서 적당히 높은 도수(약 7% ABV)의 맥주가 탄생한다.

곡물은 주로 페일 에일 몰트를 사용하며, 여기에 다른 종류의 몰트를 소량 첨가한다. 아메리칸 IPA는 몰트의 풍미와 단맛, 홉의 꽃 향이 더 강하다. 웨스트코스트의 경우 몰트 향이 상대적으로 약하고 더 쓰며, 드라이하고 감귤 향이 더 난다. 두 종류 모두 매혹적인 향과 풍미, 쓴맛을 다 가지고 있는 맥주다.

아메리칸 IPA는 1990년대 중반에서 후반 사이에 만들어졌다. 잉글리시 IPA에서 착안해 몰트의 향을 조금 줄이고 향이 강한 미국 홉을 넣어 미국식으로 재탄생시킨 맥주다. 몇 년 동안 아메리칸 IPA는 몰트의 다크 캐러멜 맛과 홉의 자몽 향으로 시작해서 매우 쓴맛으로 바뀌었다가 점차 균형감 있고 향이 좋은 맥주로 변하게 된다. 현재는 주스와 열대과일 향이 많이 난다. 이 맥주가 지닌 강렬한 홉의 풍미에 열광하는 사람들도 있다.

맥주 정보

색	투명도	발효	ABV(도수)	쓴 정도
노란색~호박색	맑음~살짝 탁함	깔끔~옅은 에스테르	5.5~7.5%	40~70 IBU (중간~높음)

벨스 브루어리 투 하티드 에일

| 7% ABV | 양조지: 미국 미시간 주 콤스톡 |

진한 황금색을 띤 투 하티드 에일은 고전 스타일의 아메리칸 IPA다. 센테니얼 홉을 넣어 오렌지 제스트, 오렌지 꽃, 오렌지 케이크, 오렌지 젤리 사탕, 탠저린, 쌉싸름한 오렌지 껍질, 자몽 소다, 홉의 꽃 향이 난다. 몰트에서는 달콤한 빵 맛이 난다. 끝맛은 허브, 송진의 쓴맛(60 IBU)으로 마무리되며 마실수록 진해진다. 약간의 단맛과 홉의 꽃과 오렌지 향이 이 맥주가 자랑하는 특징이다.

러시안 리버 브루잉 컴퍼니 블라인드 피그

| 6.25% ABV | 양조지: 미국 캘리포니아 주 윈저 |

블라인드 피그는 웨스트코스트 IPA의 원형이다. 밝은 노란빛 황금색을 띠며 오렌지 중과피, 껍질, 과육, 자몽 제스트, 감귤류 오일, 살구잼, 송진의 고전적인 아메리칸 홉 향이 난다. 끝맛은 캄파리 같은 허브의 쓴맛과 드라이함으로 마무리되지만 오래 지속되진 않는다. 이 맥주의 특징은 가벼운 보디감과 함께 극단적인 홉의 풍미가 정말 훌륭하게 균형을 이루면서 매우 깔끔하고 산뜻한 느낌을 남긴다는 점이다.

에픽 아마겟돈 IPA

| 6.66% ABV | 양조지: 뉴질랜드 오클랜드 |

진한 황금빛 호박색에 살짝 탁한 아마겟돈은 페일 에일 몰트와 카라몰트로 양조하며, 여기에 고전적인 조합인 캐스케이드, 센테니얼, 콜럼버스, 심코 홉을 넣는다. 귤 통조림, 달콤한 루비 자몽, 말린 레몬, 약간의 건포도와 소나무는 모두 우리가 IPA를 생각하면 떠오르는 맛이다. 몰트에서는 주스 같은 단맛이 살짝 나면서 과일의 풍미를 더 높이고 66 IBU의 쓴맛과 잘 어우러지며 여운이 오래간다.

손브리지 자이푸르 IPA

| 5.9% ABV | 양조지: 영국 베이크웰 |

색이 옅은 마리스 오터 몰트만 사용하는 자이푸르는 매우 옅은 황금색에 라이트하지만 물 같지는 않은 보디감이 있어 단맛 없이도 홉의 많은 향을 머금는다. 정말이지 최고의 아메리칸 IPA가 지닌 특징이 아닐 수 없다. 치눅, 센테니얼, 아타넘, 심코, 콜럼버스, 캐스케이드 홉을 사용해 오렌지 꽃, 오렌지 사탕, 쓴 살구, 꽃, 자몽의 쓴맛이 나고 허브의 쓴맛은 입안에서 오래 머문다.

기타 추천 맥주

드리프트우드 팻 터그 IPA: 자몽, 송진, 산뜻한 쓴맛

벤트스포크 크랭크샤프트: 오렌지주스, 신선한 열대, 약간의 캐러멜

파스토르 스트리트 재스민 IPA: 꽃, 자몽, 깔끔한 쓴맛

아메리칸 더블 IPA와 웨스트코스트 더블 IPA

짙은 홉, 높은 도수, 강한 맛을 지닌 더블 IPA는 세계 수제 맥주 시장에서 가장 강렬한 홉의 풍미를 느낄 수 있는 맥주다.

셰이커 / 파인트

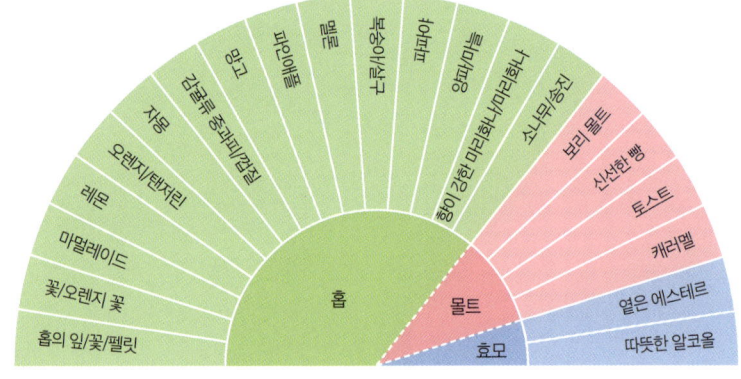

플레이버 휠

맛, 제조 과정, 스토리

이들 맥주에서는 풍성한 향과 진한 쓴맛의 강렬한 홉을 느낄 수 있다. 더블 IPA는 IPA와 아주 비슷하지만 페일 몰트 추가, 쓴맛을 위한 홉 추가, 진한 향을 위한 드라이 호핑 추가, 알코올 추가 등으로 독특한 특징을 나타낸다. 몰트와 알코올을 추가해서 홉의 특징이 부각되고 풍미도 더 깊어졌다. 보통 치눅, 콜럼버스, 심코 같은 홉을 넣지만 현대적인 열대의 향을 띠는 품종을 넣기도 한다. 보통 감귤류, 열대과일, 핵과, 소나무, 향이 강한 마리화나, 허브 향이 난다. 쓴 정도는 높거나 매우 높은 수준에 약간의 에스테르 향이 나기도 하고 높은 도수로 인해 따뜻한 느낌이 들기도 한다. 일부 양조장에서는 보디감을 가볍게 하기 위해 설탕을 추가로 넣기도 하며, 쌉쌀한 홉 추출물을 넣어 더 깔끔한 형태의 쓴맛을 내기도 한다. 웨스트코스트 맥주는 더 밝고 드라이하며 쓰고, 담백한 감귤류 향이 많이 난다.

이들 종류는 1990년대 중반에 나와 2000년대 초반에 인기를 끌게 된다. 2010년대 이후에는 강한 홉의 향과 풍미를 즐기는 여러 술꾼들에게 사랑받는 맥주가 된다. 헤이지 버전은 이제 이름에 'DIPA'를 넣어 쓰지만, 웨스트코스트에는 여전히 더블 또는 임페리얼 IPA(IIPA)란 이름을 쓰고 있다.

맥주 정보

색	투명도	발효	ABV(도수)	쓴 정도
노란색~호박색	맑음~살짝 탁함	옅은 에스테르~따뜻함	7.5~10%	60~100 IBU (높음~매우 높음)

러시안 리버 브루잉 컴퍼니 플라이니 디 엘더

| 8% ABV | 양조지: 미국 캘리포니아 주 윈저 |

웨스트코스트 더블 IPA의 원형인 플라이니 디 엘더는 아름다운 황금색 맥주다. 홉은 아마릴로, 센테니얼, CTZ, 심코를 사용해 자몽, 오렌지 중과피, 쌉싸름한 살구, 달콤한 탠저린, 옅은 소나무 향이 난다. 가볍고 깔끔한 보디감이 일품이다. 약한 몰트 맛은 진한 소나무, 중과피, 송진의 쓴맛과 균형을 잘 이루고 있으며, 끝맛은 드라이하게 마무리된다.

로손스 파이니스트 리퀴즈 십 오브 선샤인

| 8% ABV | 양조지: 미국 버몬트 주 웨이츠필드 |

선샤인을 한 모금 마셔보면 아메리칸 더블 IPA 같은 달콤한 과일 샐러드 맛을 느낄 수 있을 것이다. 현대적인 감성이 느껴지는 맥주다. 진한 황금색과 살짝 탁한(완전한 헤이지 DIPA는 아니다) 형태를 띠며 열대과일과 스위트 오렌지, 오렌지 소다, 망고, 꽃의 꿀, 살구의 풍미를 가지고 있다. 몰트에서는 약간의 스펀지/파운드케이크 맛이 나고 질감이 부드럽다. 웨스트코스트보다 느껴지는 쓴맛이 덜하며, 홉에서는 신맛보다는 단맛이 더 나는 편이다.

포레스트 로드 주피터 더블 IPA

| 8.7% ABV | 양조지: 영국 런던 |

이 맥주도 주피터와 같이 웨스트코스트 더블 IPA에 속하기 때문에 홉 오일의 풍미를 예상할 수 있다. 심지어 오일이 보이기도 하며, 입에 머금으면 맥주와 함께 어울려 춤을 추는 느낌이 들지도 모른다. 센테니얼, 시트라, 모자이크, 아마릴로 홉을 넣어 파파야, 파인애플, 복숭아 맛 알코올, 과일 사탕, 부드러운 망고, 쌉싸름한 레몬, 오렌지 껍질의 풍미와 강한 쓴맛이 난다. 밝은색을 띠며 나무랄 데 없는 깔끔한 맛이 이 맥주의 완벽한 특징이기도 하다.

파이럿 라이프 브루잉 IIPA

| 8.8% ABV | 양조지: 호주 애들레이드 |

황금색의 이 맥주를 잔에 따르면 흰 거품이 계속 머물러 있다. 센테니얼, CTZ, 심코, 모자이크 홉을 넣어 상쾌한 감귤류, 탠저린, 오렌지 사탕, 망고, 쓴 오렌지 껍질, 송진 향이 난다. 홉의 오일과 달콤한 몰트가 단단하게 결합해 멋진 스타일을 완성했으며, 쓴맛은 적게 느껴져 미국식보다는 좀 더 호주식 맥주의 느낌을 준다.

기타 추천 맥주

스톤 루이네이션 더블 IPA: 자몽, 열대, 중과피의 쓴맛

벨스 브루어리 홉슬램: 스위트 오렌지, 송진, 쓴맛이 살짝 도는 꿀

클라우드워터 크리스털로그래피 IIPA: 담백한 감귤류, 소나무, 허브의 쓴맛

헤이지 페일 에일

이 탁한 페일 에일은 감귤류, 열대, 핵과의 달콤한 홉 향과 부드러운 질감이 특징이다.

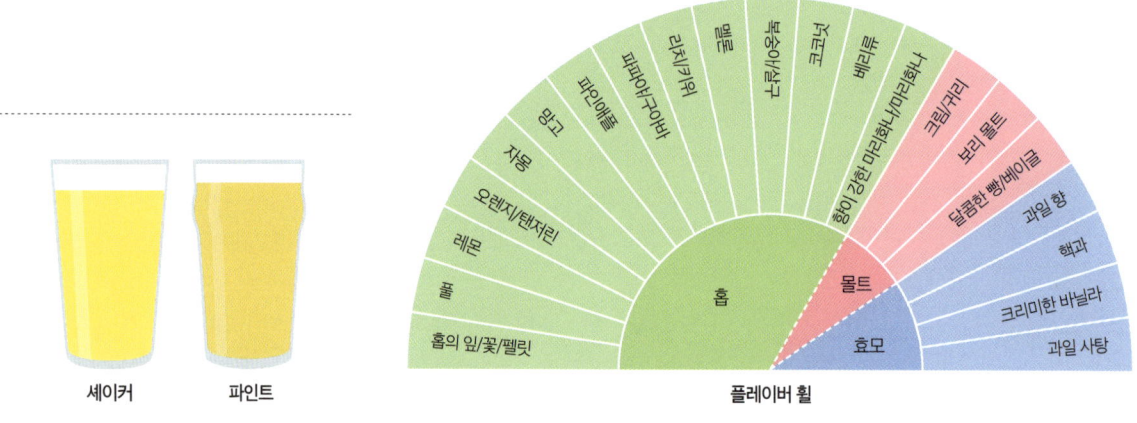

맛, 제조 과정, 스토리

시트라, 모자이크, 아자카, 아이다호 7, 엘도라도, 만다리나 바바리아, 갤럭시처럼 과일, 주스, 열대 향이 나는 홉이 지배하는 맥주다. 그래서 망고, 패션프루트, 파인애플, 리치, 구아바, 코코넛, 오렌지, 핵과 향이 풍부하게 난다. 이 맥주는 쓴맛이 적은 홉을 늦게 넣어 드라이 호핑을 하기 때문에 향이 좋은 반면 쓴맛은 낮은 편이다. 귀리와 밀을 넣으면 함유된 단백질로 인해 색이 탁해지고 질감도 부드러워진다. 물에는 염화물이 많이 함유되어 부드러운 마우스필과 풀보디감을 느낄 수 있다. 탄산은 적어서 균형이 잘 맞고 청량한 느낌을 주며, 끝맛은 단맛으로 마무리된다. 에스테르의 과일 향을 듬뿍 기대할 수 있는 맥주다.

아주 탁한 맥주를 양조하려는 양조업자가 늘어나면서 헤이지 스타일은 아메리칸 페일과 IPA로 양분되었다. 헤이지 스타일은 헤이지, 뉴잉글랜드(NEPA/NEIPA), 주시 헤이지라 부르기도 하며, '주시'는 멜론, 파파야, 구아바 같은 향을 말하거나 맥주의 맛이나 질감이 주스와 비슷한 것을 가리킨다. 헤이지는 크리미한 뉴잉글랜드보다 가벼운 보디감을 가지고 있다. 헤이지 페일과 DIPA의 차이점은 재료의 강도와 양이다.

맥주 정보

색	투명도	발효	ABV(도수)	쓴 정도
노란색~주황색	살짝 탁함~불투명함	과일 향 에스테르	4~6%	20~40 IBU (중간)

트릴리움 포트 포인트 페일

6.6% ABV | 양조지: 미국 매사추세츠 주 캔턴

오렌지주스 같은 외형은 망고, 스위트 오렌지와 탠저린, 파파야, 자몽과 약간의 멜론 등과 같은 과일 맛을 예상할 수 있다. 도수에 비해 질감이 매우 부드럽고 가벼워(그래서 헤이지보다 뉴잉글랜드에 가깝다) 목넘김이 좋다. 처음에는 과일 제스트와 주스 맛으로 시작해 허브의 쓴맛과 청량함으로 마무리된다. 홉의 과일 향과 풍부한 질감이 이 맥주가 지닌 지배적인 특징이다.

클라우드워터 DDH 페일

5% ABV | 양조지: 영국 맨체스터

홉의 조합(보통 맥주 캔에 표기되어 있다)이 계속해서 발전하고 있기 때문에 맛이 매우 다양하다. 홉은 항상 싱그러운 향을 듬뿍 머금고 있으며, 여기에 더블 드라이 호핑을 해서 홉의 특징이 매우 진하게 나타나지만 절대 맥주 전체 풍미를 독차지하지는 않는다. 베이스 맥주의 질감은 부드럽지만 크리미한 것보다는 산뜻한 느낌이 나며 끝맛은 드라이함이 입안에 머문다. 홉의 달콤한 향과 깔끔한 쓴맛이 훌륭하게 혼합되어 있다.

토플링 골리앗 수도 수

5.8% ABV | 양조지: 미국 아이오와 주 디코라

향이 좋기로 유명한 북아메리카의 시트라 홉만을 사용해 양조했다. 잔에 따르면 파인애플 주스 같은 노란색의 탁한 맥주가 나온다. 달콤한 귤, 잘 익은 파인애플, 부드러운 망고, 새콤한 감귤류, 미르센 홉 오일의 향이 강하게 나며, 뒤에는 달고 진득한 마리화나 향이 살짝 남기도 한다. 청량한 탄산으로 인한 드라이함과 깔끔함, 그리고 쓴맛의 여운은 아메리칸 페일과 헤이지 페일의 중간 정도라 보면 된다.

게러지 프로젝트 헤이지 데이즈

5.8% ABV | 양조지: 뉴질랜드 웰링턴

라거 몰트, 귀리, 밀을 넣은 베이스 맥주는 크리미하고 부드러운 특징을 띤다. 헤이지 데이즈는 양조할 때마다 홉의 종류가 달라지기 때문에 항상 다른 품종의 향과 맛을 경험하게 될 것이다. 처음에는 몰트와 주스 맛의 홉으로 시작해 드라이하고 상쾌한 쓴맛으로 부드럽게 넘어간다.

기타 추천 맥주

벨우즈 브루어리 주츠: 핵과, 멜론주스, 드라이한 피니시

힐 팜스테드 에드워드: 자몽, 오렌지 소다, 소나무의 송진

데야 스테디 롤링 맨: 감귤류 중과피, 옅은 열대, 깔끔한 쓴맛

헤이지 IPA

이 맥주는 달콤한 열대의 향과 크리미한 질감으로 세계에서 가장 유명한 맥주 중 하나가 되었다.

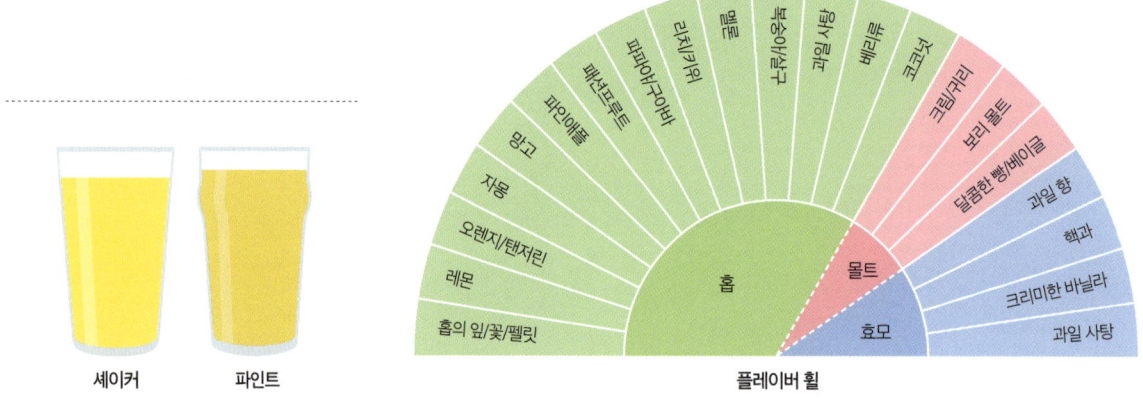

맛, 제조 과정, 스토리

대부분의 헤이지 IPA와 뉴잉글랜드 IPA에는 풍부한 홉의 과일 향, 두드러진 효모의 에스테르 향, 부드러운 마우스필, 상대적으로 낮은 쓴맛 등 네 가지 대표적인 특징이 섞여 있다. 시트라, 모자이크, 에콰노트, 아자카, 아이다 호 7, 사브로 같은 현대식 품종의 홉은 보통 열대, 핵과, 달콤한 감귤류, 멜론, 코코넛 향과 함께 에스테르로 인한 단맛의 크림이 특징이다.

보통 보일링 마지막 단계에 드라이 호핑을 하는데, 이때 홉과 효모의 향이 빈틈없이 혼합된다. 이 맥주는 살짝 탁하거나 불투명할 수 있으며 이런 탁함은 높은 단백질을 함유한 귀리와 밀이 원인이며, 질감도 부드러워진다. 그 외에는 홉의 폴리페놀 성분이 곡물의 단백질과 만나 맥주가 탁해질 수 있다.

부드러운 질감과 낮은 탄산으로 목넘김이 좋으며, 많은 종류가 과일주와 같은 느낌을 가지고 있다. 헤이지 IPA는 뉴잉글랜드 IPA보다 보디감이 가볍다.

10년 사이에 헤이지 IPA는 변방에서 시작해 세계적으로 양조되는 맥주가 되었다. 처음에는 여과를 하지 않았으며 질감이 부드러운 또 다른 과일 맛의 IPA로 시작했다. 그리고 이제는 풀보디감에 주스와 과일의 풍미가 더 진해진 형태로 진화했다. 강렬한 과일의 풍미와 낮은 쓴맛이 이 맥주가 유명세를 타게 된 이유다.

맥주 정보

색	투명도	발효	ABV(도수)	쓴 정도
노란색~주황색	탁함~불투명함	과일 향 에스테르	5.5~7.5%	30~60 IBU (중간~높음)

트리하우스 브루잉 컴퍼니 줄리어스

| 6.8% ABV | 양조지: 미국 매사추세츠 주 찰턴 |

논쟁의 여지는 있지만 트리하우스는 뉴잉글랜드 IPA의 원형을 만들어낸 양조장이다. 탁한 주황색에 크리미한 흰색 거품이 사라지지 않는 이 줄리어스는 홉과 효모가 조화롭게 혼합되어 부드러운 망고, 바닐라, 과일 사탕, 복숭아, 살구, 오렌지, 레몬 셔벗, 감귤류 제스트의 향을 풍긴다. 질감이 부드럽고 탄산이 적으며, 몰트의 달콤한 베이글 맛과 진한 과일 맛이 많이 난다. 끝맛은 드라이하게 마무리된다. 가장 근사한 뉴잉글랜드 IPA라고 할 수 있다.

시에라 네바다 헤이지 리틀 싱 IPA

| 6.7% ABV | 양조지: 미국 캘리포니아 주 치코 |

시트라, 매그넘, 심코, 코멧, 모자이크, 엘도라도 홉을 혼합해 만든 헤이지 리틀 싱은 다른 뉴잉글랜드 스타일의 IPA에 비해 우아한 맛이 특징이다. 살짝 탁한 노란색 – 주황색을 띠며 달콤한 오렌지, 설탕에 조린 감귤류, 파인애플, 레몬 껍질, 열대과일 주스의 특징이 있고 홉의 꽃 향기도 난다. 끝맛은 드라이하고 다른 종류에 비해 전체적으로 가벼워 마시기 쉽다.

버던트 브루잉 이븐 샥스 니드 워터

| 6.5% ABV | 양조지: 영국 펜린 |

버던트의 헤이지 IPA는 효모의 특징이 매우 두드러지는 맥주다. 효모에서 나오는 바닐라 커스터드와 달콤한 복숭아 향이 홉의 향을 더 달콤한 주스처럼 느끼게 만든다. 심지어 이 샥스 니드 워터는 밀과 귀리, 시트라와 갤럭시 홉을 섞어 넣기도 했다. 이 맥주를 마시면 복숭아주스, 크림, 오렌지 과육, 달콤한 귤, 테파체, 감귤류 사탕, 망고의 풍미를 느낄 수 있다. 질감이 부드럽고 끝맛은 드라이하면서 허브의 쓴맛으로 마무리된다.

마운틴 컬처 비 카인드 리와인드

| 7.3% ABV | 양조지: 호주 카툼바 |

이 맥주는 아침에 마시는 주스와 같은 맛과 향이 난다. 호주의 빅 시크릿과 미국의 시트라 홉을 섞어 넣어 감귤류 주스, 탠저린, 파인애플, 파파야, 망고, 약간의 코코넛, 설탕에 조린 멜론의 향이 진하게 난다. 질감은 부드러운 벨벳과 같고 끝맛은 잘 익은 열대과일 같은 단맛과 적당한 쓴맛으로 마무리된다. 홉의 풍미, 부드러우면서 옅은 질감, 청량한 끝맛의 조화가 이상적으로 어우러진 맥주다.

기타 추천 맥주

스트레인지 브루 재스민 IPA: 망고, 멜론, 감귤류 주스

웰드웍스 주시 비츠: 감귤 과육, 멜론, 감귤 제스트

O/O 브루잉 나랑기: 망고, 알싸한 열대과일, 중과피

헤이지 DIPA

실크처럼 부드러우면서 도수가 높고 향이 훌륭한 더블 IPA - 또는 헤이지 맥주들을 흔히 부르는 명칭인 DIPA - 는 홉에서 주스 같은 풍미가 나온다. 현대적인 스타일 중에서도 매우 유명한 맥주다.

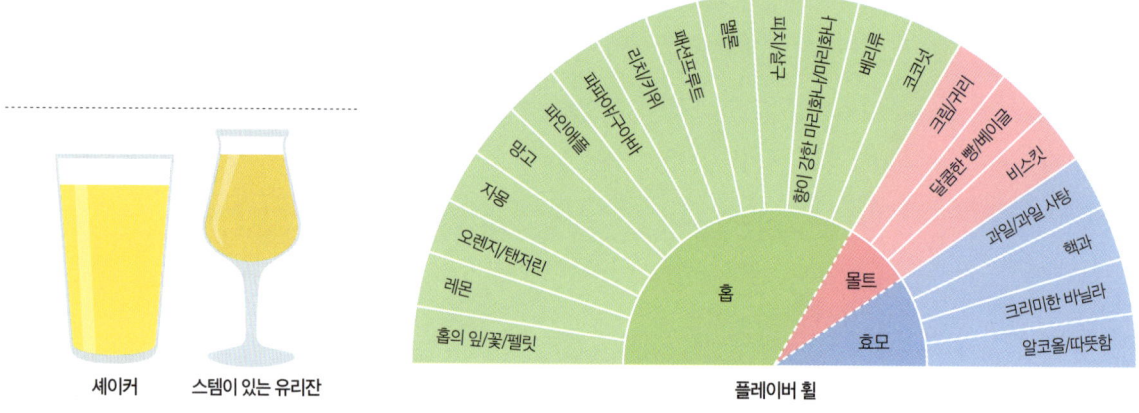

맛, 제조 과정, 스토리

이국적인 열대과일, 달콤쌉싸름한 감귤류, 잘 익은 핵과, 멜론의 홉 향은 진한 과일 향 에스테르(핵과와 바닐라)와 섞이고, 크리미한 질감은 과일 향을 더 달콤하게 만든다. 보통 현대식 품종(시트라, 모자이크 등)의 홉을 사용하며 드라이 호핑을 위해 늦게 첨가한다. 일부 종류는 풀보디감과 부드럽고 실크(또는 '주시') 같은 느낌을 주기 때문에 마실 때 단맛(탁하고 좋은 질감을 위해 많은 양의 귀리와 밀을 첨가한다)이 더 나는 듯하다. 이와 반대로 탁함의 정도가 낮고 옅은 보디감과 높은 쓴맛을 지닌 종류도 있다. 대개 탄산은 적은 편이고 효모의 향이 강하게 나서 맥주에서 과일 향을 느낄 수 있다. 알코올 맛까지 느껴지기도 한다.

진한 과일 주스의 향, 크리미한 IPA를 마시는 듯한 부드러운 질감, 낮은 쓴맛은 존재감이 없던 맥주를 10년 만에 세계에서 유행을 선도하는 수제 맥주로 떠오르게 했다. 최근 많은 소비자가 IPA라고 하면 맑고 새콤한 맥주가 아닌 탁하고 주스 같은 맛을 떠올리게 되는 엄청난 변화를 일으킨 것이다. 현재 헤이지 DIPA는 전 세계 수많은 양조업자가 만들고 있는 일반적인 스타일의 맥주가 되었다.

맥주 정보

색	투명도	발효	ABV(도수)	쓴 정도
노란색~주황색	살짝 탁함~불투명함	과일 향	7.5~10% 이상	40~80 IBU (중간~높음)

더 알케미스트 헤디 토퍼

| 8% ABV | 양조지: 미국 버몬트 주 스토위 |

논쟁의 여지는 있겠지만 이 맥주는 헤이지 IPA 열풍을 일으킨 주역이며, 풀보디감의 뉴잉글랜드 IPA 탄생에 영감을 주었다. 그 이유는 명백하다. 헤디 토퍼는 아주 먹음직스럽게 익어 과즙이 흘러나올 듯한 복숭아와 살구, 부드럽고 달콤한 과일, 파인애플 케이크, 과숙된 망고 주스의 풍미를 지니고 있다. 살짝 탁하고 질감이 부드럽지만 너무 과하지 않다. 청량한 탄산, 드라이한 피니시, 강하면서 짜릿한 쓴맛의 특징을 가진 맥주다.

아더 하프 올 시트라 에브리싱

| 8.5% ABV | 양조지: 미국 뉴욕 주 브루클린 |

이 맥주를 잔에 따르면 특유의 탁한 노란색 액체를 볼 수 있다. 시트라 홉만을 사용해 구아바, 열대 감귤류, 신선한 귤, 오렌지 소다, 바닐라 스펀지케이크, 복숭아 맛 알코올, 말린 열대과일의 이국적인 풍미가 나고 끝맛은 허브의 쓴맛으로 마무리된다. 알코올과 단맛이 이 모든 풍미를 한층 높여준다. 보디감은 중간 정도이며 탄산은 약하기 때문에 너무 빨리 마시게 될 수 있으니 주의하자. 매혹적인 드라이함도 여기에 한몫한다.

데야 브루잉 컴퍼니 세추레이티드

| 8% ABV | 양조지: 영국 첼튼엄 |

데야의 세추레이티드는 매번 새로운 홉으로 출시되는 DIPA라서 모자이크를 넣은 세추레이티드일 수도 있고 스트라타를 넣은 맥주일지도 모른다. 단일한 홉을 느낄 수 있는 좋은 기회이므로 한번 먹어보는 것도 좋다. 하나의 품종이지만 다량으로 넣기 때문에 다양한 특징을 경험할 수 있다. 보통 자극적인 향의 열대과일, 감귤류, 허브, 매운맛 등을 예상해볼 수 있으며 베이스 몰트의 단맛과 주스의 질감도 느낄 수 있다.

비셀 브라더스 스위시

| 8% ABV | 양조지: 미국 메인 주 포틀랜드 |

이 오렌지주스 색 DIPA에는 시트라, 모자이크, 심코 홉이 들어간다. 풀보디감의 부드러움과 달콤한 몰트 맛 외에도 드라이함의 여운이 살짝 남는 훌륭한 맥주다. 홉에서는 감귤류, 완전히 익은 파파야, 복숭아, 크리미한 잭프루트, 자몽, 레몬, 오렌지, 허브의 매운맛이 난다. 이 맥주의 복합미와 깊이감은 마실 때마다 새로운 느낌을 안겨줄 것이다.

기타 추천 맥주

트리하우스 헤이즈: 강한 핵과의 향, 망고, 크리미한 질감

패리시 고스트 인 더 머신: 자극적인 열대과일, 감귤류, 송진

호커스 포커스 오버드라이브: 크리미한 망고, 파인애플, 말린 레몬

세션 IPA

이 IPA는 도수가 살짝 낮다는 부분 외에는 홉의 특징이 매우 강한 맥주에서 예상되는 모든 향과 맛을 지니고 있다.

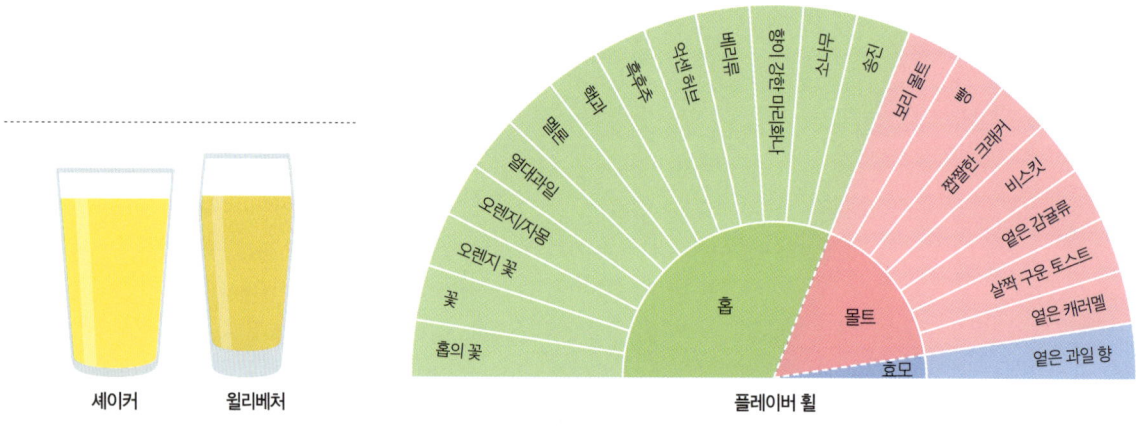

맛, 제조 과정, 스토리

미국과 신생 홉 재배 국가의 홉에서는 감귤류, 열대, 핵과, 멜론, 송진 향이 지배적이다. 매우 옅은 색과 몰트에서 오는 가벼운 보디감을 가진 종류가 있고 몰트에서 토스트, 캐러멜 맛이 더 나는 종류가 있다. 탁하면서 주스의 맛이 강한 녀석도 있다. 몰트의 라이트한 풍미, 더 쓴맛, 진한 홉의 향에서 페일 에일과의 차이를 보인다.

종류마다 페일 에일 몰트를 많이 넣기도 하고, 보디감을 위해 밀이나 귀리를 첨가하기도 하며, 진한 몰트 풍미를 위해 가마에 굽고 캐릭터 몰트를 넣기도 한다. 홉은 보일링 단계에 넣으며, 향을 추가하기 위해 드라이 호핑을 한다. 목넘김이 좋은 형태로 만들기도 하고, 아니면 홉을 최대화하고 도수를 최소화한 종류를 만들기도 한다.

'세션'이란 말은 '드링킹 세션'이란 영국식 아이디어에서 왔는데, 낮은 도수의 동일한 맥주를 몇 시간 동안 계속 마시는 것을 의미한다. 세션 IPA는 일반적인 IPA보다 도수가 낮다는 의미이며, 4~5%의 도수에서 IPA의 풍미를 느낄 수 있다. 도수가 높은 맥주는 실질적으로 '세션'할 수 없으니 이런 식으로 잘 만들지 않는다. 낮은 칼로리/낮은 탄수화물 IPA는 이와 유사한 스타일이며 보디감과 몰트의 풍미가 진하지 않다. 호주의 엑스트라 페일 에일(XPA) 또한 여기에 속한다.

맥주 정보

색	투명도	발효	ABV(도수)	쓴 정도
노란색~진한 황금색	맑음~탁함	중간~옅은 과일 향	4~5%	30~60 IBU (중간~높음)

팻 헤즈 브루어리 선샤인 데이드림

4.9% ABV | 양조지: 미국 오하이오 주 미들버그 하이츠

이 밝은 황금빛을 띤 주황색 맥주에는 시트라, 아자카, 모자이크, 치눅 홉이 들어 있어 자몽, 오렌지 제스트, 말린 망고, 핵과, 열대의 특징을 지닌 신선하고 훌륭한 향이 풍겨 나온다. 몰트에서는 토스트 맛과 기분 좋은 단맛이 느껴져 50 IBU의 쓴맛과 잘 어우러진다. 홉에서는 쌉싸름한 감귤류와 후추의 풍미가 느껴진다. 아주 진한 IPA를 마시는 듯 홉의 특징이 강하게 드러나는 맥주다.

비버타운 넥 오일

4.3% ABV | 양조지: 영국 런던

영국에서 흔히 볼 수 있는 홉이 강한 맥주인 넥 오일은 아주 옅은 노란색, 살짝 탁함, 청량한 탄산의 특징을 지닌다. 그리고 미국과 호주 홉을 혼합해서 향이 매혹적이다. 감귤류 과육과 제스트, 패션프루트, 핵과, 달콤한 멜론, 후추의 쓴맛이 살짝 감돌고 몰트의 맛은 은은할 정도로만 난다. 이 맥주의 경쾌함과 청량함이 진정한 '세션 맥주'를 만들었다.

발터 브루잉 XPA

5% ABV | 양조지: 호주 커럼빈

XPA는 전형적인 호주 스타일의 맥주로 자리 잡고 있다. 따뜻한 날 쉽게 마실 수 있는 청량함을 가진 맥주로 세션 IPA와 비슷하다. 페일과 IPA의 중간에 자리하고 있으며, 몰트에서는 라이트한 보디감을, 홉에서는 적당한 쓴맛과 신선한 과일 향을 느껴볼 수 있다. 발터의 XPA는 살짝 탁하고 노란색–황금색을 띠며 오렌지 꽃, 자몽 소다, 파인애플과 레몬 향이 은은하게 풍긴다. 라이트하고 청량하며, 산뜻한 쓴맛이 있는 맥주다.

위플래시 롤오버

3.8% ABV | 양조지: 아일랜드 더블린

이 헤이지 세션 IPA는 심코, 에카노트, 시트라, 모자이크 홉을 썼다. 반짝이는 탁한 주황색을 띠며 귤, 자몽, 파인애플, 레몬 셔벗의 잘 익은 과일 향과 약간의 복숭아와 살구의 에스테르 향도 스며 있다. 보디감은 부드럽고 매끄러우며, 몰트에서 옅은 빵과 반죽 맛, 약간의 단맛을 느낄 수 있다. 진한 질감이 달콤한 열대 홉의 특징을 모두 끌어낸다.

기타 추천 맥주

파운더스 올 데이 IPA: 자몽, 꽃, 구운 몰트

벨스 라이트 하티드: 옅은 감귤류, 열대의 느낌과 산뜻함

커크스톨 버추어스: 감귤류 중과피, 약간의 열대, 쌉쌀한 피니시

퍼시픽 페일 에일과 IPA

전반적으로 호주와 뉴질랜드 홉만을 사용해 만든 이 맥주들은 열대와 감귤류 과일 향이 전체를 지배하고 있다.

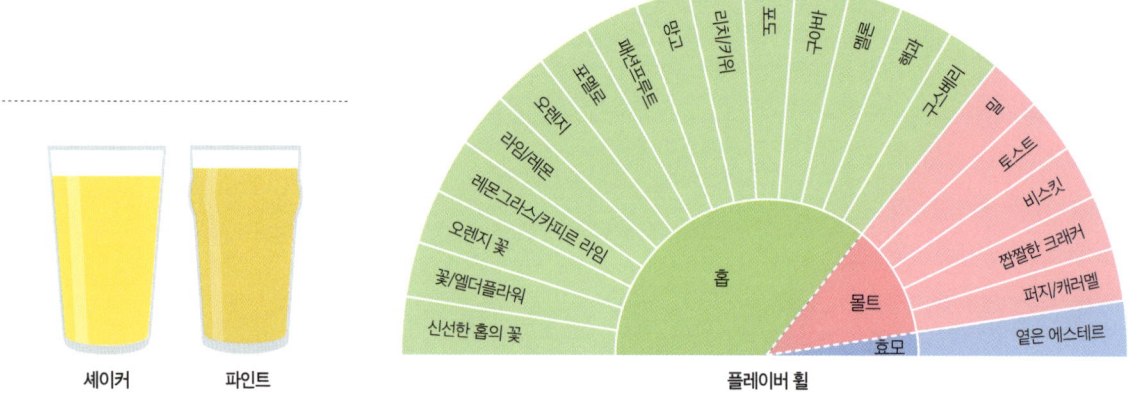

맛, 제조 과정, 스토리

호주나 뉴질랜드 홉이 가진 감귤류, 열대과일의 특징을 예상할 수 있는데 특히 패션프루트, 망고, 구스베리, 포도, 탠저린, 리치의 특징이 두드러진다. 기저에는 풀과 허브의 풍미도 담겨 있다. 퍼시픽 페일과 IPA는 다크 캐러멜 맛의 아메리칸 페일과 IPA에 비해 퍼지 몰트의 단맛이 나고 전반적으로 쓴맛이 덜하며 홉의 향도 부드러운 편이다. 퍼시픽 에일과 서머 에일은 하위 종류인데, 강도가 상대적으로 약하고 더 맑으며 과일의 특징이 두드러지고 매우 청량하며 쓴맛이 적다.

이 맥주들에는 호주와 뉴질랜드 홉을 반드시 넣지만 미국 홉과 다른 과일 향의 홉을 추가로 넣기도 하며, 대부분은 드라이 호핑 형태로 늦게 첨가한다. 몰트에서 약간의 단맛이 나고 여과를 하지 않아 부드럽다. 퍼시픽 에일과 서머 에일은 따뜻한 날씨에 청량함을 주려는 목적으로 기획되었다. 베이스 몰트로는 밀과 필스너 몰트를 사용한다.

가장 초기의 페일 에일은 따뜻한 기후의 국가에서 맥주를 많이 마실 수 있도록 개조했던 미국의 시도에서 영감을 받아 만들어졌다. 이런 맥주에는 낮은 도수, 적은 홉, 산뜻한 피니시가 필요했고 그렇게 탄생한 맥주 중에서 가장 라이트한 종류가 바로 퍼시픽 에일과 서머 에일이다. 호주나 뉴질랜드 홉만 사용한다고 IPA를 퍼시픽 IPA로 만들 수 있는 것은 아니다. 보디감과 낮은 홉 함량이 다른 비슷한 스타일의 맥주와 차별화되는 이유다.

맥주 정보

색	투명도	발효	ABV(도수)	쓴 정도
밀짚색~진한 황금색	맑음~살짝 탁함	중간~옅은 과일 향	3.5~7%	20~60 IBU (중간~높음)

리틀 크리처스 페일 에일

5.2% ABV	양조지: 호주 프리맨틀

오리지널 호주식 페일 에일이며 호주와 미국 홉을 사용한다. 복숭아, 천도복숭아, 옅은 오렌지, 자몽, 꽃의 우아한 향이 나고 기저에는 토피 같은 몰트의 풍미가 있다. 베이스 맥주는 맑은 황금색을 띠며 부드러운 보디감, 독특한 퍼지, 비스킷의 풍미, 깔끔하고 산뜻한 쓴맛을 지닌다. 감귤류보다는 핵과의 맛이 강하고 몰트의 맛은 부드럽다. 아메리칸 페일 에일과는 다른 특징의 맥주다.

스톤 & 우드 퍼시픽 에일

4.4% ABV	양조지: 호주 바이런 베이

퍼시픽 에일과 서머 에일을 뚜렷하게 차별화해 호주식 스타일로 만드는 데 일조한 유명한 맥주다. 페일 몰트, 밀, 갤럭시 홉 등 호주산 재료만 사용했다. 이 맥주는 탁하고 옅은 레몬-밀짚색을 띠며 패션프루트, 잘 익은 달콤한 탠저린, 허니듀 멜론, 약간의 꽃 향이 난다. 열대 향과 함께 탁하고 부드러우며 라이트한 보디감, 적당한 쓴맛, 낮은 도수, 높은 청량감이 퍼시픽 에일을 정의하고 있다.

게러지 프로젝트 하피 데이즈

4.6% ABV	양조지: 뉴질랜드 웰링턴

뉴질랜드에서 자라는 보리와 넬슨 소빈, 와이-이티, 모투에카 홉을 사용해 양조했다. 살짝 탁한 황금색 맥주이며 홉은 포도, 탠저린, 파인애플, 포멜로, 새콤한 베리류 같은 열대과일, 독특한 홉의 꽃 향을 풍긴다. 몰트에서는 살짝 탁한 느낌과 미묘한 단맛을 만들어낸다. 쓴맛이 강하지 않아 마시기 좋지만 향도 강하지 않다. 퍼시픽 페일은 미국식보다 균형이 더 잘 맞는 편이다.

8 와이어드 홉와이어드

7.3% ABV	양조지: 뉴질랜드 워크워스

뉴질랜드산 재료만을 사용해 양조한 초기 IPA 중 하나로 뉴질랜드 버전의 향을 잘 표현한 맥주다. 레몬과 자몽, 구스베리, 포도, 덜 익은 망고, 끝맛은 풀과 제스트의 쓴맛으로 마무리된다. 이 진한 황금색 맥주에 들어 있는 뉴질랜드 몰트는 퍼지 비스킷과 토스트 맛이 나지만 그렇게 강하지 않고 단맛도 적다. 깔끔한 쓴맛에 비해 라이트해서 편하게 마실 수 있는 맥주다.

기타 추천 맥주

베헤모스 브루잉 처: 열대과일, 구운 몰트, 감귤류 중과피

영 헨리스 뉴타우너: 과일 주스, 핵과, 산뜻한 몰트

4 파인즈 인디언 서머 에일: 패션프루트, 멜론, 비스킷 몰트

잉글리시 페일 에일

영국 홉과 몰트가 이 강렬한 에일의 풍미를 지배한다. 매우 쓰지만 전체적인 밸런스가 좋다.

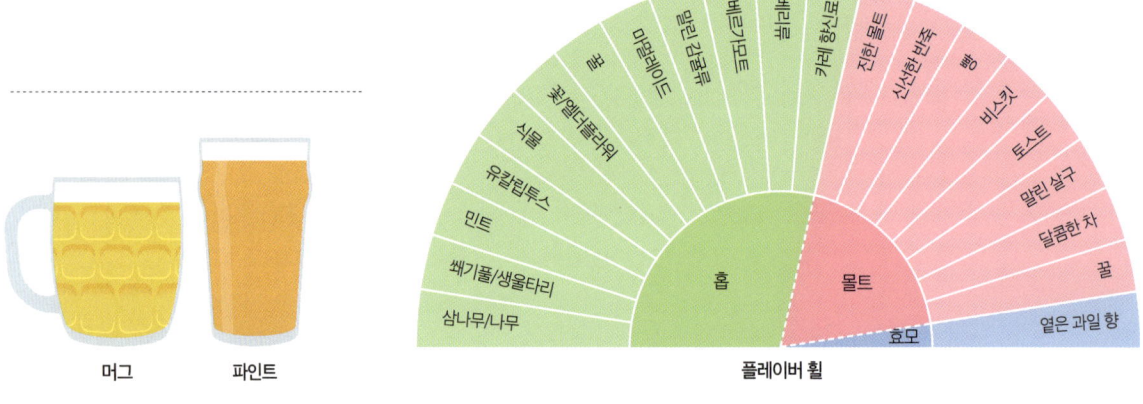

머그 | 파인트 | 플레이버 휠

맛, 제조 과정, 스토리

페일 에일과 베스트 비터는 본질적으로 같은 종류이므로 영국 몰트의 토스트 맛과 영국 홉의 과일 – 매운맛의 적절한 균형감 등 특징이 비슷하다. 쓴맛의 정도는 다양하지만 모두 도수가 낮고 연거푸 마실 수 있을 정도로 밸런스가 좋다. IPA의 경우 몰트와 홉의 양을 늘려 토스트, 캐러멜, 빵 맛의 몰트는 보디감이 더 좋아지고 쓴맛도 강해졌다. 또한 홉에서는 말린 감귤류, 나무 향신료, 베리류, 핵과, 따뜻함, 꿀의 풍미가 다양하게 나온다.

현대의 잉글리시 페일과 IPA는 대부분 페일 베이스 몰트를 사용하고, 때로는 마리스 오터 같은 캐릭터 몰트나 슈발리에 또는 플루마지 아처 같은 전통적인 곡물을 넣기도 한다. 또한 카라몰트나 크리스털 몰트로 추가적인 색, 보디감, 단맛을 낼 수도 있다. 영국 홉을 주로 사용하고 보통 드라이 호핑을 한다. 대부분은 밝은색을 띠고 탁하지 않아 보다 정제된 쓴맛을 느낄 수 있다.

오리지널 영국 제조 IPA는 양조가 끝나면 몇 개월 후에 마실 수 있는 반면, 현대식은 신선함을 기본으로 하고 있다. 이들 맥주는 새로운 과일의 특징을 지닌 영국 홉 품종을 사용하게 되면서 새로운 향을 내고 몰트의 보디감을 줄이는 쪽으로 발전하게 되었다.

맥주 정보

색	투명도	발효	ABV(도수)	쓴 정도
황금색~진한 호박색	맑음~살짝 탁함	옅은 과일 향	4~7%	30~60 IBU (중간~높음)

풀러스 인디아 페일 에일

| 5.3% ABV | 양조지: 영국 런던 |

호박색을 띠고 있는 이 맥주는 페일 에일·크리스털 몰트와 퍼글·골딩 홉이 만나서 탄생했다. 풀러스 양조장의 효모는 홉과 섞이면서 말린 오렌지와 후추의 특징을 드러낸다. 또한 홉에서는 꿀, 옅은 감귤류, 나무 향신료, 캄포(동남아가 주산지인 상록수에 함유된 물질 - 옮긴이), 신선한 녹음 또는 풀의 향이 나기도 한다. 몰트에서는 토스트, 약간의 캐러멜 맛이 나고 홉은 강한 쓴맛의 여운을 남긴다.

드래프트 바스

| 4.4% ABV | 양조지: 영국 버턴 |

바스 브루어리의 대표 상품인 페일 에일이라는 이름의 맥주와 동일하며, 앤호이저-부시 인베브로 소유권이 이전된 후 수제 맥주 스타일로 나온 맥주다. 구리색을 띠고 있으며 부드럽고 퍼지 몰트 맛이 난다. 상대적으로 단맛이 강하며 홉에서 나오는 매운맛, 꽃과 흙의 향은 곧 드라이함과 후추의 쓴맛으로 이어진다. 이런 단맛과 쓴맛의 균형이 버턴 페일을 정의해준다. 병맥주는 바스 페일 에일이라 부르며 도수는 5.1%다.

올솝스 인디아 페일 에일

| 5.6% ABV | 양조지: 영국 셰필드 |

현대적으로 재구성된 이 맥주는 진정 고전적인 IPA를 느끼게 해준다. 마리스 오터와 전통 몰트인 슈발리에를, 홉은 브램링 크로스, 퍼글, 챌린저를 사용했다. 호박색의 이 맥주는 전반적으로 홉보다는 몰트의 특징 - 빵 껍질, 비스킷, 토피, 건포도, 구운 사과, 약간의 건초와 쓴 마멀레이드 - 이 강하다. 보디감은 적당하며 드라이한 쓴맛이 꽤 오래간다.

세인트 오스텔 트리뷰트

| 4.2% ABV | 양조지: 영국 세인트 오스텔 |

이 황금색 페일 에일은 마리스 오터 몰트를 사용하며 토스트, 비스킷, 기분 좋은 깊이감의 독특한 풍미를 안겨준다. 홉은 영국의 퍼글, 슬로베니안 셀레이아(슬로베니아에서 생산되는 퍼글), 아메리칸 윌래메트(퍼글에서 개량)를 사용한다. 이렇게 혼합된 홉에서는 강한 풍미의 오렌지, 자몽, 오렌지 꽃, 신선하고 강렬한 쓴맛의 현대적인 풍미와 고전적인 영식 풍미가 잘 어우러져 있다.

기타 추천 맥주

램스게이트 브루어리 갓스 NO.3: 꿀, 레몬, 후추의 쓴맛

마스턴스 페디그리: 비스킷, 토스트, 핵과

슈레플리 페일 에일: 구운 몰트, 꽃, 옅은 오렌지 향

레드 IPA와 블랙 IPA

가마에서 로스팅한 몰트로 양조한 이 맥주들은 몰트의 풍미가 깊고 홉의 쓴맛과 향이 잘 우러나온다.

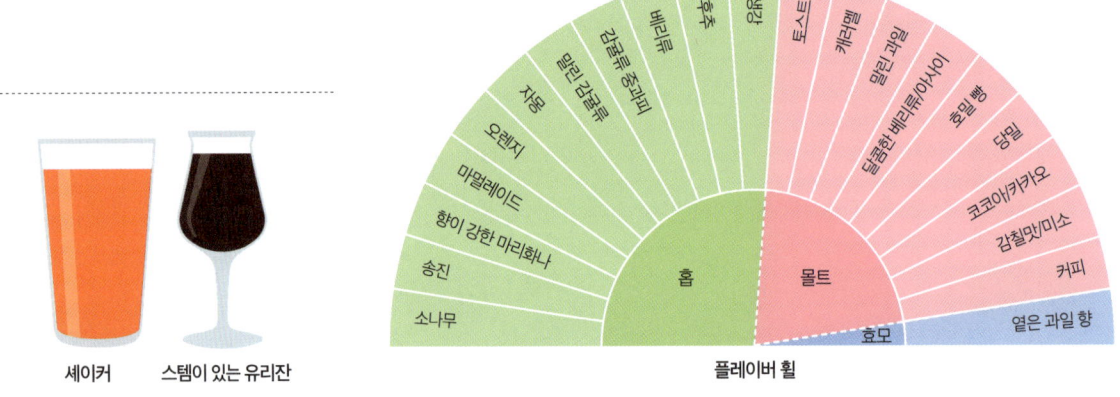

셰이커 스템이 있는 유리잔 플레이버 휠

맛, 제조 과정, 스토리

추가적으로 가마에 구워 더 짙어진 몰트를 넣어 만든 이들 맥주는 본질적으로 보자면 아메리칸 IPA다. 여기에 들어가는 곡물 덕분에 홉의 풍미는 새로운 방식으로 표현된다. 자몽주스는 자몽 마멀레이드로, 파인애플은 구운 맛으로, 소나무는 더 진해진 송진으로 바뀐다. 레드 IPA는 캐러멜의 단맛이 더 강해지고 말린 과일과 견과류의 특징은 약해진다.

블랙 IPA에서는 과일 맛의 카카오, 짭짤한 맛, 약간의 달콤한 몰트 맛이 난다. 두 종류 모두 쓴맛으로 마무리된다.

레드 IPA는 페일 베이스 몰트를 사용하며, 여기에 라이트하고 어두운색의 크리스털 몰트를 추가하지만, 초콜릿 몰트나 호밀을 소량 넣는 경우도 있다. 이런 식으로 풍미와 보디감, 단맛이 만들어진다. 블랙 IPA의 경우에는 보디감과 기본 맛을 위해 페일 베이스 몰트를 쓰고, 질감을 위해 약간의 카라몰트, 짙은 색을 내기 위해 도정하지 않은 카라파 몰트를 넣는다. 홉은 두 종류 모두 센테니얼, 캐스케이드, 모자이크, 에콰노트 등 어떤 품종을 선택해도 괜찮다.

레드 IPA는 2000년대 초반부터 유명해졌으며, 호주에서는 홉의 특징이 강한 레드 IPA가 대중적이다. 블랙 IPA는 2010년대 초반에 모순된 이름 – 블랙 인디아 페일 에일(블랙과 색이 옅다는 페일이란 단어를 같이 쓰면서 모순이 생긴다 – 옮긴이) – 으로 악명이 높았지만, 곧 소비자들은 다크 몰트와 진한 홉의 풍미에 푹 빠지게 된다. 두 스타일 모두 헤이지 IPA에 인기를 조금 빼앗겼지만 계절성 맥주로 다시 수요가 늘고 있다.

색	투명도	발효	ABV(도수)	쓴 정도
붉은 호박색~검은색	맑음~약간 탁함	옅은 과일 향	5~8% 이상	40~70 IBU (중간~높음)

맥주 정보

시에라 네바다 셀러브레이션 IPA

| 6.8% ABV | 양조지: 미국 캘리포니아 주 치코, 노스캐롤라이나 주 밀스 리버 |

엄밀히 따지자면 레드 IPA가 아니지만 세계에는 이처럼 예쁜 붉은색 IPA가 흔하지 않다. 겨울에 먹는 계절성 맥주이며 신선한 상태로 수확한 캐스케이드와 센테니얼 홉을 넣는다. 다량의 몰트를 넣고 캐러멜라이징을 했기 때문에 로스팅으로 인한 쓴맛, 레드 젤리빈의 단맛, 쌉싸름한 꿀, 태운 바닐라 건포도 쿠키 맛이 난다. 홉에서는 새콤한 자몽, 허브, 꽃의 향이 나며 전반적으로 캄파리의 달콤쌉쌀한 느낌을 주는 맥주다.

벤트스포크 브루잉 컴퍼니 레드 너트

| 7% ABV | 양조지: 호주 캔버라 |

레드 너트는 홉이 진한 호주식 레드 IPA를 잘 보여주는 훌륭한 예시다. 짙은 적갈색을 띤 이 맥주는 부드러운 다크 캐러멜, 캐러멜라이징한 다크 프루트, 다크 프루트 초콜릿, 토스트, 티케이크의 몰트 맛이 진하게 나며 미국식 버전보다 단맛이 강하다. 홉에서는 구운 오렌지, 오렌지 껍질, 마멀레이드, 소나무 송진, 후추의 특징이 나타나며 끝맛은 로스팅한 몰트와 쌉쌀한 홉이 만나면서 마무리된다.

피보바르 마투스카 세르나 라케타

| 7% ABV | 양조지: 체코 브로우미 |

체코는 몰트의 풍미와 홉이 균형을 이룬 라거 제조에 있어 전문가다. 그리고 이런 기술을 홉의 특징이 강한 에일에도 완벽하게 적용했으며, 대표적인 맥주가 바로 이 블랙 IPA다. 크리미한 흰 거품과 짙은 색의 맥주에는 쌉싸름한 오렌지 초콜릿 향이 배어 있다. 그리고 복숭아 껍질, 과일 맛의 커피 원두, 옅은 카카오, 말린 감귤류 껍질, 구운 후 설탕에 조린 열대과일의 특징도 있다. 부드럽다 못해 크리미한 질감 이후에는 허브의 쓴맛으로 마무리된다.

스톤 서브라임리 셀프-라이처스

| 8.7% ABV | 양조지: 미국 캘리포니아 주 에스콘디도 |

오리지널 블랙 IPA 중 하나다. 치눅, 심코, 아마릴로 등의 홉에서 나오는 감귤류, 소나무, 베리류, 향신료의 향이 먼저 풍겨 나온다. 몰트의 보디감은 풍부하면서 부드러우며, 감미로운 다크 초콜릿, 초콜릿 오트밀 비스킷, 약간의 카카오, 토스트 맛이 난다. 맥주의 단맛은 홉의 감귤 오일과 어울리면서도 진한 쓴맛의 여운을 어느 정도 눌러준다.

기타 추천 맥주

트뢰그스 너깃 넥타: 자몽, 스펀지케이크, 말린 망고

모더스 오퍼란디 포머 테넌트: 구운 감귤류, 캐러멜 몰트, 중과피의 쓴맛

세인트 오스텔 프로퍼 블랙: 카카오, 오렌지 맛 초콜릿, 약간의 로스팅 맛

블론드 에일과 골든 에일

청량하면서 꽤 독한 페일 맥주들이지만 쓴맛은 약하다. 매혹적인 홉의 향과 함께 몰트의 부드러운 보디감이 일품이다.

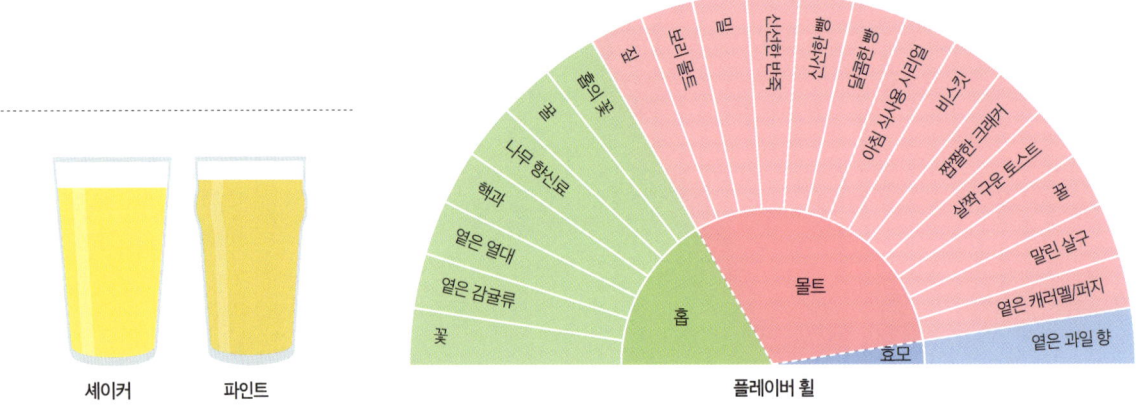

맛, 제조 과정, 스토리

이 맥주들은 향기로운 과일 향의 홉과 만족스러운 페일 몰트의 풍부함 사이에서 적당한 균형을 이루고 있으며 목넘김이 좋다. 블론드 에일은 전형적으로 골든 에일보다 몰트와 보디감이 약하고 향은 조금 더 강하다. 홉에서는 과일 향이 살짝 나며 꽃 향이 더 강하다. 몰트에서는 구운 곡물, 빵, 짭짤한 크래커 맛이 난다. 쓴맛이 적고 청량하며 부드럽게 넘어간다.

대개 필스너나 페일 몰트를 사용하지만 카라몰트와 밀을 소량 첨가해 추가적인 질감을 부여하기도 한다. 홉은 특별하게 정해진 건 없지만 영국식 버전은 보통 골딩을 넣어 꿀과 향신료 향을 내고, 미국과 호주식은 지역 홉을 사용해 과일 향을 너무 진하지 않을 정도로 낸다. 효모는 과일 향을 더해 홉의 풍미를 완성시킨다. 대부분 드라이 호핑을 살짝 한다.

첫 번째 현대식 골든 에일은 라거의 형태로 나와 더 유명해졌다. 라거와 비슷한 특징은 바로 외형이 라거와 거의 같다는 것이다. 그러나 몰트의 보디감과 홉의 풍미가 조금 더 진하게 나타난다. 중간 정도의 강도를 가진 호주식 맥주가 여기에 속하며, 이런 맥주에서는 열대와 꽃 향이 더 많이 난다. 쾰쉬식 에일은 특히 여과하지 않을 때 이 범주에 들어가는 경우가 많다.

맥주 정보

색	투명도	발효	ABV(도수)	쓴 정도
밀짚색~황금색	맑음~약간 탁함	옅은 과일 향	3.5~5%	15~30 IBU (낮음~중간)

홉백 브루어리 서머 라이트닝

| 5% ABV | 양조지: 영국 솔즈베리 |

오리지널 잉글리시 골든 에일 중 하나다. 밝은 황금색 맥주는 따뜻함, 건초, 인동덩굴, 야생화, 맵싸한 후추, 발효에서 나온 과일 향 등 여름날 영국 시골의 향취가 풍겨오는 듯하다. 몰트의 풍미가 가득 느껴지면서도 달지 않으며, 마리스 오터 특유의 비스킷 맛이 난다. 이스트 켄트 골딩 홉은 흙내 나는 향신료, 꿀, 말린 오렌지의 풍미를 더하고 끝맛은 깔끔하고 쓴맛으로 마무리된다.

파인 에일 잘

| 3.8% ABV | 양조지: 스코틀랜드 케언도우 |

이 시트라 세션 블론드는 정확히 블론드와 세션 IPA의 중간에 위치한다. 이름에 있는 시트라는 당신이 이 맥주를 마실 때 처음 느끼는 맛일 것이다. 미국 홉에서는 망고, 열대과일, 복숭아, 자몽, 꽃, 감귤류의 매혹적인 향이 풍겨온다. 이 밝은 황금색 맥주에서 몰트는 거의 배경 정도로 약하게 느껴지는 반면, 홉이 빛을 발하는 맥주다. 쓴맛의 피니시가 좋아서 계속 마시고 싶은 기분이 들 것이다.

브레이크사이드 트루 골드

| 5.1% ABV | 양조지: 미국 오리건 주 포틀랜드 |

트루 골드를 우아하고 라이트한 맥주로 만드는 요인은 바로 향이다. 과일 향의 부드러운 홉 향은(갤럭시와 모자이크) 마실 때마다 파도처럼 밀려올 것이다. 한 모금씩 마실 때마다 복숭아, 포도, 엘더플라워, 구스베리, 설탕에 조린 감귤류, 멜론, 그린 파파야, 리치 등 새로운 과일이 들어오는 듯하다. 적당한 도수가 풀보디감을 느끼게 해주고 라이트함이 청량함을 안겨주는 만족스러운 맥주다.

유어 메이트 브루잉 컴퍼니 래리

| 4.5% ABV | 양조지: 호주 와라나 |

이 맥주는 페일 에일이라 부르긴 하지만 맛은 블론드에 더 가깝다. 호주에서 양조되는 전형적인 홉의 특징이 강하고 마시기 쉬운 맥주다. 옅은 황금색이고 홉에서는 열대과일 샐러드, 레몬 중과피, 새콤한 과일 사탕 등에서 느껴지는 과일 향이 난다. 홉의 향은 맥주에 머물면서 매우 라이트한 보디감을 주기 때문에 몰트의 풍미 – 약간의 비스킷 맛 – 가 거의 느껴지지 않을 것이다. 가벼우면서 산뜻한 피니시가 느껴진다.

기타 추천 맥주

트리하우스 유레카: 감귤류, 열대의 주스, 청량힘

빅토리 서머 러브: 신선한 감귤류, 소나무, 살짝 구운 토스트

캐피털 브루잉 코스트 에일: 비스킷, 산뜻함, 옅은 감귤류

엠버 에일과 레드 에일

몰트의 특징이 강하고 적당한 홉의 특징을 지닌 이 맥주는 골든 에일, 베스트 비터, 페일 에일의 중간에 위치해 있다.

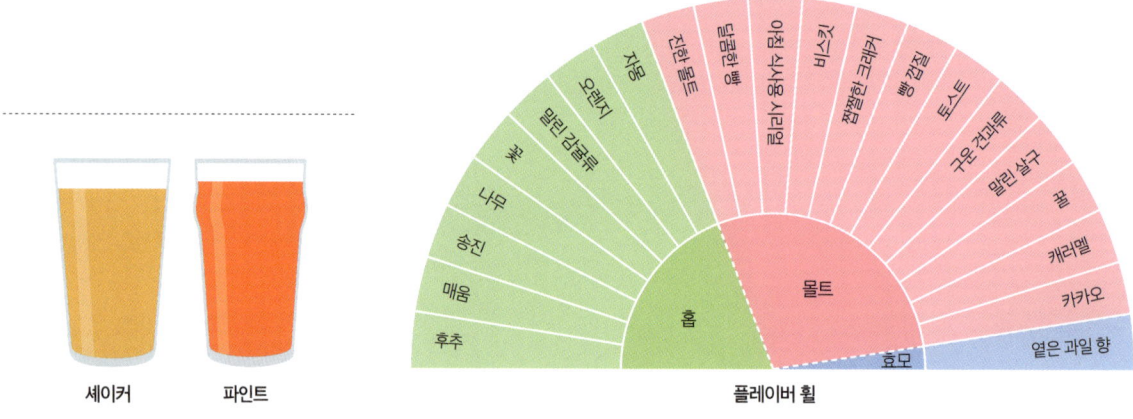

셰이커 / 파인트 / 플레이버 휠

맛, 제조 과정, 스토리

마시기에 적당한 맥주다. 너무 독하지도, 달지도, 쓰지도 않으며 홉의 향도 세지 않다. 몰트와 홉의 특징은 과하지 않게 흥미로움을 남긴다. 색이 짙은 종류는 캐러멜, 토스트, 단맛이 추가되거나 말린 과일과 견과류의 맛이 더 나면서 몰트의 풍미가 깊어진다. 홉의 쓴맛은 강하지 않으면서 꽃과 허브, 옅은 감귤류의 향이 난다.

주로 페일 몰트를 쓰며 엠버 에일에는 뮤닉, 비스킷, 카라몰트, 크리스털 몰트를 조금 추가하고 레드 에일에는 진한 크리스털 또는 브라운이나 초콜릿 몰트를 넣는다. 쓴맛은 적당히 내고 그 외에 향을 내기 위해 한두 종류를 더 첨가한다. 일부 영국식 베스트 비터도 엠버 에일로 재브랜드화함에 따라 비슷한 풍미를 가진다.

페일 에일과 IPA가 인기를 끌기 전에는 엠버 에일(과 엠버 라거)이 첫 번째 주류 수제 맥주에 속했다. 물론 일류 브랜드가 된 종류도 몇몇 있지만 대다수는 홉의 특징이 강한 다른 유명한 맥주에 추월당했다. 레드 에일도 엠버 에일과 비슷하지만 몰트의 풍미가 더 강하다. 아이리시 레드는 독자적인 위치를 차지하고 있지만 흔히 만나게 되는 스타일은 아니다.

맥주 정보

색	투명도	발효	ABV(도수)	쓴 정도
호박색~적갈색	맑음~약간 탁함	옅은 과일 향	4~6%	20~40 IBU (중간)

뉴 벨지움 팻 타이어

| 5.2% ABV | 양조지: 미국 콜로라도 주 포트콜린스 |

이 밝은 호박색 맥주는 벨지안 엠버 에일에서 영감을 받았다. 아울러 미국에서 가장 유명한 수제 맥주 중 하나이기도 하다. 향은 연하며, 더 전통적인 홉(윌래메트, 골딩, 너깃)을 사용해 허브, 나무, 꽃, 베리류나 향신료의 풍미가 나오고 효모에서 과일 향이 살짝 느껴진다. 몰트는 일반적인 라거에 비해 더 진하지만 여전히 라이트하고 청량하며 구운 곡물, 비스킷 몰트 맛이 난다. 끝맛은 깔끔하고 산뜻한 쓴맛으로 마무리되어 전체적인 균형이 돋보이는 맥주다.

앵커 스팀 비어

| 4.9% ABV | 양조지: 미국 캘리포니아 주 샌프란시스코 |

1971년 처음 양조된 이 스팀 비어는 가장 오래된 수제 맥주다. 따뜻한 온도에서 라거 효모를 사용했기 때문에 옅은 과일 향 에스테르와 홉의 허브, 옅은 송진, 후추의 특징이 잘 혼합되어 있다. 몰트에서는 빵 껍질, 옅은 토피 맛이 나며 약한 보디감, 청량한 탄산, 산뜻한 쓴맛을 느낄 수 있다. 홉에서 나는 허브의 풍미와 에스테르의 과일 향이 엠버 에일과 스팀 비어의 차이라고 할 수 있다.

메인 비어 컴퍼니 조이

| 7.2% ABV | 양조지: 미국 메인 주 프리포트 |

조이는 강렬하고 홉의 특징이 강한 엠버 에일의 대표적인 예시겠지만 완전히 IPA 쪽까지 올라간 것 같진 않다. 다시 말해 이 맥주에서도 토피, 진한 토스트 맛, 말린 과일, 베리류, 체리 등 엠버가 지닌 모든 훌륭한 풍미를 즐길 수 있다는 말이다. 홉에서 나오는 소나무, 중과피의 향은 너무 강하지 않게 적정선을 지킨다. 중과피는 과육보다 마멀레이드에 가까우며, 끝맛은 후추의 쓴맛으로 마무리된다.

마운틴 고트 팬시 팬츠

| 5.2% ABV | 양조지: 호주 멜버른 |

이 진한 호박색 – 붉은색 맥주는 홉의 특징이 강한 호주식 엠버 에일이며 꽤 인기가 있다. 먼저 몰트의 비스킷, 카카오, 과일 케이크, 토피, 트리클 맛은 달지 않게 홉보다 먼저 나타난다. 그러고는 호주 홉에서 구운 파인애플, 레몬 중과피, 베르가모트, 베리잼 같은 감미로운 과일 향이 풍겨오고 끝맛은 홉에서 나는 후추의 매운맛과 진한 몰트가 겹쳐지면서 부드러운 쓴맛으로 마무리된다.

기타 추천 맥주

풀러스 런던 프라이드: 구운 몰트, 꽃, 쌉쌀한 마멀레이드

오하라스 아이리시 레드: 달콤한 몰트, 건포도 비스킷, 옅은 과일 향

피자 포트 크로닉: 빵 껍질, 캐러멜, 홉에서 유래한 후추 향

홉의 특징이 강한(호피) 잉글리시 에일

이런 맥주들은 마시기 쉬운 고전적인 잉글리시 에일과 현대 홉의 신선한 과일 향이 잘 어우러져 있다.

파인트 / 윌리베처

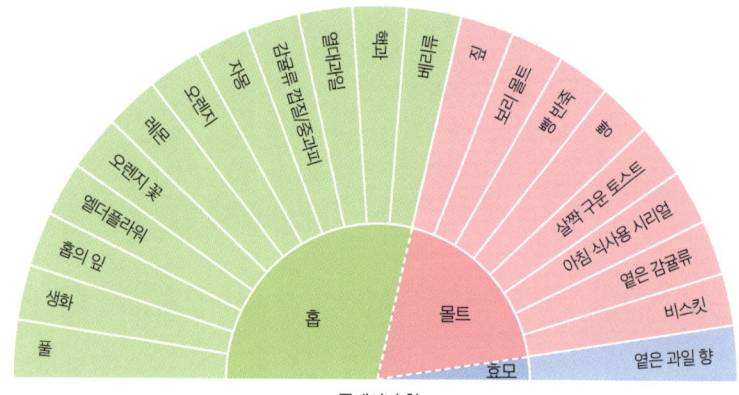

플레이버 휠

맛, 제조 과정, 스토리

이런 맥주에는 도수가 낮고 맑은 색의 맥주가 가진 '세션'의 특징과 현대적인 홉의 강한 향이 혼합되어 있고 쓴맛의 여운이 오래가는 편이다. 홉에서는 대부분 꽃, 감귤류, 열대, 핵과 향이 나며 몰트의 맛은 보통 옅고 단맛이 오래가며 질감이 좋다. 비록 도수는 낮지만 홉의 풍미로 인해 더 강렬한 느낌을 받게 되는 맥주다.

보통 페일 몰트를 베이스로 쓰며 여기에 크리스털 몰트나 밀을 소량 추가한다. 효모에서 나오는 은은한 과일 향은 드라이 호핑을 한 홉의 향과 잘 어우러진다. 맥주에서 풍기는 가벼운 느낌은 우아한 맛을 자아내면서도 이 작은 용기 안에서 엄청난 풍미가 균형을 이루고 있다.

이런 맥주들이 세션 IPA에 영감을 불어넣었다는 주장도 나온다. 1990년대 후반 영국 양조업자들은 낮은 도수의 페일 에일에 캐스케이드처럼 감귤 향이 나는 미국 홉을 첨가했다. 그리고 시간이 지나면서 보다 라이트해지고 향이 더 진해지면서 특유의 새로운 영국식 스타일이 만들어졌고 현재 대부분의 양조업자가 이 스타일로 만들고 있다. 중간 정도 강도를 지닌 호주의 맥주는 이와 비슷한 특징에 도수를 더 낮추고 홉의 향을 높여 판매되고 있다. 테이블 비어 또한 이런 스타일에서 파생된 유명한 맥주다. 라이트하고 홉이 강한 에일이며 도수는 보통 3% 이하다.

맥주 정보

색	투명도	발효	ABV(도수)	쓴 정도
밀짚색~황금색	맑음	옅은 과일 향	3.5~4.5%	25~40 IBU (중간)

오컴 에일스 시트라

| 4.2/4.6% ABV | 양조지: 영국 피터버러 |

세션 IPA라 불리지만 전형적으로 현대적인 홉의 특징이 강한 에일이다. 몰트에서는 비스킷과 토스트의 풍미가 꽤 진하지만 시트라 홉의 신선한 오렌지 중과피, 망고, 새콤한 열대 향, 후추의 쓴맛을 압도할 수는 없다. 캐스크에 담긴 맥주의 도수는 4.2%, 병은 4.6%다. 두 형태 모두 맛있지만 캐스크 맥주에서 우아하고 부드러운 보디감과 시트라 홉의 신선함을 더 만끽할 수 있다.

루스터스 브루잉 컴퍼니 양키

| 4.3% ABV | 양조지: 영국 해러게이트 |

이 맥주는 미국의 캐스케이드 홉과 부드러운 요크셔의 물, 훌륭한 영국의 골든 프라미스 몰트가 혼합되어 탄생했다. 양키에서 맡을 수 있는 옅은 자몽, 레몬 중과피, 생화의 매혹적인 향은 신선한 홉의 특징이라 할 수 있다. 캐스크에 담겨 있다면 질감이 풍부하고 부드럽다 못해 거의 크리미한 맥주를, 캔이라면 몰트의 깊은 맛을 더 산뜻하게 느낄 수 있을 것이다. 두 가지 모두 강한 홉의 쓴맛이 오랫동안 이어지며 마무리된다.

뉴반스 테이블 비어 모자이크

| 3% ABV | 양조지: 스코틀랜드 리스 |

테이블 비어는 낮은 도수의 맥주를 일컫기도 하지만 영국에서는 약 3% 도수에 홉의 특징이 강한 맑은 맥주를 통칭하는 말이다. 뉴반스 테이블 비어 모자이크는 옅은 황금색을 띠는 살짝 탁한 맥주이며 모자이크 홉을 넣어 망고, 귤, 레몬, 덜 익은 잭프루트의 신선하고 우아한 향을 느낄 수 있다. 몰트의 풍미가 강해 마치 독한 맥주를 마시는 것 같은 착각을 하게 된다. 쓴맛이 강하고 오래간다.

파이럿 라이프 스로백 세션 IPA

| 3.5% ABV | 양조지: 호주 애들레이드 |

많은 호주 양조업자에게는 중간 정도의 강도, 낮은 도수, 홉 향이 진한 맥주를 만드는 것이 중요하다. 스로백은 몰트의 진한 토스트와 비스킷 맛에서 오는 단맛이 홉과 균형을 이루도록 제조하는 영국식 양조법을 떠올리게 하는 맥주다. 홉에서는 자몽, 파파야, 리치, 약간의 감귤류 중과피 향이 난다. 탄산은 영국식보다 더 강해서 산뜻하고 청량한 느낌을 주는 데 중요한 역할을 한다.

기타 추천 맥주

마블 비어스 파인트: 새콤한 열대과일, 비스킷 몰트, 강한 쓴맛

더 커널 테이블 비어: 감귤류, 신선하고 진한 홉 향, 깔끔한 쓴맛

발터 캡틴 센서블: 산뜻한 몰트, 가벼운 보디감, 주스 향의 홉

몰트의
특징이 강한
에일

토스트와 건포도 맛의 잉글리시 베스트 비터, 견과류 맛의
브라운 에일, 초콜릿 맛의 포터, 크림이나 로스팅 맛의 스타우트,
와인 맛의 발리 와인, 디저트 맛의 임페리얼 스타우트 등
어떤 맥주든지 모두 각기 다른 종류의 몰트에서 나오는
곡물의 풍미가 바탕을 이루고 있다. 마치 베이커리나 카페에 온 듯한
맛을 내면서 일부는 우아한 맛과 저알코올을, 일부는 진한 몰트와
홉의 풍미를, 일부는 담백하면서도 강렬한 맛을 낸다.
그러나 이런 맥주들이 지닌 공통점은 곡물이
맥주에 선사하는 다양한 맛과 깊이를 즐길 수 있다는 것이다.

전통 잉글리시 비터

이런 고전적인 영국 에일은 쌉싸름한 홉과 달콤한 몰트가 완벽한 균형을 이루며, 강도도 다양하다.

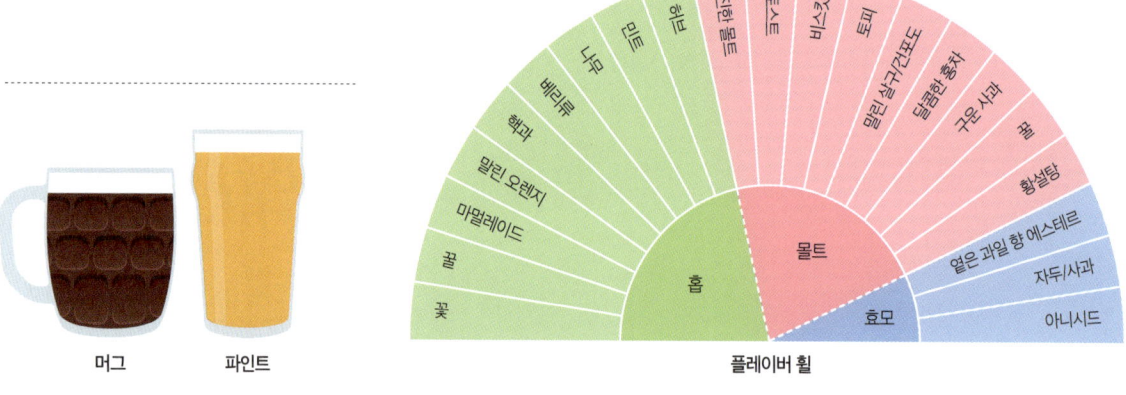

머그 파인트 플레이버 휠

맛, 제조 과정, 스토리

우리는 이런 맥주를 비터라 부르지만 전체적인 느낌은 몰트와 홉이 적절하게 균형을 이룬 것 같다. 대부분 몰트에서는 페일 몰트의 토스트 맛 또는 토피나 말린 과일 맛 중 하나가 느껴지며 강하진 않다. 영국 홉에서는 허브, 나무, 향신료, 과일 향이 나고 효모의 독특한 과일 맛이 두드러진다.

전형적으로 영국식 재료만을 사용함으로써 풍부한 몰트의 풍미를 내는 작업을 한다. 페일 에일 몰트와 캐릭터 몰트를 베이스로 하며, 캐러멜이나 말린 과일의 특징을 부여하기 위해 크리스털 몰트를 첨가한다. 영국 홉으로 특유의 쓴맛과 향을 내고 대개 드라이 호핑을 진행한다. 발효에는 보통 양조장의 효모를 써서 이곳만의 독특한 향과 과일 향 에스테르를 탄생시킨다. 2차 발효로는 부드러운 탄산을 얻는다.

포터를 통에서 숙성시킨 후 마셨던 시대에 처음 나왔던 영국식 에일은 숙성하지 않고 신선한 상태로 마셨기 때문에 쓴맛이 강하고 생생한 맥주의 맛을 경험할 수 있었다. 곧 이들 맥주는 비터, 마일드, 페일 에일로 알려지게 된다. 그리고 도시마다 각기 다른 선호도와 지역적 특성을 지닌 채 영국인들이 매일 마시는 국민 맥주가 되었다.

맥주 정보

색	투명도	발효	ABV(도수)	쓴 정도
황금색~갈색	맑음	옅은 과일 향	3.5~5.5%	25~40 IBU (중간)

하비스 브루어리 서식스 베스트

| 4% ABV | 양조지: 영국 루이스 |

이 루비색 비터는 재료의 조직적인 균형이 일품이다. 효모에서는 구운 사과, 향신료, 바닐라 맛이, 몰트에서는 트리클, 토피, 몰트 빵, 토스트, 차가, 영국 홉에서는 따뜻함, 매운맛과 함께 허브, 풀, 옅은 말린 감귤류 향이, 물에서는 드라이한 피니시를 느낄 수 있다. 그래서 이 맥주는 마실 때마다 느낌이 달라진다. 비터가 선사하는 경험은 바로 이렇다. 친숙하지만 항상 재미를 안겨주는 것이다.

티모시 테일러스 랜드로드

| 4.3% ABV | 양조지: 영국 키틀리 |

랜드로드는 이 양조장에서 페일 에일을 부르는 이름이며, 하비스 브루어리의 맥주보다 더 달고 보디감도 더 묵직하다. 골든 프라미스 몰트를 넣어 빵, 캐러멜, 퍼지 맛이 나고 골딩과 퍼글 홉에서는 따뜻한 꿀, 말린 오렌지, 허브, 생민트의 향이 난다. 이 맥주는 스파클러(구멍이 있는 노즐)로 따르도록 제작되어 있어 마시면 보디감과 크리미한 퍼지 맛이 한층 업그레이드된다.

코니스턴 브루잉 블루버드 비터

| 3.6/4.2% ABV | 양조지: 영국 코니스턴 |

이 진한 황금색 맥주는 마리스 오터에서 나온 토스트, 퍼지, 비스킷의 독특하고 풍부한 맛과 챌린저 홉의 레몬 중과피, 오렌지 껍질, 꿀, 꽃 향이 적절하게 섞여 있다. 캐스크에 담긴 맥주는 병맥주보다 도수가 낮다. 마실 때의 느낌은 둘 다 비슷하지만 캐스크 맥주를 마시면 더 깔끔하고 크리미하며 부드럽다는 느낌을 받는다. 마지막은 쓴맛이 여운을 남기듯 오래 지속된다.

풀러스 ESB

| 5.9% ABV | 양조지: 영국 런던 |

엑스트라 스페셜 비터(ESB)는 미국에서 흔한 스타일이지만 영국에서는 아니다. 짙은 호박색–루비색을 띤 이 맥주를 마시면 풀러스 양조장만의 독특한 효모가 만들어낸 마멀레이드와 향신료의 풍미가 가장 먼저 입에 머문다. 그러고는 말린 과일, 바싹 구운 토스트, 캐러멜, 토피 애플의 풍부하고 부드러운 몰트의 맛으로 이어진다. 골딩과 챌린저 홉에서는 마멀레이드와 말린 감귤류의 향이 나고 후추의 적당한 쓴맛으로 마무리된다.

기타 추천 맥주

더 파이브 포인츠 베스트: 구운 몰트, 비스킷, 홉의 신선한 허브 향

배텀스 베스트 비터: 캐러멜, 버터 바른 빵, 말린 오렌지

드리프트우드 너티 힐데가르트: 홉의 소나무 향, 몰트의 진한 캐러멜 맛, 쓴맛

영국식 마일드와 올드 에일

이 전통적인 스타일의 에일은 풍부한 보디감, 몰트의 풍미, 홉의 낮은 쓴맛이 특징이다.

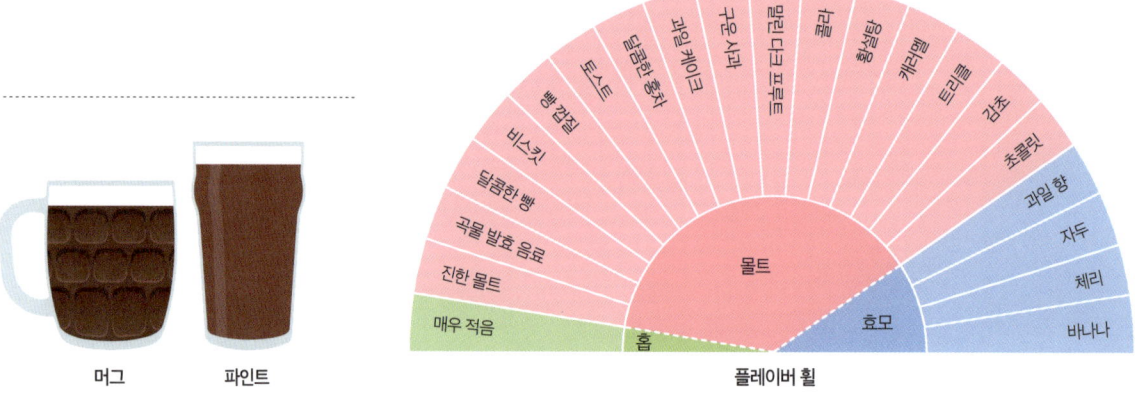

머그   파인트   플레이버 휠

맛, 제조 과정, 스토리

마일드와 올드 에일은 페일 몰트의 빵 맛에서부터 크리스털 몰트의 캐러멜, 퍼지, 그리고 과일 케이크와 다크 몰트의 살짝 로스팅한 코코아까지 매우 풍부한 맛을 자랑한다. 그리고 단맛이 오래 남으면서 매끄러운 마우스필을 느끼게 하며, 가벼운 과일 향 에스테르가 두드러진다. 홉의 풍미 또한 라이트하다. 마일드는 색과 도수가 다양하지만 3.5% 또는 6%의 다크 마일드가 대부분이다. 올드 에일은 보통 갈색을 띠고 마일드와 비교해 초콜릿보다는 말린 과일 맛이 뚜렷하다.

페일 몰트를 베이스로 넣고 여기에 크리스털 몰트, 다크 크리스털, 브라운 몰트를 추가하며 초콜릿 몰트와 설탕을 넣는 경우도 있다. 이런 종류는 탄산이 적어서 몰트의 풍미를 더 진하게 느낄 수 있다. 올드 에일에는 두 가지 특징이 있다. 먼저 영국식은 낮은 도수, 풍부한 몰트 맛, 건포도 맛, 약간의 단맛이 느껴지고 미국식은 강렬하고 보통 나무통에 숙성해 말 그대로 '오래된 에일'이며 풍미가 발리 와인과 비슷하다.

낮은 도수의 다크 마일드는 1900년대에 등장했다. 올드 에일은 한때 마일드의 반대쪽에 있었으며, 진하고 풍부한 맛을 위해 숙성시켰다. 현재 대부분의 영국식 올드 에일은 낮은 도수의 풍미를 연상시키는 맥주가 되었다. 마일드는 2020년대 초반에 전성기를 누렸다.

맥주 정보				
색	투명도	발효	ABV(도수)	쓴 정도
적갈색~진갈색	맑음~살짝 탁함	과일 향	3~6%	10~30 IBU (낮음~중간)

복스카 다크 마일드

3.6% ABV | 양조지: 영국 런던

아주 진한 갈색을 띤 이 맥주는 현대적인 다크 마일드의 완벽한 예시라고 할 수 있다. 몰트에서 나오는 초콜릿 비스킷, 캐러멜, 감초, 트리클 맛이 정말 부드러워 사람들의 관심을 끈다. 탄산이 적고 목넘김이 매우 훌륭하다는 점이 이 맥주의 특징이다. 단순하기에 편하게 즐길 수 있는 맥주라고 할 수 있다. 복스카의 더블 다크 마일드는 더 독하고 와인 맛이 나는 마일드의 좋은 예시들이다.

식스턴 올드 페큘리어

5.6% ABV | 양조지: 영국 마샴

올드 페큘리어는 올드 에일과 더 독한 다크 마일드의 맛과 거의 겹치지만 이름에는 어떠한 표기도 하지 않았다. 이 맥주는 바나나와 블랙체리의 과일 향 에스테르를 시작으로 다크 카카오 맛의 몰트가 이어진다. 풀보디감과 오일의 느낌이 나며 몰트에서는 비스킷, 말린 체리와 건포도, 바닐라, 다크 초콜릿, 몰트 빵, 달콤한 몰트 홍차의 맛이 풍부하게 나온다. 매력적인 질감과 몰트의 깊은 풍미가 이 맥주를 특별하게 만든다.

하비스 브루어리 올드 에일

4.3% ABV | 양조지: 서식스 루이스

하비스가 양조한 다크 마일드와 올드 에일을 살펴보면 차이점을 발견할 수 있다. 다크 마일드는 코코아 맛이 더 진하고 라이트한 보디감과 드라이한 피니시가 특징인 반면, 올드 에일을 잔에 따르면 거의 검은색을 띠고 몰트에서 다크 캐러멜, 건포도, 대추, 트리클의 풍미와 약간의 로스팅한 맛이 나온다. 이 양조장만의 독특한 효모 덕분에 특유의 과일과 매운 향을 두 맥주 모두에서 느낄 수 있다. 깊이 있고 만족스러운 훌륭한 맥주들이다.

라인가이스트 브루어리 엉클

4.2% ABV | 양조지: 미국 오하이오 주 신시내티

엉클은 홉의 특징이 너무 진한 미국 맥주에 해결책을 제시하는 동시에 영국식 다크 마일드의 훌륭한 예라 할 수 있다. 토스트, 차, 캐러멜, 비스킷, 약간의 구운 견과류, 당밀, 담배의 풍미는 영국식 몰트의 특징이지만 가벼운 보디감과 높은 탄산은 이런 유사성에서 벗어난다. 약간의 허브 향신료의 맛이 쓴맛을 줄여준다. 제한적이면서 교과서적인 몰트의 깊이감을 가진 맥주다.

기타 추천 맥주

애드남스 올드 에일: 캐러멜, 몰트 빵, 달콤한 베리류

사라 휴즈 다크 루비 마일드: 달콤한 체리, 코코아, 진한 몰트

야즈 브롤러: 차, 비스킷, 토스트

브라운 에일

브라운 에일은 몰트의 특징이 강한 영국식이든 홉이 강한 미국식이든 관계없이 토스트와 견과류의 진하고 깊이 있는 몰트 맛을 선사한다.

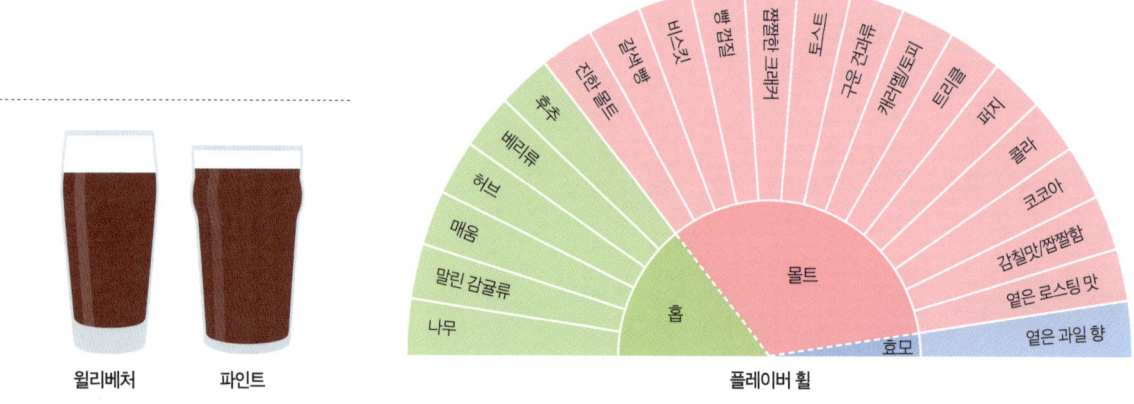

윌리베처 / 파인트

플레이버 휠

맛, 제조 과정, 스토리

영국식 브라운 에일은 몰트의 풍미가 강해 진한 보리 몰트, 구운 견과류, 바싹 구운 토스트, 옅은 캐러멜로 시작해 은은한 로스팅 맛으로 이어진다. 미국식도 동일한 맛을 가지고 있으며 대개 더 진하고 독하며, 쓰다. 그리고 드라이 호핑으로 인해 향이 좋다. 전반적으로는 적당한 도수에 밸런스가 좋은 맥주다. 맥주 스타일 지도에 나타나 있듯이 베스트 비터는 브라운 에일로, 그다음에는 포터로 이어지면서 점점 로스팅의 풍미가 강해진다.

이 맥주는 페일 몰트를 베이스로 하고 카라몰트, 크리스털, 브라운, 초콜릿 몰트를 첨가한다. 대개 양조업자는 드라이한 피니시와 몰트의 풍미에 중점을 두거나 단맛이 오래가면서 풍부한 몰트의 풍미 중 한 가지를 추구한다. 쓴맛의 정도는 다양하지만 너무 과하지 않도록 조절해 몰트가 가장 두드러지게 한다. 홉에서는 대개 후추, 허브, 감귤류, 송진 향과 매운맛이 난다. 영국식 브라운은 홉의 향이 거의 없지만 미국식은 대부분 홉을 뒤에 넣어 드라이 호핑을 하기 때문에 말리거나 구운 감귤류의 향이 난다.

영국식 브라운 에일은 20세기 초에 포터, 마일드, 엠버의 중간에 해당하는 맥주로 출시되었다. 그 후 1970년대부터 서서히 인기가 사그라들다가 초기 미국 양조업자들이 새로운 방식으로 제조하면서 재기의 싹을 틔우고 있다.

맥주 정보

색	투명도	발효	ABV(도수)	쓴 정도
갈색	맑음~살짝 탁함	옅은 과일 향	4~6.5%	20~40 IBU (중간)

뉴캐슬 브라운 에일

| 4.7% ABV | 양조지: 영국 태드캐스터 |

논쟁의 여지는 있겠지만 가장 유명한 브라운 에일이다. 좀 더 라이트한 맛의 갈색 맥주를 만들기 위해 1920년대에 고안되었다. 그래서 보디감이 가볍고 드라이하며 산뜻하고 홍차, 캐러멜 몰트, 황설탕, 바나나, 말린 과일, 담배의 풍미를 지닌다. 이 맥주를 숭배하는 사람들도 있으며 브라운 에일 중에서도 뛰어난 축에 속한다. 이 정도로 라이트한 맥주는 거의 찾기 어렵다. 이런 종류의 브라운 맥주를 묘사할 때 '너트 브라운 에일'을 함께 언급하기도 한다.

에이버리 브루잉 엘리스 브라운 에일

| 5.5% ABV | 양조지: 미국 콜로라도 주 볼더 |

영국식 버전보다 더 독한 맥주다. 풀보디감에 몰트에서는 바싹 구운 토스트, 카카오, 황설탕, 구운 견과류의 풍미가 강하다. 홉은 향보다는 맛에서 두드러져 나무, 담배, 옅은 허브 맛이 난다. 쓴맛이 오래가며 탄산을 만나 더 진해진다. 로스팅 맛 없이 몰트의 복합미를 느낄 수 있는 맥주이며, 영국식 브라운이 미국식으로 바뀐 훌륭한 예라 할 수 있다.

빅 스카이 브루잉 무스 드룰

| 5% ABV | 양조지: 미국 몬태나 주 미줄라 |

진한 적갈색의 무스 드룰은 가장 먼저 토스트와 견과류, 코코아 파우더, 프리첼, 건포도 비스킷, 연한 커피 등 몰트의 맛을 느낄 수 있다. 몰트에서 단맛이 나지만 진하지는 않다. 탄산과 꽃, 꿀, 후추, 매운맛의 홉으로 인해 라이트함이 계속 유지된다. 끝맛은 드라이하게 마무리된다. 뉴캐슬 스타일에 미국식 포인트를 주어 마치 산뜻한 갈색 라거를 마시는 듯하다.

시가 시티 브루잉 마두로 브라운 에일

| 5.5% ABV | 양조지: 미국 플로리다 주 탬파 |

마두로는 이 종류의 다른 맥주에 비해 몰트의 풍미가 더 깊다. 전반적으로 부드럽고 더 진한 풍미와 풀보디감은 캐러멜, 코코아, 카카오, 황설탕, 구운 베이글 등 전형적인 미국식 맥주를 잘 보여주고 있다. 땅콩버터 맛이 나며 커피 맛으로 마무리된다. 그리고 달콤한 시가 나무 상자의 향이 은은하게 배어 있다. 홉에서 나는 나무와 꽃 향은 적당하며, 쓴맛이 오래가 몰트의 쓴맛과 겹친다.

기타 추천 맥주

더 파이브 포인츠 브릭 필드 브라운: 구운 견과류, 홉의 말린 감귤류 향, 토스트

에일스미스 너트 브라운 에일: 초콜릿 비스킷, 토스트, 옅은 홉 향

앵커 브레클스 브라운: 홉의 구운 감귤류 향, 캐러멜, 바싹 구운 토스트

스트롱 에일과 스코티시 에일

이 에일들은 모두 몰트의 풍미를 가득 담고 있으며 각 스타일마다 독특한 특징과 가치를 지니고 있다.

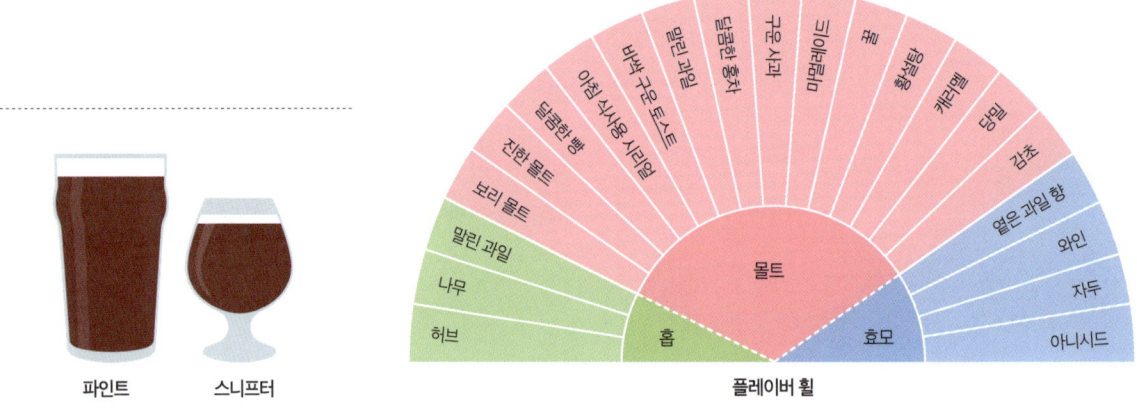

파인트   스니프터   플레이버 휠

맛, 제조 과정, 스토리

이 맥주들은 특정한 스타일이라기보다는 독한 맥주의 범주에 들어간다. 진한 호박색에서부터 진한 갈색을 띠고 있으며, 다양한 몰트의 맛이 나고 홉의 풍미나 쓴맛도 오래간다. 대개 영국 홉을 쓰지만 미국 홉을 다량 넣기도 한다. 맛은 독한 비터, 올드 에일, IPA, 발리 와인 사이에 위치한다.

많은 사람이 독한 비터 형태로 신선하게 마시지만 숙성해도 맛이 좋다. 도수가 높아 에스테르의 특징이 두드러지게 나타나는 편이다.

스코티시 에일은 잉글리시 비터와 비슷하며 도수는 3~6% 이상이다. 색은 보통 호박색에서 갈색에 이르고 몰트의 맛과 향이 좋다. 몰트의 특징이 강하고 단맛이 오래가지만, 드라이한 끝맛과 라이트한 쓴맛과도 좋은 균형을 이룬다.

위 헤비라는 맥주는 스코틀랜드식 에일 중에서 독한 범주에 속하며 스트롱 에일과 스타일이 겹친다. 맛은 발리 와인 쪽에 가깝지만 몰트의 특징과 단맛이 더 강한 편이다. 반면 홉의 향은 약하다. 위 헤비라는 이름은 '헤비(독한) 맥주'를 '위(작다는 의미)한 양' 정도만 대접한다는 의미다. 이런 이름은 도수가 높고 몰트의 특징이 강한 맥주를 양조하는 미국 양조업자들에게 환영받았다.

맥주 정보

색	투명도	발효	ABV(도수)	쓴 정도
진한 호박색~진갈색	맑음~살짝 탁함	옅은 과일 향	4~10%	20~60 IBU (중간~높음)

풀러스 빈티지 에일

| 8.5% ABV | 양조지: 영국 런던 |

세계 숙성 맥주 가운데 가장 훌륭한 종류 중 하나이며 20년 이상 꾸준히 발전해왔다. 잔에 따르면 진한 호박색에서 붉은색에 이르는 맥주와 황갈색 거품이 채워진다. 신선한 상태라면 향기로운 홉과 효모의 향, 말린 감귤류, 베리류, 향신료가 적절히 섞인, 때로는 홉의 특징이 강한 발리 와인의 특징을 느낄 수 있다. 숙성시키면 꿀, 캐러멜, 바닐라, 셰리, 말린 과일의 향이 더 많이 난다. 진한 쓴맛은 시간이 지나면서 옅어진다. 다양한 풍미가 혼합된 맥주다.

트라퀘어 하우스 에일

| 7.2% ABV | 양조지: 스코틀랜드 이너레이던 |

전형적인 스코틀랜드 스트롱 에일이다. 진한 루비색을 띠며 몰트에서는 건포도, 셰리, 구운 견과류, 마멀레이드, 바닐라, 오크(나무통에서 발효)의 달콤함과 주스의 특징이 나온다. 홉의 풍미는 적지만 효모 특유의 자두와 베리류 같은 과일 향이 함께 섞여 있다. 스코틀랜드의 가장 오래된 양조장에서 생산된 이 맥주를 마시면 마치 다른 시대에서 온 따뜻하고 정감 어린 맥주를 마시는 듯한 기분이 든다.

오크니 브루어리 다크 아일랜드

| 4.6% ABV | 양조지: 스코틀랜드 오크니 |

페일 에일 몰트와 초콜릿 몰트가 합쳐져 달콤한 빵, 토스트, 초콜릿, 말린 과일, 구운 견과류, 견과류 브리틀, 커피의 풍부한 풍미를 느낄 수 있고 끝맛은 영국 홉의 따뜻함과 매운맛으로 강렬하게 마무리된다. 몰트와 홉의 밸런스가 훌륭한 맥주다. 더 독한 마일드와 더 달콤한 포터 사이에 위치해 있다. 전형적으로 스코틀랜드의 에일 맛을 지닌 맥주다.

오스카 블루스 올드 첩

| 8% ABV | 양조지: 미국 콜로라도 주 롱몬트 |

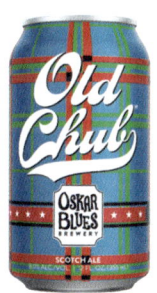

미국 양조업자들이 스코틀랜드에서 영감을 받은 독한 에일을 양조할 때 기준으로 삼는 맥주다. 진한 호박색-갈색을 띠며 부드러운 보디감을 주는 몰트에서는 캐러멜, 바닐라, 당밀, 구운 아몬드, 다크 프루트, 약간의 짭짤한 훈연의 특징이 나온다. 발효에서 생긴 에스테르의 과일 향도 나지만 홉에서는 허브의 쓴맛만 마지막에 날 뿐이다. 탄산이 적어 몰트의 풍부함을 편안하게 즐길 수 있다.

기타 추천 맥주

오델 90 실링: 구운 몰트, 비스킷, 경쾌하게 느껴지는 쓴맛

맥큐언스 챔피언: 말린 과일, 다크 체리, 토스트 풍미

오크니 다크 아일랜드 리저브: 다크 초콜릿, 오크, 위스키

발리 와인

와인을 닮은 이 독한 맥주는 미국식에 홉이 많이 들어가거나 영국식에 몰트의 풍미가 뛰어난 스타일로 만들어진다.

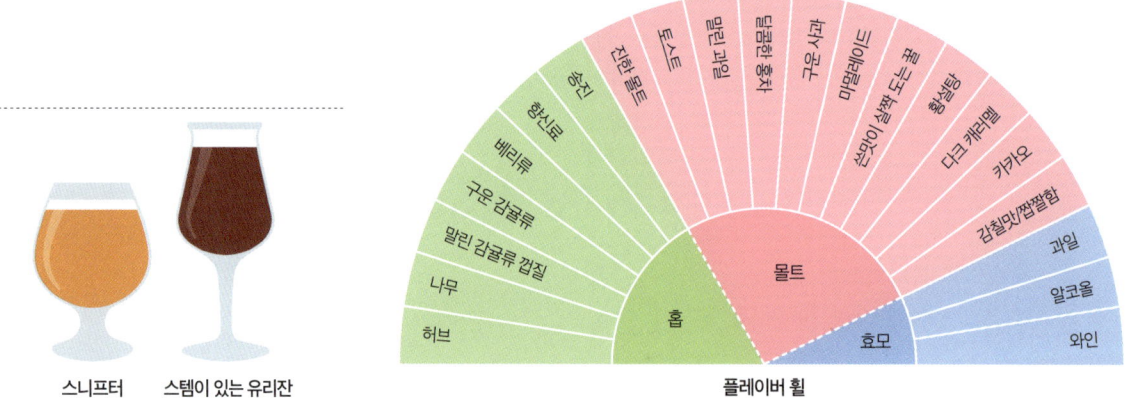

스니프터 스템이 있는 유리잔 플레이버 휠

맛, 제조 과정, 스토리

도수와 몰트의 함량이 높으며 때로는 홉의 풍미와 쓴맛이 두드러지기도 한다. 영국식 발리 와인은 몰트의 특징이 강해 말린 과일, 캐러멜, 과일 케이크, 견과류 맛 셰리의 특징과 높은 쓴맛을 가지고 있다. 미국식은 보통 더 독하고 쓰며 홉에서 나오는 감귤류와 송진 향이 매우 진하다. 에스테르에서는 과일 향이 느껴지며, 대부분 1년 이상 숙성한다.

크리스털, 캐러멜, 가마에서 구운 몰트를 페일 베이스 몰트와 함께 사용해 진한 색과 독특한 캐러멜, 과일 케이크, 와인, 말린 과일의 풍미를 만들고 단맛도 오래간다. 영국식은 쓴맛을 위해 영국 홉을 대량 첨가하고 미국식은 홉을 많이 넣어 강한 쓴맛을 내는 동시에 드라이 호핑을 여러 번 해서 익힌 감귤류와 송진 향을 아주 진하게 낸다. 종종 위스키나 버번을 두었던 배럴에 담아 숙성시킨다.

'발리 와인'이란 이름은 1800년대 후반부터 사용되었다. 점차 자주 찾지 않게 되고 겨울철 특별한 날 7~9%의 도수로 가끔 마시는 수준이었다. 미국 수제 맥주가 인기를 끌자 가장 먼저 받아들인 스타일 중 하나가 이 발리 와인이다. 양조 방식은 홉을 늦게 넣고 드라이 호핑을 하는 미국식으로 바뀌게 되었다.

맥주 정보

색	투명도	발효	ABV(도수)	쓴 정도
호박색~진갈색	맑음	과일 향 에스테르	8.5~13% 이상	40~100 IBU (중간~매우 높음)

세인트 마스 오브 더 데저트 아워 파이니스트 리가즈

9% ABV	양조지: 영국 셰필드

매우 진한 갈색의 맥주이며 효모에서는 과일과 따뜻한 알코올 향과 함께 바닐라, 갈색 빵 토스트, 옅은 로스팅의 특징이 나온다. 다른 종류에 비해 로스팅의 맛이 깊어 마치 몰트 빵과 블랙 커피(브랜디를 첨가한)를 함께 먹는 듯한 담백하고 따뜻한 느낌을 받게 된다. 쓴맛이 강하고 거의 민트를 먹은 듯한 상쾌함도 느껴진다. 파이니스트 리가즈는 매력적인 로스팅 – 와인 맛의 잉글리시 발리 와인이다.

코니스턴 브루잉 NO.9 발리 와인

8.5% ABV	양조지: 영국 코니스턴

다른 종류보다 색이 더 옅다. 잔에 따르면 진한 황금색에서 호박색의 맥주가 담긴다. 마지팬, 구운 아몬드, 바닐라, 견과류 맛 셰리, 캐러멜, 꿀의 향과 달콤한 몰트의 맛이 한데 어우러져 다양한 특징을 보여주는 맥주다. 몰트에서 오는 보디감은 풍부하고 부드러우며 홉에서는 쌉싸름한 꽃의 꿀, 달콤한 빵 반죽, 오렌지 맛 알코올, 오렌지 껍질의 향과 깔끔한 쓴맛이 난다. 논쟁의 여지는 있겠지만 1~2년간 병입 숙성하면 최고의 맛이 나온다.

시에라 네바다 빅풋

9.6% ABV	양조지: 미국 캘리포니아 주 치코

1983년에 처음 양조된 이 진한 붉은색의 고전적인 미국식 발리 와인은 매년 출시되고 있다. 홉에서는 자몽, 구운 파인애플, 억센 허브, 캄파리의 신선하고 강렬한 향과 진한 쓴맛이, 몰트에서는 캐러멜과 약간의 말린 과일 맛이 난다. 숙성하면 홉과 몰트의 특징이 혼합되어 말린 감귤류 껍질, 허브 맛 알코올과 함께 더 진해진 캐러멜, 견과류 브리틀, 건포도의 풍미가 생기고 쓴맛도 오래 남는다.

레볼루션 브루잉 스트레이트 재킷

15% ABV	양조지: 미국 일리노이 주 시카고

발리 와인계의 괴물이다. 높은 도수에 다크 캐러멜, 황설탕, 당밀, 과일 케이크를 넣어 베이스 맥주를 만들었다. 그리고 버번이 담겼던 배럴에 넣어 1년간 숙성시켜 전체적인 풍미를 더 높였다. 바닐라, 버번, 오크, 코코넛, 무화과, 대추 맛이 나며 핵과 같은 달콤한 과일의 특징이 가장 먼저 나타난다. 한 모금 머금으면 입안에 감기는 담백함을 느끼게 되고 지속되는 강렬함에 다시 한 번 맛보고 싶어지는 맥주다. 초콜릿을 곁들여보는 것도 좋다.

기타 추천 맥주

앵커 올드 포그혼: 말린 과일, 말린 감귤류, 와인

J.W. 리스 하비스트 에일: 달콤한 말린 과일, 셰리, 쓴맛이 살짝 도는 꿀

마블 비어스 발리 와인: 쌉쌀한 마멀레이드, 진한 홉 향, 건포도

포터

18세기 런던에서 만들어진 포터는 유명한 다크 맥주가 되었다. 스타우트보다는 로스팅한 보리 맛이 강하지 않은 편이다.

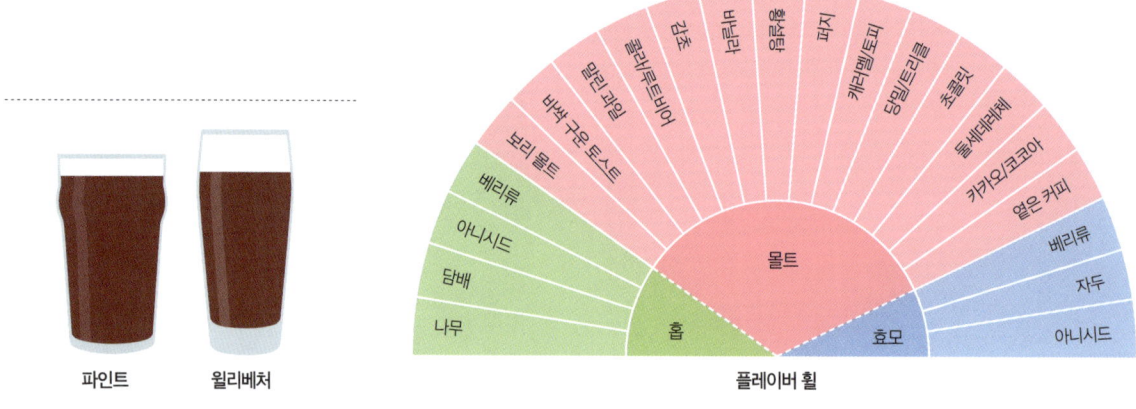

파인트 　 윌리베처 　 　 플레이버 휠

맛, 제조 과정, 스토리

포터와 스타우트는 맛이 비슷하지만 스타우트에서는 보통 로스팅한 맛, 태운 맛, 떫은 수준의 쓴맛이 몰트에서 더 나고 포터는 다크 프루트와 말린 과일 맛이 나서 조금 더 달고 도수도 더 높다. 또한 토스트, 빵, 견과류, 초콜릿, 캐러멜, 코코아, 황설탕, 바닐라 맛이 나고 홉의 특징은 약한 편이다. 미국식 포터는 도수가 더 높고 몰트와 홉의 풍미가 강하다.

전통적으로 포터에는 브라운 몰트를 넣으며 그 외에 페일 에일·크리스털·초콜릿 몰트를 추가해 토스트, 과일, 초콜릿의 풍미와 단맛의 여운을 준다. 홉에서는 적당한 수준에서 매운 정도의 맛과 과일 맛 등 다양한 특징이 나오고 쓴맛이 오래간다. 대개 영국 홉을 사용한다. 잉글리시 에일 효모는 진한 과일 향에 스테르를 생성하며, 그중에서 다크 프루트 향이 많이 난다. 포터는 커피나 다른 재료로 만들기도 하는데, 임페리얼급 강도를 가진 종류도 있다.

포터란 이름은 당시 런던 전역을 돌며 물건을 나르던 짐꾼(포터)에서 유래했다. 이들은 운반 중간에 쉬면서 에일을 마시곤 했다. 그러다 새로운 몰팅 기술이 나오고 대규모 산업화가 진행되면서 포터는 예전부터 존재했던 진한 단맛의 진갈색 맥주 그룹에서 독립해 하나의 스타일로 정착하게 된다. 포터는 1900년대 초에 인기가 떨어졌다가 많은 전통 맥주처럼 수제 맥주 열풍에 힘입어 다시 유명해지기 시작했다.

맥주 정보				
색	투명도	발효	ABV(도수)	쓴 정도
갈색	맑음~살짝 탁함	옅은 과일 향	4.5~6%	20~40 IBU (중간)

풀러스 런던 포터

5.4% ABV	양조지: 영국 런던

전형적인 현대식 잉글리시 포터 또는 런던 포터라고 알려져 있으며, 양조 교과서의 예시라고도 불리는 맥주다. 더 이상 과거의 통 숙성에서 유래한 맛은 나지 않으며 도수도 상대적으로 낮다. 진한 갈색과 황갈색 거품의 맥주는 다크 몰트의 향을 내뿜는다. 크리미할 정도의 보디감에 캐러멜, 토스트, 다크 프루트, 초콜릿 시리얼, 약간의 부드러운 초콜릿 맛이 나며 퍼글 홉이 허브의 쓴맛을 살짝 더해준다.

앤스패치 & 홉데이 더 포터

6.7% ABV	양조지: 영국 런던

풀러스가 현대적인 런던 포터라면 이 맥주는 숙성 기간이 길지 않은데도 더 고전적인 느낌을 준다. 오리지널 포터를 따라가기 위해 도수를 높였고 풀보디감과 카카오, 다크 초콜릿 트러플, 옅은 로스팅의 맛, 연기와 담배, 짭짤한 감칠맛이 켜켜이 쌓여 있다. 이 맥주에서 느껴지는 말린 과일의 풍미는 과거 통 숙성의 맛을 연상시킨다. 깔끔한 드라이함과 허브의 진한 쓴맛이 여운을 남긴다.

그레이트 레이크스 에드먼드 피츠제럴드 포터

6% ABV	양조지: 미국 오하이오 주 클리블랜드

오리지널 미국 수제 맥주 양조업자들은 기존 맥주에 도수와 몰트의 풍미를 더 높였고 미국 홉을 넣어 영국식 포터보다 쓴맛도 높였다. 에드먼드 피츠제럴드는 부드러운 질감, 다크 코코아, 달콤쌉쌀한 몰트, 당밀, 바싹 구운 토스트, 바닐라, 콜라 등과 같은 부분에서 아주 좋은 예가 된다. 몰트의 풍미는 한껏 응축되어 더 진한 맛을 남긴다. 북쪽의 양조업자들은 윌래메트나 캐스케이드 홉을 써서 허브, 베리류, 식물의 쓴맛을 낸다.

모더스 오퍼란디 사일런트 나이트

5.6% ABV	양조지: 호주 시드니

진한 갈색에 테두리가 살짝 붉은 강력한 포터다. 다크 몰트의 풍부한 맛과 깊이가 있고 다양성을 가지고 있으면서 전체적으로 깔끔하고 질감이 부드러우며 끝맛은 산뜻하고 드라이하게 마무리된다. 카카오, 코코아, 감초, 방금 빻은 다크 몰트와 함께 페이스트리, 달콤한 크림[다크 초콜릿 프로피테롤(작은 슈크림 - 옮긴이)을 떠올려보자)]의 맛도 살짝 느껴진다. 다크 몰트의 풍미가 끝까지 이어진다.

기타 추천 맥주

파이브 포인츠 레일웨이 포터: 로스팅한 몰트, 홉의 쓴맛, 카카오

데슈츠 블랙 뷰트 포터: 코코아, 달콤한 다크 프루트, 옅은 로스팅

르네상스 엘리멘털 포터: 다크 초콜릿, 구운 몰트, 홉의 허브 향

발틱 포터

이 독한 포터 맥주는 보통 라거 효모로 양조하며 발트해에 있는 국가, 특히 폴란드에서 매우 유명해서 이런 이름으로 불리게 되었다.

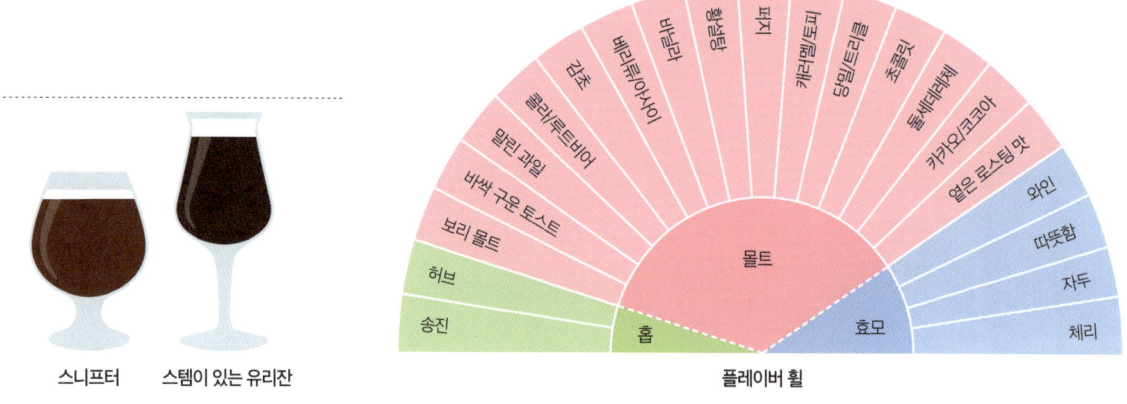

스니프터   스템이 있는 유리잔   플레이버 휠

맛, 제조 과정, 스토리

발틱 포터는 약한 로스팅과 떫은맛에서 스트롱 스타우트, 임페리얼 스타우트와 차이가 있다. 이 맥주는 보통 라거 효모로 발효한다. 대부분은 페일 라거 몰트에 카라몰트, 뮤닉·비스킷·브라운·초콜릿 몰트를 추가하며 쓴맛이 없고 도정하지 않은 다크 몰트로 색과 풍미를 만들지만 로스팅한 맛을 내지는 않는다. 저온 발효를 더 오래 할수록 풍미는 부드러워지면서 숙성되어 심지어 숙성된 와인이나 셰리 같은 풍미까지 살짝 나오고 높은 도수임에도 피니시가 가벼워진다.

이 맥주에서는 다크 프루트, 베리류, 포트 와인 같은 맛이나 견과류 맛 셰리, 당밀, 감초, 다크 프루트 초콜릿, 아니시드 맛을 예상할 수 있고 더 독한 버전에서는 약간의 과일 향 에스테르와 강한 알코올을 느낄 수도 있다. 놀랄 정도로 홉의 쓴맛이 강한 종류도 있지만, 대부분은 부드러운 다크 몰트의 풍미가 나온다. 스트롱 잉글리시 포터와 스타우트는 19세기에 많이 수출되었고 대량으로 발트해의 항구에 도착했다. 이 맥주들은 긴 항해 중에 숙성되어 와인의 특징이 강한 새로운 맥주로 변신했다. 국내 양조업자 또한 자신만의 버전으로 만들기도 했다. 이후 라거 생산으로 분위기가 바뀌면서 스트롱 다크 에일은 스트롱 다크 라거로 바뀌었지만, 여전히 이곳에서는 중요한 존재로 남아 있다. 최근까지도 이 지역 외에서는 잘 알려지지 않았지만 서서히 인기가 올라가고 있다.

맥주 정보

색	투명도	발효	ABV(도수)	쓴 정도
진갈색~검은색	맑음~불투명함	옅은 과일 향	6.5~11%	25~50 IBU (중간~높음)

브루어 포르투나 코메스 포터 발티키

9% ABV	양조지: 폴란드 미워스와프

개방된 발효조에서 낮은 온도로 천천히 발효한 맥주다. 이 독한 폴란드 발틱 포터는 라거 탱크에서 최소 3개월간 숙성되면서 특유의 부드럽고 균형 있는 풍미가 생성된다. 검은색에 풍부한 황갈색 거품을 지닌 이 맥주에서는 카카오, 다크 초콜릿, 체리, 감초, 자두, 베리류의 와인 맛, 과일 에스테르의 향이 난다. 보디감이 풍부하지만 높은 도수에 비해 가볍게 느껴진다.

로스트 앤 그라운디드 러닝 위드 스펙트레스

6.8% ABV	양조지: 영국 브리스틀

이 양조장에서 만드는 러닝 위드 셉트레스와 헷갈리지 말자. 이 맥주는 훌륭한 발틱 포터다. 다크 초콜릿, 카카오닙스, 감초, 블랙커런트, 베리류의 특징을 느낄 수 있으며 몰트는 부드럽고 풍부하지만 로스팅의 맛은 없고 깔끔한 발효의 맛이 난다. 홉의 향과 풍미, 쓴맛이 다른 종류보다 강해서 몰트가 허브와 아니시드의 맛과 함께 다양한 풍미를 만들어낸다.

레 트루아 무스케테르 포터 발티크

10% ABV	양조지: 캐나다 브로사드

이 독한 발틱 포터는 검은색에 가까우며, 아주 풍부한 맛을 지녀서 한 모금 마실 때마다 라거 발효와 숙성에서 느낄 수 있는 풍미에 새로운 맛까지 더해지는 놀라운 경험을 할 수 있다. 처음에는 당밀과 다크 메이플시럽 같은 단맛이, 그러고는 카카오, 바닐라, 알코올의 따뜻함과 단맛, 말린 다크 체리, 체리 브랜디, 호밀, 커피, 감초가 줄지어 들어온다. 마시는 내내 미묘하게 스며들어 있는 훈연의 향까지 느낄 수 있다.

뽀할라 웨에 임페리얼 발틱 포터

10.5% ABV	양조지: 에스토니아 탈린

이 맥주는 도수 10.5%의 임페리얼급 강도를 가지고 있는 가장 유명한 발틱 포터 중 하나다. 검은색이 흡사 잉크 같다. 신선할 때 마시면 다크 몰트, 아주 진한 다크 초콜릿, 트리클, 따뜻한 알코올, 베리류, 높은 쓴맛을 느낄 수 있다. 숙성시키면 자두, 건포도, 체리 등의 말린 다크 프루트와 포트와인 같은 맛이 나며 다양한 풍미가 새롭게 나타난다. 따뜻한 느낌과 몰트, 숙성된 풍미를 함께 즐길 수 있는 맥주다.

기타 추천 맥주

포드고르츠 652 M N.P.M.: 부드러운 다크 몰트, 다크 프루트, 캐러멜

브로와르 코모란 임페리움 프루놈: 훈연, 말린 자두, 다크 초콜릿

잭스 애비 프라이밍해머: 초콜릿, 당밀, 오트밀 건포도 비스킷

드라이 스타우트

이 스타우트는 아이리시 스타우트, 아메리칸 스타우트, 엑스포트 스타우트에 속하며 로스팅한 보리에서 나오는 커피와 다크 초콜릿의 풍미를 느낄 수 있다.

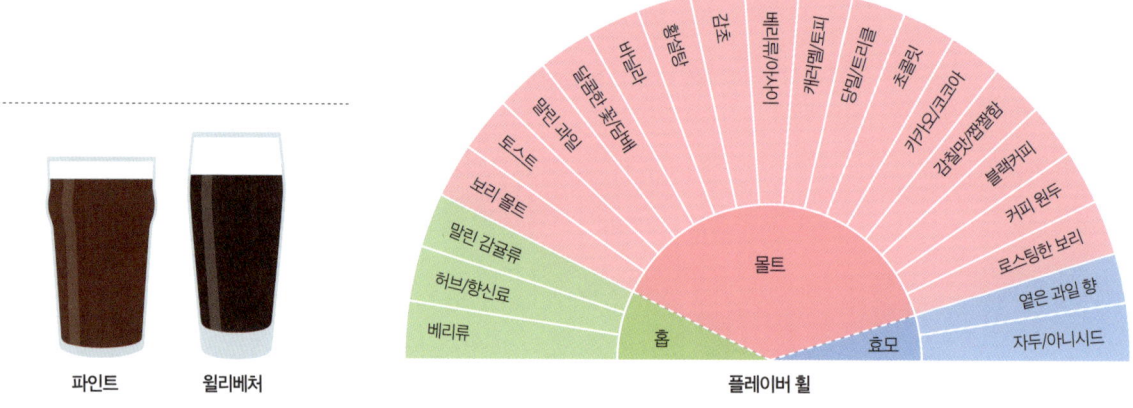

맛, 제조 과정, 스토리

로스팅한 다크 몰트는 주요 풍미를 담당하고 전체 곡물 지출액의 10~25% 정도를 차지한다. 블랙 몰트, 도정하지 않은 몰트, 초콜릿과 크리스털 몰트를 추가하는 곳도 있다. 이런 맥주에서는 로스팅한 보리, 커피, 다크 초콜릿, 카카오, 감초, 말린 다크 프루트 등의 맛을 예상할 수 있다. 스타우트에는 대부분 영국 홉을 넣기 때문에 베리류나 허브의 특징이 생긴다. 미국 홉은 아메리칸 스타우트에 넣으며, 쓴맛과 향이 강해진다. 대부분 끝맛은 달지 않고 드라이하다. 일부 종류에서는 발효에서 오는 진한 과일 향 에스테르가 느껴지기도 한다. 대개 질소를 넣어서 부드러운 질감과 크리미한 거품을 만들어낸다.

아이리시 스타우트는 고전적인 기네스와 비슷하다. 그리고 아메리칸 스타우트는 더 독하고 다크 몰트가 많이 들어 있으며, 홉의 쓴맛과 향이 강하다. 수출용 스타우트는 진해진 홉의 쓴맛과 함께 도수가 높은 아이리시 스타우트와 비슷하다.

'스타우트'라는 단어는 본래 맥주의 독한 버전을 뜻했지만 시간이 지나면서 자체의 스타일로 자리 잡게 되고 하위 종류까지 생기게 된다. 기네스는 아이리시 스타우트의 원형이며 1900년대 중반에 등장했다. 스타우트의 주요 수출국은 서아프리카와 카리브해 국가들이며 인기는 여전히 높다. 이런 종류들은 포터나 스위트 스타우트에 비해 로스팅에서 오는 쓴맛과 드라이한 끝맛이 더 강하다.

맥주 정보

색	투명도	발효	ABV(도수)	쓴 정도
진갈색~검은색	맑음~불투명함	옅은 과일 향	4~6.5%	25~55 IBU (중간~높음)

기네스 드래프트

4.2% ABV   양조지: 아일랜드 더블린

이 맥주만큼 독특하면서 유명한 종류도 많지 않을 것이다. 진한 루비-검은색에 희고 두꺼운 거품이 있으며, 거품과 함께 들이켜면 벨벳 같은 질감과 거품에서 흘러나오는 카카오, 로스팅한 보리, 다크 베리의 향을 느낄 수 있다. 코에 가까이 대고 냄새를 맡아보면 딸기와 사탕 맛의 에스테르를 느낄 수 있다. 보기보다 보디감은 라이트하고 약간의 다크 로스팅의 맛, 커피 정도의 산도를 느낄 수 있으며 끝맛은 드라이하고 깔끔하게 마무리된다.

오하라스 브루어리 아이리시 스타우트 니트로

4.3% ABV   양조지: 아일랜드 칼로

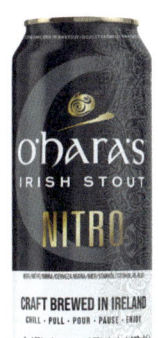

이 고전적인 아일랜드 스타우트의 진정한 맛을 알고 싶다면 생맥주 형태나 질소 캔에 들어 있는 것으로 맛봐야 한다. 크리미한 거품이 특징이다. 로스팅한 보리, 커피, 감초, 매우 진한 코코아 향이 나고 실크 같은 질감은 마치 플랫 화이트(에스프레소에 미세한 입자의 스팀 밀크를 혼합해 만든 커피 - 옮긴이)처럼 담백하며, 다크 몰트에서는 로스팅한 맛이 느껴지지만 그 정도가 심하지 않은 풍부한 맛이 난다. 퍼글 홉은 허브와 멘톨 같은 상쾌함과 드라이함을 준다.

데슈츠 브루어리 옵시디언 스타우트

6.4% ABV   양조지: 미국 오리건 주 벤드

가볍게 즐기는 아일랜드 맥주보다 더 눈길이 가는 이 아메리칸 스타우트는 몰트와 홉의 풍미(여러 잔을 계속해서 마시는 걸 즐기는 아일랜드인에 비해 미국인은 보통 강한 풍미의 맥주를 더 선호한다)로 더 강한 맛을 느낄 수 있다. 로스팅한 보리, 카카오, 미소, 베리류나 체리의 향이 풍겨오면서 곧 에스프레소, 카카오닙스, 로스팅한 새싹 보리, 과일 맛 바닐라, 말린 과일의 맛이 이어진다. 끝맛은 몰트와 홉의 진한 쓴맛으로 마무리된다.

더 커널 엑스포트 스타우트 1890

7.5% ABV   양조지: 영국 런던

1890년 레시피를 바탕으로 양조된 이 맥주에서는 전통적으로 런던 다크 비어(새로운 버전에는 로스팅한 보리를 넣는다)를 만들 때 사용했던 브라운 몰트의 풍미를 깊이 느낄 수 있다. 다크 초콜릿, 다크 베리, 말린 과일, 당밀, 담배, 훈연, 오래된 가죽의 맛은 빅토리아 시대의 런던을 연상시킨다. 다양한 풍미가 켜켜이 쌓여 있고, 끝맛은 홉에서 오는 쓴맛이 여운을 남기며, 브라운 몰트에서는 특유의 바싹 구운 토스트 맛이 난다.

기타 추천 맥주

4 파인즈 스타우트: 진한 다크 초콜릿, 옅은 에스프레소, 베리류

펠리컨 쓰나미 엑스포트 스타우트: 카푸치노, 다크 초콜릿, 강렬함

기네스 포린 엑스트라: 크리미한 다크 초콜릿, 베리류, 부드러움

스위트 스타우트

스위트 스타우트의 대표적인 종류에는 오트밀 스타우트와 밀크 스타우트가 있다.
드라이 스타우트와 비교했을 때 로스팅의 쓴맛보다는 단맛이 더 강하다.

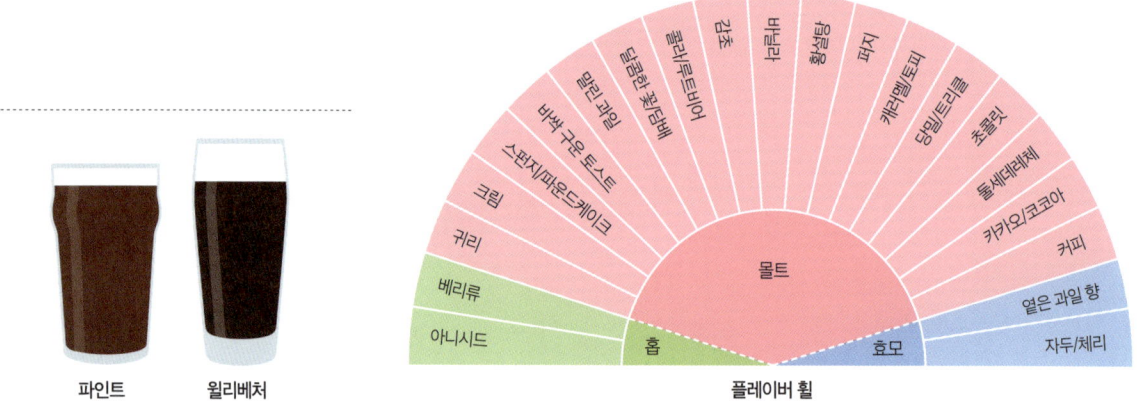

파인트 　 윌리베처 　 　 플레이버 휠

맛, 제조 과정, 스토리

전반적으로 드라이 스타우트보다 더 달고 로스팅 맛이 적다. 그러나 단맛에만 치우치지 않고 전체적인 균형이 잘 맞다. 이 맥주는 로스팅한 몰트의 양을 줄이고 귀리와(또는) 락토오스(젖당 또는 유당)를 추가했기 때문에 단맛이 더 나게 된다. 부드럽지만 묵직한 질감과 낮은 탄산의 특징을 가지며 일부는 질소를 넣어 크리미한 느낌을 더하기도 한다. 오트밀 스타우트는 전체 재료에서 귀리가 10~20%를 차지하며, 더 진한 색의 몰트를 넣어 초콜릿의 풍미를 만든다. 밀크 스타우트는 보통 귀리와 락토오스를 넣으며, 전체 곡물 지출액의 5~10%를 차지한다. 두 종류 모두 단맛이 오래간다. 홉은 향보다는 쓴맛을 내기 위해 넣는다. 추가 재료에는 초콜릿, 커피, 바닐라, 견과류가 있다.

오트밀은 몇 세기 동안 영국 맥주 양조에 사용되었지만 오트밀 스타우트는 1800년대 후반에 들어서야 개발되었다. 처음에는 병약한 사람들의 영양을 보충하는 음료로 만들어서 홍보했다. 밀크 스타우트는 1900년대 초반에 수유부를 위한 맥주로 나왔다. 20세기 중반이 되자 이런 종류들의 인기는 사그라졌지만 수제 맥주의 부흥으로 더 맛있는 형태로 다시 생산되었고 부드러운 질감과 단맛으로 인기를 얻기 시작했다.

맥주 정보

색	투명도	발효	ABV(도수)	쓴 정도
진갈색~검은색	맑음~불투명함	옅은 과일 향	4~6%	20~40 IBU (중간)

레프트 핸드 브루잉 밀크 스타우트 니트로

6% ABV · 양조지: 미국 콜로라도 주 롱몬트

밀크 스타우트의 교과서 같은 맥주다. 락토오스, 약간의 귀리, 혼합 몰트로 양조하며 이 진갈색 맥주를 따르면 두꺼운 흰 거품이 생긴다. 질소 버전은 크리미하고 감미로운 질감으로 입안을 즐겁게 해준다. 밀크 초콜릿 같은 단맛, 초콜릿 오트밀, 커피 사탕, 바닐라, 퍼지의 특징을 느낄 수 있고 코코아 가루, 커피의 쓴맛, 드라이함으로 마무리된다.

로크 로몬드 브루어리 실키 스타우트

5% ABV · 양조지: 스코틀랜드 덤바턴

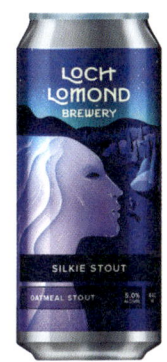

실키 스타우트는 다른 종류와 비교했을 때 로스팅한 맛이 더 나는 편이다. 많은 양의 귀리와 다크 몰트를 넣어 만든 이 진한 갈색의 맥주는 크리미한 황갈색 거품이 나고 커피, 커피 원두, 로스팅한 보리, 다크 초콜릿 오트밀 비스킷의 특징이 나타난다. 다양한 몰트의 풍미로 인해 묵직한 보디감과 크리미한 질감, 로스팅한 맛을 동시에 느낄 수 있는 훌륭한 맥주다. 이런 진한 로스팅의 맛은 부드러운 귀리와 아주 잘 어울린다.

세인트 엠브로이스 오트밀 스타우트

5% ABV · 양조지: 캐나다 몬트리올

이 아름다운 다크 맥주는 클래식한 오트밀 스타우트로 여겨진다. 한 모금 마시면 다크 초콜릿, 코코아 가루, 트러플, 달콤한 커피, 크리미한 귀리, 바닐라 꽃, 당밀의 향이 입안을 적신다. 초콜릿 밀크셰이크의 고급스러운 질감은 실크처럼 부드럽지만 단맛이 강하지는 않다. 여전히 다크 초콜릿과 로스팅의 풍미가 남아 있고 약간 크리미한 퍼지, 귀리의 독특한 맛, 다크 감초 외에도 홉에서 베리류의 향을 함께 느낄 수 있다.

게러지 프로젝트 시리얼 밀크 스타우트

4.7% ABV · 양조지: 뉴질랜드 웰링턴

스타우트에서 시리얼 우유와 같은 풍미를 끌어내기 위해 만든 이 맥주는 귀리, 초콜릿 밀, 락토오스, 콘플레이크로 만들었다. 콘플레이크보다는 초콜릿 시리얼 향이 나며, 초콜릿과 약간의 달콤한 로스팅의 맛, 바닐라의 특징도 보인다. 눈을 가린 채 맛만 본다면 시리얼 우유의 맛은 알아채지 못한 채 캐러멜과 초콜릿 맛이 바탕인 크리미하고 부드러운 스타우트라고만 생각될 것이다. 도수가 낮아 마시기 쉽다.

기타 추천 맥주

새뮤얼 스미스 오트밀 스타우트: 크리미한 초콜릿 포리지(귀리 또는 다른 곡물을 물 또는 우유에 끓여 만든 식사 – 옮긴이), 옅은 로스팅

브리스틀 비어 팩토리 밀크 스타우트: 밀크 초콜릿, 옅은 커피, 크리미함

영스 더블 초콜릿 스타우트: 초콜릿 퍼지, 바닐라, 초콜릿 시럽

임페리얼 스타우트

풍부한 다크 몰트와 높은 도수가 밀도 있게 혼합된 임페리얼 스타우트는 진한 풍미를 경험하고 싶어 하는 소비자들에게 가장 사랑받는 맥주 중 하나다.

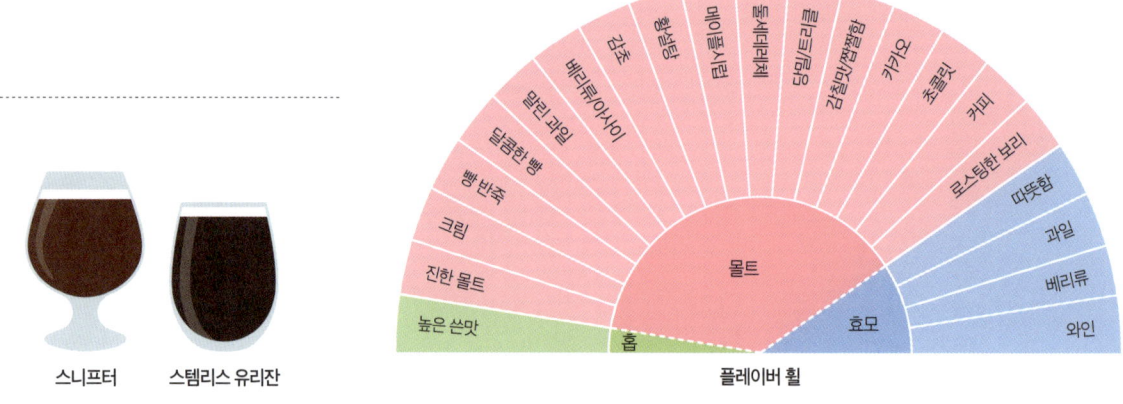

스니프터   스템리스 유리잔   플레이버 휠

맛, 제조 과정, 스토리

보통 임페리얼 스타우트는 양조장에서 가장 독하고 유명한 맥주들이다. 여기에 들어가는 다크 몰트는 풀보디감과 함께 진한 초콜릿, 카카오, 커피, 로스팅한 보리, 감칠맛/미소, 다크 프루트, 감초, 아니시드, 당밀 같은 단맛 등 다양한 풍미를 준다. 쓴맛이 강하지만 단맛이 오래가기 때문에 적절한 균형을 이룬다. 보통 귀리와 다른 재료를 추가하며, 이 재료들은 다크 몰트와 잘 혼합되어 커피, 바닐라, 초콜릿 풍미를 낸다. 배럴 숙성을 많이 하는 편이다.

양조업자는 단맛을 내기 위해 많은 양의 페일 몰트를 넣는다. 여기에 다크 크리스털 같은 가마에서 구운 몰트를 첨가해 다양한 과일 풍미를 첨가하고 그 후에 브라운·초콜릿·블랙 몰트와 로스팅한 보리를 넣어 진한 색과 로스팅한 맛을 부여한다. 귀리는 보통 부드러운 질감을 위해, 설탕은 풍미와 발효로 인한 단맛을 위해, 홉은 쓴맛을 위해서만 첨가한다.

이런 맥주들의 역사를 살펴보려면 스트롱 잉글리시 포터나 스타우트 포터로 거슬러 올라가야 한다. 1700년대 후반에 수출을 위해 양조해 세계 곳곳으로 이동했으며, 특히 발트해 국가에서 유명했다. 그러나 소비자의 입맛이 변하면서 임페리얼 스타우트는 1900년대 초에 자리를 내주게 되었다. 그리고 호기심 많고 창의적인 수제 맥주 양조업자들이 부활시켰다. 현재는 양조의 극한을 추구하는 맥주 스타일의 모범이 되었다.

맥주 정보

색	투명도	발효	ABV(도수)	쓴 정도
진갈색~검은색	맑음~살짝 탁함	과일 향/따뜻함	8~15%	30~100 IBU (중간~매우 높음)

오스카 블루스 텐 피디

| 10.5% ABV | 양조지: 미국 콜로라도 주 롱몬트 |

고전적인 미국식 임페리얼 스타우트다. 잔에 따르면 진한 모카색 거품과 함께 검은색 맥주가 나온다. 다크 초콜릿, 다크 캐러멜, 카카오, 에스프레소, 로스팅한 몰트, 감초, 자두, 진한 홉의 향, 다크 프루트, 진한 와인 알코올 향을 지니고 있다. 짙은 풍미에 독하고 강렬한 맥주이면서도 귀리를 첨가해 크리미한 느낌도 있다. 홉의 쓴맛이 강해 끝맛이 강렬한 미국식 맥주를 잘 보여주고 있다.

프레몬트 브루잉 다크 스타

| 8% ABV | 양조지: 미국 워싱턴 주 시애틀 |

이 임페리얼 오트밀 스타우트는 다른 임페리얼에 비해 도수가 조금 낮은 편이지만, 강렬한 풍미는 느낄 수 있다. 14% 이상의 매우 독한 스타우트와 비교해 마셔보면 차이를 더 잘 느낄 수 있을 것이다. 잔에 따르면 매우 진한 갈색 맥주와 두꺼운 황갈색 거품이 형성된다. 카카오, 바닐라, 초콜릿이 덮인 건포도, 다크 초콜릿, 발효된 커피 원두 맛 외에도 미소의 풍미와 오트밀의 질감, 에스테르의 꽃 향을 느낄 수 있고 끝맛은 로스팅한 맛으로 마무리된다.

듀두씨엘! 페쉬 모텔

| 9.5% ABV | 양조지: 캐나다 몬트리올 |

이 커피 맛 임페리얼 스타우트는 진한 몰트의 깊은 풍미가 과하지 않게 들어 있다. 두꺼운 진갈색 거품을 가진 거의 검은색에 가까운 맥주다. 마시면 처음에는 커피 향이, 그러고는 로스팅, 모카, 다크 초콜릿, 과일 맛 바닐라의 맛이 이어진다. 부드러운 질감은 단맛이 강한 다크 초콜릿, 커피, 다크 트리클의 맛과 잘 어우러지고 처음부터 끝까지 로스팅의 풍미가 이어진다. 끝맛은 강한 홉의 쓴맛으로 마무리된다.

페레니얼 아티잔 에일 아브락사스

| 11.5% ABV | 양조지: 미국 미주리 주 세인트루이스 |

임페리얼 스타우트는 양조업자가 맛의 창의성을 발휘하게 해주었고 여기서 탄생한 아브락사스는 멕시코 핫초코에서 영감을 받아 만들어졌다. 앤초 칠리, 시나몬, 바닐라 빈, 카카오 닙스를 재료로 썼다. 먼저 다량의 다크 몰트와 재료들을 넣고 섞은 후 오랜 시간 끓이면 응축된 풍부한 풍미가 생성된다. 아브락사스는 무거운 질감을 가지고 있으며, 달콤한 바닐라와 초콜릿, 향신료, 로스팅, 따뜻한 알코올이 똑똑하게 균형을 이루고 있다.

기타 추천 맥주

드 스트뤼스 블랙 앨버트: 다크 초콜릿, 브랜디, 닭밀

더 커널 임페리얼 브라운 스타우트: 카카오, 베리류, 로스팅의 쓴맛

에일스미스 스피드웨이 스타우트: 커피, 과일 맛 카카오, 로스팅한 몰트

배럴 숙성 맥주

배럴에서의 숙성은 맥주에 새로운 특성을 부여한다. 나무, 바닐라, 향신료의 풍미와 함께 앞서 담아두었던 알코올의 특징까지 갖게 된다.

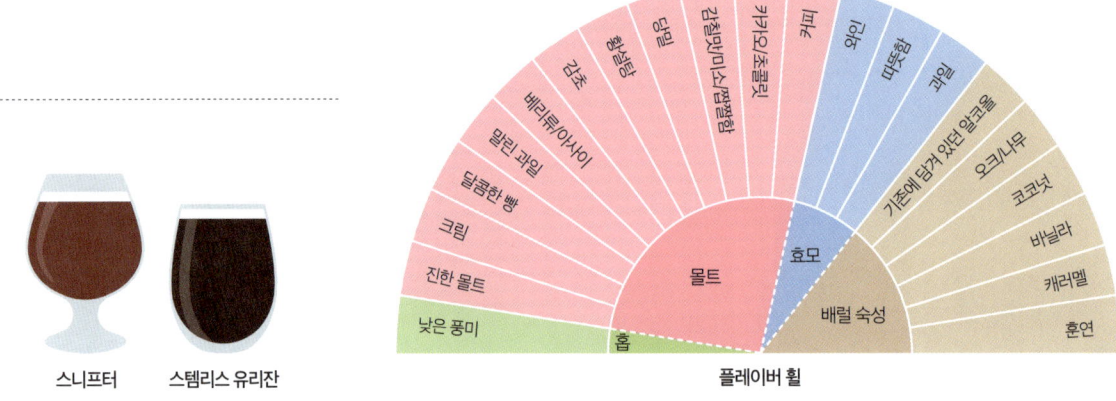

스니프터 / 스템리스 유리잔 / 플레이버 휠

맛, 제조 과정, 스토리

어떤 맥주든 배럴에서 숙성할 수 있겠지만 주로 임페리얼 스타우트, 발리 와인, 스트롱 벨지안 에일을 숙성한다. 마실 때의 강렬한 느낌, 그리고 나무(보통 오크)와 숙성으로 인한 새로운 풍미를 주기 위해 이런 방식을 택한다. 오크통 안에서 바닐린은 바닐라의 풍미를, 락톤류는 구운 코코넛과 아몬드 같은 크리미하고 고소한 맛을 만들어낸다. 보통 배럴 숙성을 하면 과일, 타닌 또는 드라이함, 말린 과일, 캐러멜, 진한 알코올의 풍미도 느낄 수 있다. 이전에 담겨 있던 술, 주로 버번이나 스카치위스키, 럼주, 와인, 셰리 또한 맥주에 새로운 풍미를 더해준다.

배럴에 넣는 재료는 베이스 맥주의 스타일에 따라 다르다. 탱크에서 1차 발효가 끝나면 맥주를 배럴로 옮긴다. 기간은 3~12개월 또는 그 이상이다. 시간이 지나면 통이 따뜻해지면서 팽창하게 되고 맥주가 나무 사이사이에 스며든다. 그리고 다시 차가워지면 나무의 풍미가 밴 맥주가 빠져나온다.

1992년 버번 배럴에서 맥주를 처음으로 숙성시켜 새로운 풍미를 만들어낸 구스 아일랜드의 버번 카운티 스타우트는 배럴 숙성 맥주라는 범주를 만들었고 이제는 양조장에서도 배럴을 쉽게 볼 수 있게 되었다. 보통 이런 맥주들은 소량으로 제조되고 팔린다. 이런 희소성과 다채로운 풍미는 배럴 숙성 맥주에 대한 평가를 더 높여주고 있다.

맥주 정보

색	투명도	발효	ABV(도수)	쓴 정도
진한 황금색~검은색	맑음~살짝 탁함	과일 향/따뜻함	8~15%	30~100 IBU (중간~매우 높음)

구스 아일랜드 버번 카운티 스타우트

14.4% ABV   양조지: 미국 일리노이 주 시카고

이 퇴폐적이며 묵직한 질감의 흑맥주는 다크 프루트 카카오, 퍼지, 다크 캐러멜, 달콤한 커피, 블랙베리 와인이 기본을 이루고 버번을 담았던 배럴에서 8~14개월간 숙성시킨다. 그러면 바닐라(생꼬뚜리와 바닐라 케이크) 같은 새로운 풍미가 더해지고 오크 나무, 버번, 숙성된 감칠맛, 견과류 맛 셰리, 체리, 아몬드, 감초, 트리클 등의 맛이 난다. 알코올의 특징을 느낄 수 있는 강렬한 맛의 맥주다.

뉴 홀랜드 드래곤스 밀크

11% ABV   양조지: 미국 미시간 주 홀랜드

1년 내내 배럴에서 숙성시키는 몇 안 되는 임페리얼 스타우트인 드래곤스 밀크는 우선 버번을 담았던 통에서 3개월간 숙성시켜 바닐라, 오크, 코코넛의 독특한 특징뿐만 아니라 약간의 콜라, 캐러멜, 초콜릿 트러플, 로스팅한 보리 맛을 내도록 한다. 질감은 부드럽고 과하게 달지 않으며 드라이하게 마무리된다. 배럴 숙성을 할 때 어느 정도 제한을 두고 진행하기 때문에 강렬한 맛을 지닌 다른 종류보다 균형감 있고 미묘하며 마시기에도 쉽다.

하비스턴 브루어리 올라 덥 12

8% ABV   양조지: 스코틀랜드 알바

올라 덥은 하이랜드 파크 증류소의 단일 몰트 배럴에서 숙성되었으며, 다른 여러 가지 임페리얼 스타우트와 비교해 우아한 맛을 지니고 있다. 종류에는 올라 덥 12, 14, 16, 18, 21(때로는 30이나 40)이 있으며 이 숫자는 위스키의 숙성 기간을 의미한다. 기간에 따라 맥주에도 다른 특징이 생긴다. 가장 대표적인 종류는 올라 덥 12이며 과일 맛 커피, 바닐라, 감초 맛이 나고 훈연 향은 끝까지 유지된다.

라 트라페 오크 에이지드

11% ABV   양조지: 네덜란드 베르켈 앙쇼트

이 트라피스트 쿼드루펠은 버진 오크, 구운 오크, 위스키·럼주·와인·포트와인 배럴, 아카시아나 체리 나무 등 다양한 통에서 다양한 기간 동안 숙성된다. 맥주마다 혼합된 배럴의 종류가 다르다. 맛은 말린 과일, 베리류, 향신료, 바닐라, 캐러멜 등을 예상할 수 있으며 통의 종류에 따라 추가되는 부분이 있을 것이다. 여러 종류의 통에서 숙성된 것을 몇 가지 마셔보고 비교해본다면 아주 흥미로운 부분을 찾게 될지도 모른다.

기타 추천 맥주

파이어스톤 워커 파라볼라: 체리 맛 다크 초콜릿, 진한 버번

드 스트뤼스 쿠베 델핀: 초콜릿 트러플, 베리류, 바닐라

알라가시 큐리외: 구운 핵과, 버번, 바닐라

사워 맥주와
과일 맥주

이번 장에서는 또 다른 영역의 맥주와

이들이 얼마나 전통적이면서도 실험적일 수 있는지 알아보고자 한다.

이 그룹에는 벨지안 괴즈와 레드 – 브라운 에일 같은

세계적으로 유서 깊으면서 독특한 맥주들이 있다.

이 맥주들은 몇 년간 나무로 된 배럴에 숙성시켜 다양한 풍미를 지니게 된다.

그리고 이들과 나란히 선 가장 현대적이고 창의적이며 흥미로운 맥주도 있다.

신선한 과일이 들어간 새콤하면서 청량한 맥주,

그리고 초콜릿, 호박, 향신료 등 기발한 재료로 만든 맥주들도 있다.

람빅: 브뤼셀 맥주의 전통

람빅과 자연 발효 맥주는 독특하게도 장소를 보여주는 맥주들이다. 즉 양조장이란 장소에서 자신의 특징을 갖게 된다는 말이다. 와일드 이스트와 박테리아로 자연 발효했고 나무 배럴에서 숙성해 신맛이 생긴다. 그리고 양조업자가 적당하다고 생각하는 때에 원하는 재료와 섞어 풍미를 만든다.

람빅 양조하기

람빅을 양조하는 가장 기본적인 토대는 에일과 같지만 단계마다 세부적인 사항은 다르다. 우선 레시피에는 30~40%의 몰팅하지 않은 밀이 포함된다. 전통적인 방식은 복잡한 터비드 매싱 시스템(복잡한 형태의 스탭 매싱법 – 옮긴이)을 사용하기 때문에 용기가 여러 개 필요하고, 온도도 달라야 하며, 밀을 분쇄해 우유 같은 맥아즙을 만들어야 한다. 이렇게 만들어진 맥아즙은 덱스트린 당의 함량이 높다. 일반적인 에일 효모는 이 당분으로 발효하지 않지만 와일드 이스트와 박테리아는 발효를 시작한다. 그리고 이 당분 덕분에 맥주는 부패 없이

양조업자와 블렌더

브뤼셀 주변 지역에서는 람빅 생산을 꾸준히 이어왔고 현재는 그 기쁨을 만끽하는 양조업자와 블렌더들이 있다. 양조업자가 맥아즙을 만들고 발효시킨다면 블렌더는 여러 양조업자에게서 맥아즙을 구매해 숙성한 후 혼합시켜 자신의 이름으로 판매한다.

람빅의 생산 과정

람빅은 공기 중에 떠다니는 와일드 이스트와 박테리아가 맥아즙에 들어가 발효가 되는 매우 독특한 과정을 거친다.

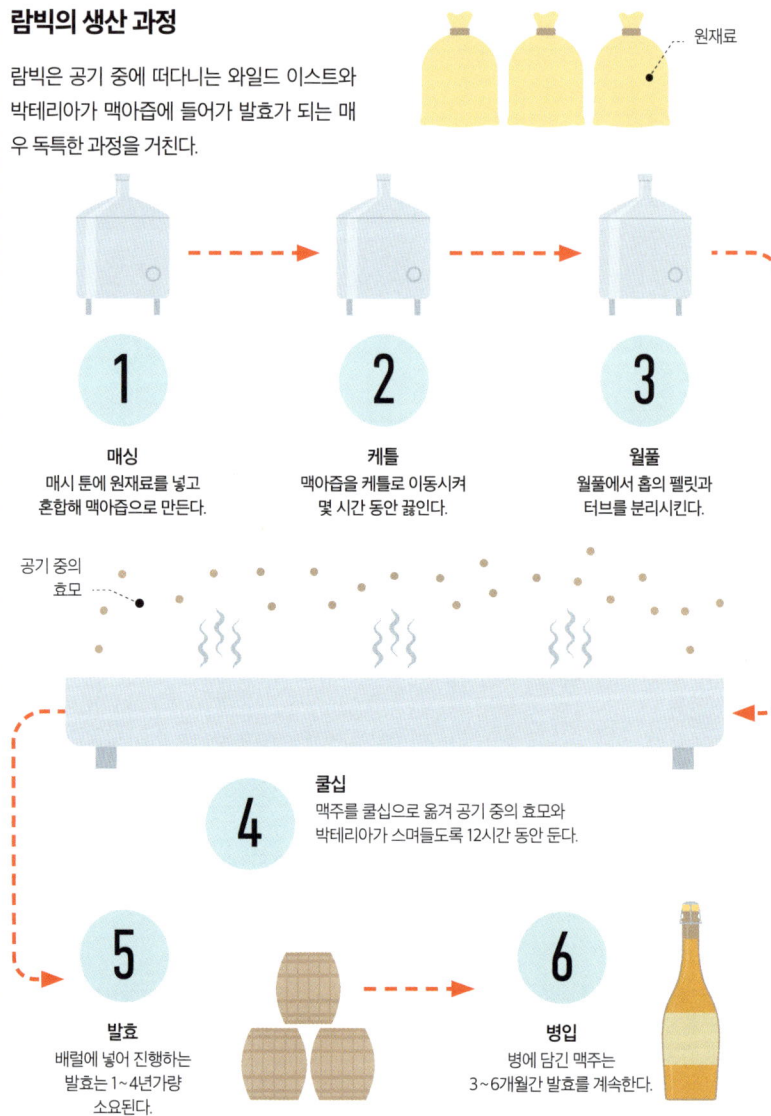

원재료

1 매싱
매시 툰에 원재료를 넣고 혼합해 맥아즙으로 만든다.

2 케틀
맥아즙을 케틀로 이동시켜 몇 시간 동안 끓인다.

3 월풀
월풀에서 홉의 펠릿과 터브를 분리시킨다.

공기 중의 효모

4 쿨십
맥주를 쿨십으로 옮겨 공기 중의 효모와 박테리아가 스며들도록 12시간 동안 둔다.

5 발효
배럴에 넣어 진행하는 발효는 1~4년가량 소요된다.

6 병입
병에 담긴 맥주는 3~6개월간 발효를 계속한다.

오랜 기간 숙성해 매우 드라이한 맛을 낼 수 있게 된다. 맥아즙은 케틀로 옮겨 3시간 동안 끓인다. 홉은 2~3년 동안 숙성시킨 종류를 사용한다. 홉은 항균 효과가 있어 좋은 박테리아를 받아들이고 잠재적으로 나쁜 박테리아는 막는다. 그러면서도 풍미와 쓴맛에 많은 영향을 주지 않는다.

홉이 들어간 맥아즙을 양조장 높은 곳에 있는 개방형 용기인 쿨십으로 옮긴다. 이곳에서 밤새 식히면 양조장에 있는 효모와 박테리아가 맥아즙으로 들어가 자연적으로 발효를 시작한다. 아침이 되면 람빅을 배럴에 담아 발효를 계속하도록 한다.

발효 시작 단계에서는 에일 효모가 가장 활발하게 활동한다. 첫 2주간 알코올을 생성하면서 몰트의 당 대부분을 소비한다. 그 후 브레타노미세스와 박테리아가 이어받아 나머지 당분을 쓰면서 에스테르, 향, 젖산, 신맛의 함량은 서서히 올라가게 된다.

이 과정에서 풍미가 달라지며, 각 배럴에서도 나무에 남아 있는 미생물 덕분에 다른 방식으로 숙성된다. 양조업자는 적당하다고 생각하는 시기 전까지 맥주를 계속 배럴에 담아둔다. 기간은 최대 4년이다.

혼합과 병입

대부분의 람빅은 제 형태 그대로 마시지 않고 보통 괴즈나 과일 맥주에 섞는다. 람빅 양조업자는 여러 통에 담긴 맥주를 맛본 뒤 어떤 것을 섞어야 적절한 풍미를 낼지를 고민한다. 괴즈는 대부분 1~3년산 람빅과 혼합된 형태다. 그러나 더 오래된 것을 쓰기도 한다. 맥주를 강철 탱크에서 혼합하고 코르크 마개의 병에

세계의 자연 발효 맥주

벨기에의 전통에 영감을 받은 전 세계 양조업자는 자연적으로 발효시킨 맥주를 생산하기 위해 쿨십을 설치하거나 다른 용기를 개조해 쿨십으로 사용해왔다. 브뤼셀 양조업자와 같은 공정을 바탕으로 해 새로운 표현과 다양성을 더해 훌륭한 맥주를 많이 생산하고 있다.

프라이밍 슈거와 함께 담는다. 그러면 맥주는 3~6개월간 발효를 더 이어가고 샴페인과 비슷한 탄산이 생성된다.

람빅

람빅은 빨리(1년 정도) 또는 오래(1년 이상) 두고 마실 수 있다. 탄산은 없고 보통 수제 맥주로만 생산되며 물병에 옮긴 후 잔에 따라 마시기도 한다. 대개 람빅 생산지 근처 술집에서만 마실 수 있다.

괴즈

괴즈(또는 스펠트 괴즈)는 보통 단기와 장기 숙성 람빅과 섞어서 양조업자의 선호도에 따라 적절히 균형을 맞춰 양조한 맥주다. 괴즈를 내갈 때는 보통 뚜껑을 따서 전용 바구니에 비스듬히 눕혀 가라앉아 있던 효모 침전물이 섞이지 않게 한다.

크렉과 프랑부아즈

체리(크렉)와 라즈베리(프랑부아즈)는 단기 숙성 람빅에 첨가해 발효 가능한 당을 주고 맥주를 선홍색이나 분홍색으로 만들 수 있다. 다른 종류의 베리류, 포도, 살구 같은 과일을 넣어도 된다. 그리고 람빅에 과일을 4~12개월간 담아놓을 수도 있다.

자연 발효 맥주

전통적으로 신맛을 가진 벨기에 맥주와 여기에 영감을 받아 제조된 맥주들은 세계적으로도 다양한 풍미에 대해 인정과 존경을 받는다.

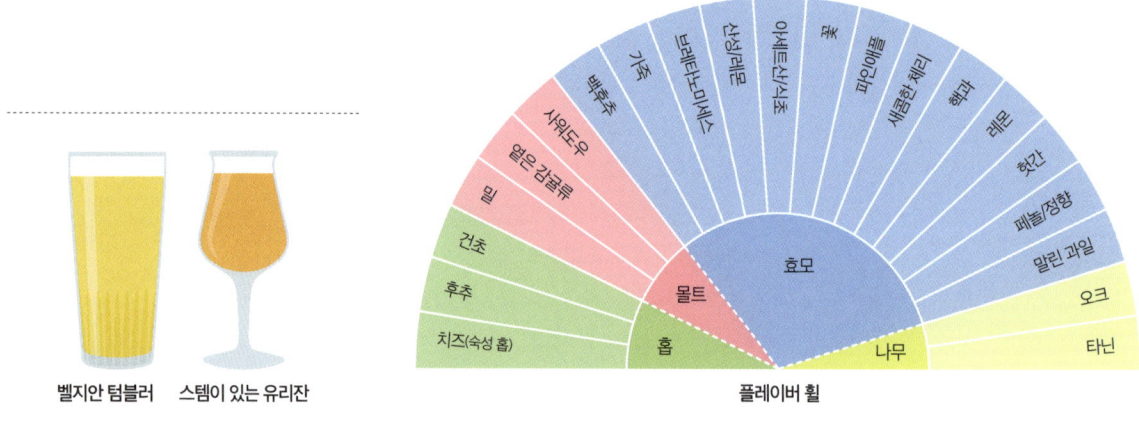

벨지안 텀블러 　 스템이 있는 유리잔

플레이버 휠

맛, 제조 과정, 스토리

이런 종류의 맥주는 숙성 기간이 매우 길다. 그리고 와일드 이스트와 박테리아에서 생성된 풍미와 숙성 과정으로 맥주에서는 다양한 특징이 나타나게 된다. 레몬과 열대과일에서부터 악취가 나는 농장의 냄새, 페놀의 정향까지 정말 다양하다. 그리고 각 맥주는 발효에 참여한 미생물의 독특한 특징도 지닌다. 어쩌면 높은 산도에 인상을 찌푸릴 수도 있지만, 사실 적절하게 균형을 이룬 종류가 최고의 자연 발효 맥주라 할 수 있다. 이런 맥주들은 보통 드라이하고 탄산이 많으며 홉의 쓴맛보다는 숙성할 때 담겨 있던 나무통에서 오는 타닌이 더 강하게 나타난다.

전통적인 벨기에 버전은 람빅(p.182~183 참조)을 베이스 맥주로 쓴다. 그리고 여기에 페일 몰트와 30~40%의 밀과 몰팅하지 않은 밀, 숙성된 홉을 넣는다. 그러면 자연적으로 효모와 박테리아가 들어와 발효가 시작된다. 그리고 몇 년 동안 나무 배럴에서 숙성시킨 후 혼합해 병입하면 그 속에서 탄산이 생긴다. 이렇게 섞은 맥주를 괴즈라 한다.

벨기에에는 신맛을 내는 맥주를 아주 오랫동안 양조해왔다. 하지만 깔끔(시지 않은)하고 드라이한 에일과 라거의 인기로 20세기에 사라질 위기에 처한 적도 있었다. 다행히 소규모 양조업자들은 여전히 전통을 고수했고 최근 몇 년간 세계의 양조업자들은 이런 전통적인 벨기에 방식을 다시 받아들이고 있다.

맥주 정보

색	투명도	발효	ABV(도수)	쓴 정도
밀짚색~진한 호박색	살짝 탁함	브렛으로 인한 신맛/시큼함	4~8%	5~15 IBU (낮음)

칸티용 괴즈

| 5.5% ABV | 양조지: 벨기에 브뤼셀 |

이 연한 호박색 맥주에는 지독한 맛의 레몬 절임, 흙 맛의 숙성 치즈(브리치즈를 떠올려보자), 건초, 농장 안마당, 신 과일, 여러 가지 페놀 향 등이 켜켜이 쌓여 있다. 처음 마실 때 강렬한 신맛이 혀를 자극하다가 과일 맛의 달콤한 곡물의 풍미가 이를 달래주듯 신맛을 감싸 안는다. 나무의 타닌에서 오는 쓴맛도 있다. 톡 쏘는 탄산이 청량감을 준다.

오드 괴즈 분

| 7% ABV | 양조지: 벨기에 렘빅 |

분의 오드 괴즈는 황금빛 호박색에 사라지지 않는 풍성한 거품이 일품인 맥주다. 신선한 레몬, 향기로운 감귤류, 베리류, 핵과, 새콤한 과일의 신선함과 함께 다양한 자몽의 풍미는 중과피의 드라이함과 쓴맛을 상기시켜준다. 나무의 타닌으로 끝맛은 드라이하고 허브, 나무, 후추, 레몬 껍질 같은 쓴맛이 난다. 칸티용에 비해 농장 안마당과 페놀의 맛은 적다. 아주 우아하고 훌륭한 맥주다.

버닝 스카이 쿨십

| 6.5% ABV | 양조지: 영국 펄 |

벨지안 괴즈처럼 고전적인 맥주다. 진한 호박색을 띠며 농장, 꽃, 헛간, 말린 레몬, 오래된 나무, 가죽 같은 풍미는 미묘하면서 신선하다. 살짝 단맛이 신맛을, 크리미한 맛이 나무의 쓴맛을 가라앉혀 전체적으로 우아하고 균형이 좋다. 이 맥주는 한 모금씩 들이켤 때마다 다른 종류의 맥주보다 신선함과 강렬함이 더 느껴지며, 다양한 풍미 덕분에 새로운 맛이 계속 떠오른다.

알라가시 쿨십 리절감

| 6.3% ABV | 양조지: 미국 메인 주 포틀랜드 |

괴즈 스타일의 맥주이며 1~3년산 맥주를 섞어 만든다. 새콤한 살구와 복숭아 껍질, 말린 파인애플, 테파체가 혼합된 맛이 나며, 벨기에 양조장의 미생물에서 생성된 열대과일의 특징도 지닌다. 레몬 커드, 레몬 중과피, 화이트 와인, 에스테르의 꽃 향이 나고 레몬 요구르트처럼 크리미하다. 페놀, 나무의 타닌, 오크의 특징이 미묘하게 나타나며 끝맛은 드라이하고 산뜻하게 마무리된다.

기타 추천 맥주

3 폰테이넌 오드 괴즈: 레몬, 신 사과, 지독하지 않은 과일 향

오드 비어셀 오드 괴즈 비에이유: 포도, 새콤한 열대과일, 복숭아, 나무

러시안 리버 소남빅: 신 레몬, 화이트 와인, 오크 타닌

플랑드르식 레드-브라운 에일

이 맥주는 효모, 박테리아, 장기간 숙성에서 오는 아세트산과 와인 맛이 특징으로 '맥주계의 부르고뉴'라는 별칭이 붙게 된다.

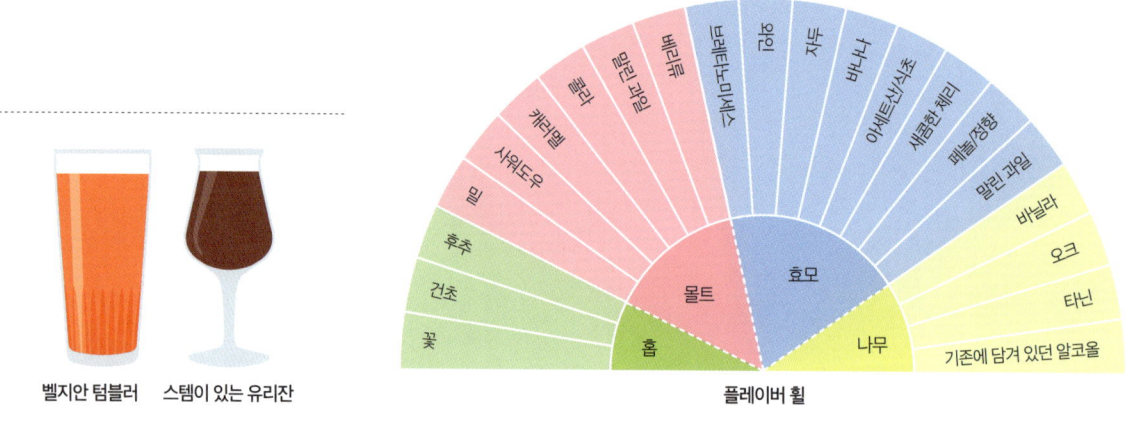

벨지안 텀블러   스템이 있는 유리잔

플레이버 휠

맛, 제조 과정, 스토리

이 신맛의 숙성 맥주는 붉은색에서 갈색에 이르는 색을 띠고 있으며 달콤한 몰트, 과일 맛 발효, 아세트산의 시큼함, 숙성의 특징이 모두 혼합된 풍미를 낸다. 전체적으로 새콤달콤한 맛이 균형을 이루고 있으며 베리류, 사과, 체리, 콜라, 캐러멜, 초콜릿의 단맛이 처음부터 끝까지 이어진다. 강철 탱크나 와인 또는 버번을 담았던 통에서 숙성해 발사믹 식초, 와인, 셰리 같은 풍미가 생긴다. 또한 다른 과일을 추가해 넣기도 한다. 람빅과 비교해 몰트, 베리류의 맛이 더 강하고 산도도 다르다.

색은 페일 몰트와 다른 색의 몰트가 혼합되어 나타난다. 홉은 쓴맛을 살짝 추가하기 위해 넣으며 향은 강하지 않다. 보통 숙성시킨 홉을 사용한다. 이 맥주는 대부분 강철 탱크에서 에일 효모로 1차 발효만 하고 다른 용기로 옮긴다. 그곳에서 와일드 이스트와 박테리아를 넣고 숙성시킨다. 이때 과일을 첨가할 수 있는데 보통 베리류나 체리를 넣는다. 작업이 끝나면 양조업자는 단기와 장기 숙성 맥주를 혼합해 원하는 균형을 맞춘다.

이런 맥주는 양조 후 따로 보관하면서 숙성시켜 시간이 지나면 점차 와인의 풍미가 진해지도록 고안되어 있다. 이런 플랑드르식 맥주는 20세기 중반까지 인기를 누렸다. 그리고 인기가 떨어졌을 때는 사명감을 가진 몇몇 양조업자들이 꾸준히 명맥을 이어갔고 수제 맥주 열풍으로 재조명되었다.

맥주 정보

색	투명도	발효	ABV(도수)	쓴 정도
붉은 호박색~갈색	살짝 탁함	브렛으로 인한 신맛/시큼함	4~9%	5~15 IBU (낮음)

로덴바흐 그랑 크뤼

| 6% ABV | 양조지: 벨기에 루셀라러 |

이 고전적인 플랑드르의 레드-브라운 그랑 크뤼는 푸드르(나무통의 일종-옮긴이)에서 숙성한 맥주(최대 2년산) 2/3와 생맥주 1/3을 혼합한 맥주다. 첫맛은 과일의 풍미, 다음에는 단맛, 그리고 신맛으로 이어지며 숙성된 맛은 처음부터 끝까지 이어진다. 이 맥주를 마시면 입안에서 체리, 베리류, 바닐라, 콜라, 사과, 서양배, 딸기 사탕, 체리 브랜디, 셰리, 달콤한 발사믹, 와인 맛의 다크 초콜릿, 와인 같은 과일 맛이 입안을 적시고 끝맛은 드라이하게 마무리된다.

벨하게 듀체스 드 부르고뉴

| 6.2% ABV | 양조지: 벨기에 비흐터 |

탱크에서 발효한 후 오크에서 숙성시킨 듀체스 드 부르고뉴는 또 다른 고전적인 레드-브라운 맥주다. 단기 숙성 맥주와 푸드르-숙성 맥주를 혼합하면 붉은색 과일, 체리, 베리류의 단맛과 신맛이 동시에 나타난다. 그 외에 향신료와 새콤한 브램리 사과, 셰리 같은 와인, 오크, 캐러멜, 발사믹, 나무 타닌의 특징도 살짝 나타난다. 기저에 있는 몰트의 풍미가 새콤달콤한 균형을 이룬다.

뉴 벨지움 라 폴리

| 7% ABV | 양조지: 미국 콜로라도 주 포트콜린스 |

고전적인 맥주를 미국식으로 해석한 라 폴리는 커다란 오크 푸드르에서 몇 년간 숙성되면서 특유의 테루아(특색)가 생성된다. 효모에서는 체리, 자두, 사과, 크랜베리 같은 과일의 단맛과 신맛이 나며 몰트에서는 토스트, 캐러멜, 건포도 맛과 함께 풀보디감이 느껴진다. 끝맛은 신맛이 엷어지면서 깔끔하게 마무리된다. 그래서 첫 모금에 인상을 찌푸리지만 이런 느낌은 마실수록 옅어진다.

드 돌레 브루어스 오르비어

| 9% ABV | 양조지: 벨기에 에센 |

오르비어는 무언가 다르다. 색도 진한 진갈색을 띠는 이 맥주는 양조장의 박테리아가 맥주병 속에서 발효하며 신맛이 생겨난다. 다른 종류처럼 맛이 매우 시지도 않고 나무통 숙성도 아니다. 오랫동안 끓이기 때문에 캐러멜 맛이 나며 다크 체리, 자두, 시큼하게 변한 콜라, 바닐라, 토스트, 말린 과일의 맛도 난다. 그리고 아주 부드러운 신맛이 다른 풍미를 덮는다. 골딩 홉은 맵고 진한 쓴맛을 낸다.

기타 추천 맥주

리프만스 구덴반트: 말린 과일, 체리, 사과, 와인, 셰리

러시안 리버 서플리케이션: 체리 레모네이드, 바닐라, 나무의 타닌

위키드 위드 오블리비언: 진한 과일 향, 베리 잼, 발사믹, 오크

전통 프루트 사워

전통적인 방식으로 만들어진 벨기에식 사워 맥주이며, 종류에는 람빅이나 레드-브라운이 있다. 과일로 숙성하기 때문에 새콤한 베이스 위에 신선한 과일의 풍미가 올라가 있다.

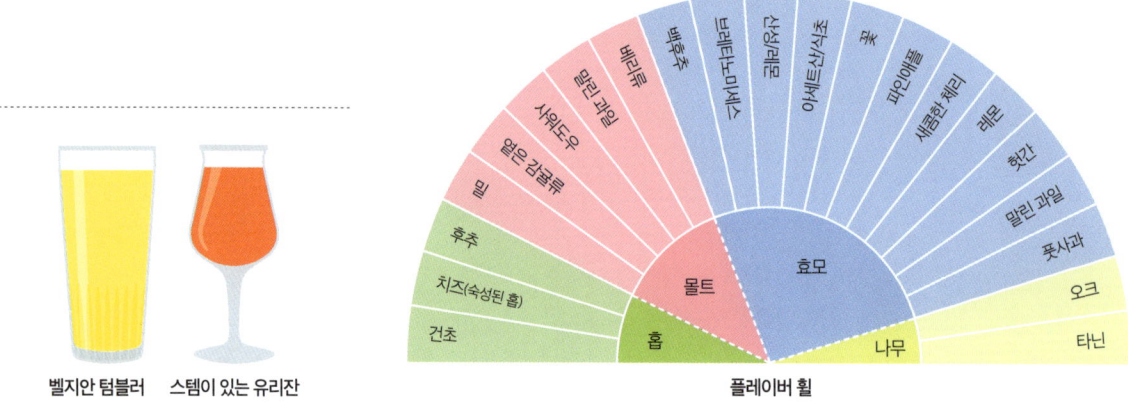

벨지안 텀블러 / 스템이 있는 유리잔

플레이버 휠

맛, 제조 과정, 스토리

다소 독하고 새콤한 천연 과일의 풍미를 가진 베이스 맥주에 신선한 과일을 추가해 새로운 맛과 색을 더한 맥주들이다. 이런 과일 맛은 신맛과 최고의 조합을 이루면서 너무 달지 않은 결과물을 만들어낸다. 또한 과일의 씨와 핵 같은 맛도 느낄 수 있다. 체리(크렉)와 라즈베리(프랑부아즈)가 가장 유명하지만 베리류, 복숭아, 살구, 포도, 자두의 맛도 찾을 수 있을 것이다. 끝맛은 드라이고 산뜻하면서 상쾌한 신맛으로 마무리된다.

베이스 맥주는 일반적으로 람빅 또는 레드-브라운이며 몇 개월에서 몇 년 동안 숙성시킨다. 그리고 나무나 강철로 된 숙성 용기에 담고 과일을 첨가한 후 몇 개월에서 1년간 더 숙성시킨다. 과일을 추가하면 효모가 과당을 이용할 수 있기 때문에 발효는 계속된다.

베이스 맥주는 보통 과일이 없는 종류를 쓴다. 크렉(체리 람빅)은 19세기 초반부터 브뤼셀에서 양조되었다. 핵까지 포함한 전체 과일을 넣는 게 일반적이었지만 과일 주스, 퓌레, 심지어 향료만 넣는 업자도 일부 있었다. 전통적인 과일 사워 맥주는 대부분 판매가 시작된 후 바로 마시는 게 좋으며, 특히 핵과로 만들었다면 빨리 마셔야 과일의 풍미를 제대로 즐길 수 있다.

맥주 정보

색	투명도	발효	ABV(도수)	쓴 정도
노란색~빨간색/보라색	살짝 탁함	브렛으로 인한 신맛/시큼함	4~8%	5~15 IBU (낮음)

분 크릭 마리아주 파르페

| 8% ABV | 양조지: 벨기에 렘빅 |

크릭 마리아주 파르페는 숙성된 독한 람빅이며, 체리가 1리터당 400g 함유되어 있다. 진한 붉은색 맥주는 체리 향을 담뿍 머금고 있다. 신 체리, 체리잼, 체리 베이크웰 타르트로 시작해 아몬드와 바닐라로 넘어간다. 새콤한 체리 맛은 아주 미묘하게 나타나는 반면 천연 과일의 단맛이 보디감과 깊이감을 안겨준다. 탄산은 로제 샴페인 정도이며 오크에서 나오는 다양한 맛이 기저에 있다.

칸티용 푸폰

| 6% ABV | 양조지: 벨기에 브뤼셀 |

베르주롱 살구로 양조한다. 강철 탱크에서 숙성된 람빅에 살구를 넣고 몇 개월간 푹 담가놓는다. 그 후 람빅을 더 넣고 병입한다. 탁한 살굿빛을 띠고 생살구, 살구 과육, 말린 살구, 살구와 레몬 마멀레이드 등 다양한 살구의 향이 난다. 신맛은 과일의 풍미와 잘 어우러진다. 오크, 살구 껍질, 나무 타닌의 풍미와 함께 밀 크래커 몰트도 은은하게 느껴진다.

오드 퀘치 틸퀸 아 란시엔

| 6.4% ABV | 양조지: 벨기에 비에르게스 |

오크 배럴에서 1~2년간 숙성한 람빅은 핵을 뺀 보라색 생자두(댐슨 자두 같은)를 첨가한 후 강철 탱크에서 4개월간 더 숙성시킨다. 마치 잘 익은 자두를 한입 베어 문 듯한 향기롭고 신선한 향이 물씬 풍겨온다. 그리고 자두의 새콤달콤한 맛, 자두 껍질과 배럴 숙성에서 오는 타닌의 쓴맛, 약간의 와인 맛, 신 과일, 시큼한 사과, 발효된 치즈의 다양한 풍미가 전체적으로 은은하게 배어 있다.

뉴 글래러스 라즈베리 타르트

| 4% ABV | 양조지: 미국 위스콘신 주 뉴글래러스 |

숙성된 시큼한 맥주를 마시는 건 하나의 도전이 될 수도 있겠지만, 순수한 생 라즈베리 한 잔을 마시는 듯한 이 라즈베리 타르트에 도전해보는 건 어떨까? 이 진한 붉은색 맥주는 레드-브라운식으로 양조되었고 나무통에서 숙성시켜 오크, 바닐라, 강한 레몬의 풍미를 느낄 수 있다. 신맛보다는 천연 과일의 단맛이 더 강하고 라즈베리잼 같은 향이 난다. 신맛은 새콤한 라즈베리 사탕과 비슷하고 질감은 청량한 느낌이 드는 동시에 꽤 무겁고 부드럽다.

기타 추천 맥주

3 폰테이넌 스카르빅세 크렉: 달콤한 체리, 아몬드, 레몬

칸티용 세인트 람비누스: 적포도, 바닐라, 오크, 베리류, 신맛

알라가시 쿨십 레드: 라즈베리 레모네이드, 바닐라, 오크, 시큼한 베리류

혼합 발효와 와일드 에일

여러 가지 효모와 박테리아를 섞은 후 나무 배럴에서 숙성하는 방식을 쓴다. 전통적인 벨지안 사워 맥주를 혁신한 수제 맥주들이다.

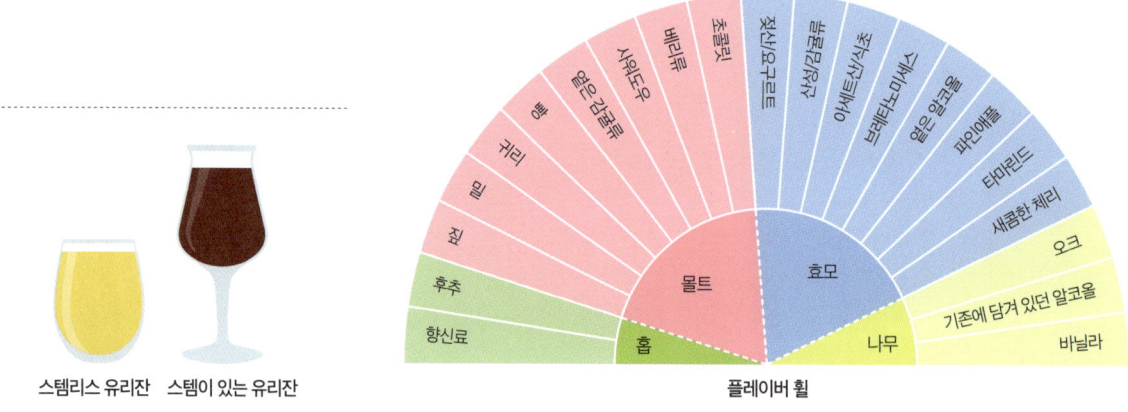

스템리스 유리잔 스템이 있는 유리잔

플레이버 휠

맛, 제조 공정, 스토리

이 맥주들은 한 가지 방식으로만 묘사할 수 없다. 전통적인 맥주 효모를 두 가지 이상 사용해서 발효·숙성시켜 와일드 이스트의 향과 박테리아의 신맛까지 가지고 있기 때문이다. 베이스 맥주가 기본 맛을 결정한다. 효모와 박테리아에서는 과일 또는 지독한 에스테르 향, 때로는 매운 페놀의 특징이 나온다. 이 맥주들은 가벼운 신맛을 내기도 하고 움찔할 정도로 떫은맛이 나기도 한다. 탄산의 정도도 꽤 높은 편이다. 양조에는 과일을 첨가하기도 하며, 나무가 사용된다면 풍미에 영향을 줄 수 있다.

베이스 맥주에 따라 맛이 정말 다양하지만, 홉의 영향은 미미한 경우가 대부분이다. 1차 발효는 대중적인 효모를 쓰고 숙성시키면서 다른 효모와 박테리아를 넣는다. 대개 와인이나 위스키가 담겼던 통에서 숙성하지만, 스테인리스 탱크에 넣는 경우도 있다. 과일을 첨가하는 경우는 흔하다. 원하는 풍미를 얻기 위해서는 혼합 과정이 매우 중요하다.

이렇게 만든 맥주를 '혼합 발효, 와일드 에일, 아메리칸 와일드/사워, 브렛 에일(브레타노미세스만 사용하거나 박테리아가 없는)'이라고 부르기도 한다. 대부분 람빅의 풍미와 비슷한 맛을 내지만 사워 스타우트와 비슷할 때도 있다. 어쨌든 한 가지 특징에 너무 치우치지 않고 풍미와 깊이, 복합미가 완벽하게 조화를 이룬 것을 최고로 여긴다.

맥주 정보

색	투명도	발효	ABV(도수)	쓴 정도
밀짚색~진갈색	맑음~살짝 탁함	브렛으로 인한 신맛/시큼함	4~8%	5~15 IBU (낮음)

러시안 리버 템테이션

7.5% ABV | 양조지: 미국 캘리포니아 주 윈저

소노마 카운티 샤르도네를 담았던 배럴을 써서 와인과 포도의 특징이 뚜렷하고 생레몬과 말린 레몬이 함께 잘 어우러져 있다. 바닐라 꽃, 살짝 시큼한 과일과 톡 쏘는 오렌지의 풍미도 느낄 수 있다. 첫 모금에 강한 신맛이 입안을 강타했다가 서서히 사그라들면서 은은하게 과일의 풍미가 퍼지며 청량한 느낌이 들고 끝맛은 약간의 알코올과 단맛으로 마무리된다. 또한 나무의 타닌과 후추 같은 향신료 맛이 스치듯 지나간다.

캐스케이드 브루잉 애프리코트

7~8% ABV | 양조지: 미국 오리건 주 포틀랜드

애프리코트는 오래된 와인 배럴에서 신맛을 갖게 된 블론드 에일과 신선한 지역 살구를 혼합해서 탄생한 맥주다. 그래서 생생한 살구의 향-새콤한 생살구, 달콤한 말린 살구, 크리미한 느낌, 살구잼, 살구 껍질에서 오는 향기로움과 타닌의 향-을 모두 느낄 수 있다. 또한 레몬 요구르트 같은 신맛, 숙성된 파인애플, 향신료의 특징도 살짝 나온다. 끝맛은 타닌, 시큼함, 과일과 젖산의 신맛과 함께 덜 익은 살구를 한 입 베어 문 듯한 떫은맛도 난다.

러버비어 비어베라

8% ABV | 양조지: 이탈리아 마렌티노

이 '이탈리안 그레이프 에일'은 바르베라 포도 주스와 껍질을 나무 배럴에 첨가하고 포도의 미생물이 자연 발효해 나온 붉은빛이 도는 맥주다. 크랜베리, 체리, 적포도의 붉은색 과일이 강렬하게 코를 간지럽히고 그 주변으로 와일드 이스트와 숙성으로 생긴 신 레몬, 발사믹 식초, 숙성된 말린 과일의 풍미가 나타난다. 그 외에도 오래된 가죽이나 건초 같은 와일드 이스트의 지독한 맛까지 살짝 느껴진다. 타닌 성분은 드라이함을 마지막까지 유지한다.

더 커널 비어 드 세종

4.4~6% ABV | 양조지: 영국 런던

커널 양조장의 다양한 효모가 작용해 만들어진 시고 드라이한 맥주다. 여러 종류의 나무 용기에서 숙성되며, 보통 과일(살구, 댐슨 자두, 사과, 체리 등)을 추가로 넣거나 드라이 호핑(라벨에 자세한 사항이 나온다)을 한다. 이 맥주는 나무, 흑후추, 약간의 카레 향신료 맛이 나며 전반적으로 시고 드라이하다. 풍미를 더하기 위해 과일이나 홉을 추가로 넣기도 한다.

기타 추천 맥주

크루키드 스데이브 페티트 사워 라즈베리: 생베리류, 청량하고 신맛 | **사이드 프로젝트 퍼지**: 복숭아주스, 레몬 제스트, 열대, 오크 | **더 브루어리 타르트 오브 다크니스**: 시큼한 에스프레소, 베리류, 오크, 바닐라

베를리너 바이세와 고제

'패스트 사워'는 신맛이 청량함을 만들어내는 라이트한 독일식 밀 맥주다. 양조할 때 신 과일을 추가하거나 드라이 호핑을 하기도 한다.

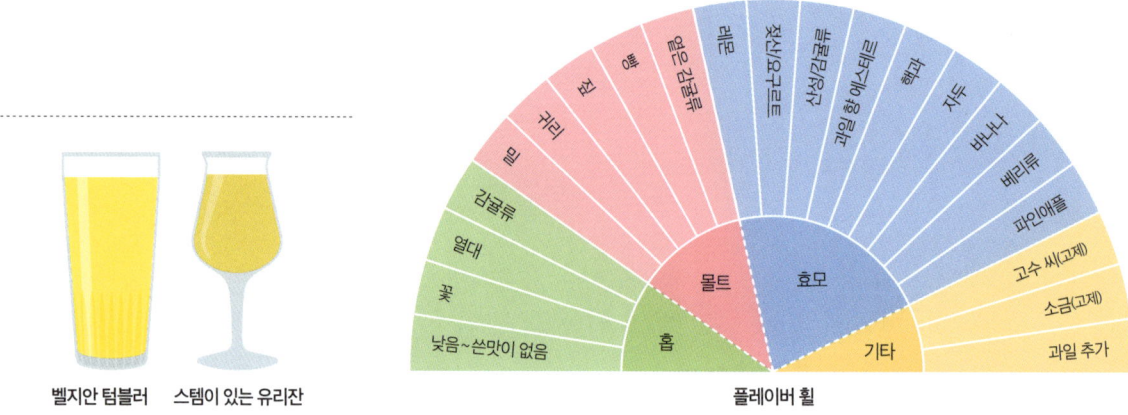

벨지안 텀블러 / 스템이 있는 유리잔

플레이버 휠

맛, 제조 과정, 스토리

이 맥주들은 도수가 낮고 라이트하며 드라이하고 청량한 신맛을 가지고 있어 많은 양조업자가 선호하는 맥주가 되었다. 베를리너 바이세는 브레타노미세스로 양조할 수 있지만, 보통 숙성을 하지 않기 때문에 지독한 향보다는 과일의 특징이 강하다. 브렛 향이 나든 안 나든 산뜻하고 레몬의 피니시가 있다. 전통적인 고제는 바이세와 베이스가 비슷하지만 고수씨와 소금을 더 추가해 꽃과 과일 향이 나고, 젖산의 신맛에서는 살짝 짠맛이 느껴진다. 재료의 추가는 풍미의 중심을 바꿀 수도 있다.

이런 스타일의 맥주는 필스너 몰트와 밀을 반반 정도 섞어서 만들며, 홉은 쓴맛이 아닌 향을 위해 드라이 호핑을 한다. 신맛은 케틀 사워 방식(p.65 참조)으로 생기며 락토바실러스(베를리너 바이세는 브레타노미세스와 혼합해서 발효)를 추가하기도 하고 간단히 젖산을 첨가해서 얻기도 한다. '패스트 사워'의 이름에 맞게 몇 주 만에 완성된다.

독일 북부는 라이트하고 시큼한 밀 에일 양조에 있어 오랜 역사를 지닌 곳이다. 베를리너 바이세는 과거 브레타노미세스로 양조했지만 더 깔끔한 맥주가 인기를 끌자 신맛의 필스너처럼 바뀌게 되었다. 현재 베를린 양조업자들은 다시 전통적인 바이세 방식으로 돌아가는 중이며, 수제 맥주 양조업자들은 과일을 추가하는 추세다. 고제는 라이프치히에서 온 맥주로 알려졌지만 사실 고슬라르라는 도시에서 역사가 시작되었다.

맥주 정보

색	투명도	발효	ABV(도수)	쓴 정도
밀짚색~노란색	살짝 탁함~매우 탁함	과일 향/신맛, 때로는 브렛 향	3~5% 이상	5~15 IBU (낮음)

브라우에라이 렘케 부디케 바이세

| 3.5% ABV | 양조지: 독일 베를린 |

고전적인 베를리너 바이세는 브레타노미세스와 락토바실러스로 양조한다. 잔에 따르면 맑은 노란색의 맥주와 보글보글 올라오는 잔잔한 기포를 볼 수 있다. 풋사과, 새콤한 라즈베리 레모네이드, 옅은 레몬, 레몬 제스트, 꽃의 향이 나며 브렛이 많이 생성되지는 않기 때문에 농장의 고약한 냄새는 심하지 않다. 그 외에 새콤하면서 톡 쏘는 사과의 맛도 살짝 느껴진다. 흥미로운 레몬 셔벗의 끝맛을 가진 라이트하고 청량한 맥주다.

듀두씨엘 솔스티스 데테 프랑부아즈

| 5.9% ABV | 양조지: 캐나다 몬트리올 |

라즈베리를 넣은 이 베를리너 바이세는 케틀 사워 방식으로 젖산 요구르트 같은 신맛이 제한적으로 나타나며, 드라이하고 산뜻하며 청량한 끝맛을 남긴다. 신선한 라즈베리를 첨가해 밝은 분홍색을 띠고 라즈베리 – 과일, 씨, 잼, 셔벗 – 의 혼합된 풍미가 추가된다. 전체적으로 맛이 신선하고 달지 않다. 맥주에서는 밀도 살짝 느껴져 크리미한 질감이 나타나며 과일의 단맛도 살짝 드러난다. 이 모든 풍미는 과일과 신맛의 완벽한 조합에서 나온다.

돌니처 리터구츠 고제

| 4.2% ABV | 양조지: 독일 라이프치히 |

이 전통적인 고제에서는 구운 고수 씨에서 나오는 향이나 매운맛과 함께, 오렌지 껍질과 말린 레몬 향이 난다. 그리고 기저에 있는 밀반죽의 단맛이 오렌지의 특징을 더 강화한다. 여기서 느껴지는 짭짤한 맛은 짜다기보다는 안에 소금이 있다는 것을 인지할 정도로만 느껴지며, 이런 짭짤한 맛이 추가되어 신맛을 가라앉히면서 진한 마우스필을 안겨준다. 살짝 누그러진 젖산과 매운 피니시로 청량한 느낌을 갖게 하는 맥주다.

웨스트브룩 브루잉 고제

| 4% ABV | 양조지: 미국 사우스캐롤라이나 주 마운트 플레전트 |

웨스트브룩은 정직한 타입의 고제라는 희귀한 종류를 양조한다. 맥주 속 소금 덕분에 질감은 독일의 고슬라르 고제 버전보다 더 무겁다. 음식에 소금을 첨가하면 맛이 풍부해지는 원리처럼 깊이감이 남다른 맥주다. 구운 고수만의 독특한 풍미가 나타나며, 말린 오렌지와 꽃의 특징도 살짝 나온다. 레몬 같은 신선함과 신맛, 짠 요구르트 음료가 느껴지기도 한다. 마실수록 더 구미가 당기는 맥주다.

기타 추천 맥주

시니오일러 마를렌: 신 레몬, 핵과, 브렛의 옅은 과일 향

사이렌 칼립소: 열대 홉, 옅은 레몬 향, 신선함

크리처 컴포츠 트리토니아: 오이, 라임, 약간 신 레몬

모던 프루트와 애드정트 사워

디저트에서 영감을 얻었으며, 과일과 기타 재료의 풍미가 지배하는 이런 맥주들은 신맛보다는 단맛이 특징이다.

스템리스 유리잔   스템이 있는 유리잔

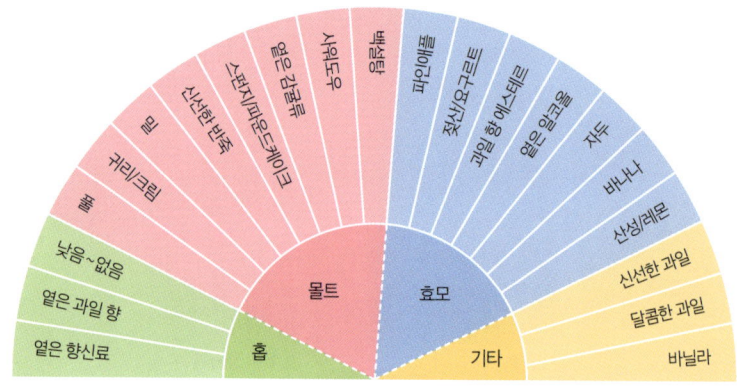

플레이버 휠

맛, 제조 과정, 스토리

과일이나 기타 부재료가 대부분의 향과 풍미를 담당한다. 맛이 정말 다양해서 약간 신맛, 드라이함, 청량함부터 술맛이 나는 과일 스무디를 연상시키는 맛까지 있다. 이 맥주들은 깊이감과 복합미보다는 과일의 풍미에 중점을 두고 있으며, 이런 풍미가 최고조에 이른 맥주를 최고로 여긴다.

베이스 맥주는 보통 베를리너 바이세 또는 고제와 비슷한 스타일이며 색은 과일에서 나온다. 질감을 위해 밀과 귀리를 첨가한다. 추가적인 재료는 생, 냉동, 퓌레, 추출물 또는 에센스 형태 중 하나이며 이 중에서 과일 맛이 가장 잘 나는 것이 퓌레다. 이런 맥주는 대부분 달콤한 풍미가 목적이라 신맛이 적지만 과일을 조금 더 추가해 미묘하게 조절하는 경우도 있다. 또한 향을 위해 홉을 넣기도 한다.

양조업자들은 아주 강렬한 풍미의 맥주를 원하기 때문에 이 정도를 만족시킬 만한 재료를 듬뿍 첨가한다. 이처럼 맥주에 과일과 향신료를 넣는 기법은 오랜 역사를 가지고 있다. 2010년대 말 변화가 있기도 했지만 현재 이런 맥주들은 미묘한 맛이 아닌 강렬한 과일의 맛을 내고 있다. 그리고 역사적인 양조법보다는 사탕, 시리얼, 열대 스무디에서 영감을 얻는 편이다. 양조업자들은 다양한 재료를 넣어보면서 끊임없이 혁신을 시도하고 있다.

맥주 정보

색	투명도	발효	ABV(도수)	쓴 정도
스타일/과일에 따라 다름	살짝 탁함~불투명함	과일 맛~신맛	3~8% 이상	5~15 IBU (낮음)

옴니폴로 비앙카 망고 라씨 고제

6% ABV 양조지: 스웨덴 순드비베리

옴니폴로는 강렬한 풍미, 다양한 부재료, 디저트에서 영감을 받은 맥주라는 새로운 장르 개척에 일조한 양조업체다. 비앙카는 망고 라씨 고제이며 망고, 락토오스, 소금을 첨가해 만든 맥주다. 망고주스와 같은 외양과 무거운 질감을 가지고 있고, 망고 아이스크림 같은 부드러운 망고 향이 난다. 그리고 소금이 가미되어 풍미를 높인 달콤한 과일 맥주다. 끝맛은 덜 익은 망고와 레몬즙을 연상시키는 새콤함으로 마무리된다.

모르탈리스 브루잉 컴퍼니 메두사

5% ABV 양조지: 미국 뉴욕 주 에이번

이 불투명한 붉은색 사워 에일은 패션프루트와 용과를 넣어 만든 맥주다. 달콤한 열대 향이 나며 보통 패션프루트가 강하게 나타나지만 일반적인 과일인 파인애플, 농익은 망고, 용과의 달콤한 향과 멜론 같은 향이 강한 종류도 있다. 주스 같은 독특한 질감과 과일의 단맛에서 오는 진득함이 있지만 너무 무겁지 않다. 기저의 신맛이 단맛과 대조를 이룬다.

볼트 시티 스트로베리 스카이즈

8.5% ABV 양조지: 스코틀랜드 에든버러

딸기와 크림의 조합을 생각해보자. 스코틀랜드 생딸기를 부드럽게 갈아 담고 도수 높은 베이스 맥주와 섞은 후 여기에 히비스커스와 바닐라를 첨가한 맥주다. 맥주의 단맛이 과일의 풍미를 높이며, 마실 때마다 딸기 사탕 맛이 난다. 진득한 딸기 스무디의 마우스필도 느낄 수 있다. 크리미한 바닐라의 풍부한 맛은 마치 디저트를 먹는 듯하고 귀리의 맛 또한 진하고 부드럽다. 끝맛은 살짝 신맛으로 마무리된다.

시에라 네바다 와일드 리틀 싱

5.5% ABV 양조지: 미국 캘리포니아 주 치코

이 스타일의 맥주 중에서 산뜻함과 라이트함이 강조된 와일드 리틀 싱에는 구아바, 히비스커스, 딸기를 넣는다. 낮은 도수의 신선한 로제 와인을 마시는 듯한 느낌이 많이 드는 맥주다. 옅은 파스텔 톤 분홍색을 띠고 있으며, 어릴 때 마시던 음료수나 막대사탕이 떠오르는 향이 나면서 구아바와 딸기의 특징이 뚜렷하게 나타난다. 새콤달콤한 맛은 알맞게 익은 딸기에서 나오며 베이스 몰트의 깔끔한 맛으로 과일의 풍미가 오래간다. 끝맛은 드라이하다.

기타 추천 맥주

제이 웨이크필드 브루잉 DFPF: 용과, 패션프루트, 열대과일의 신맛

더 베일 네버 시리즈: 진득한 과일 스무디, 새콤달콤한 맛

세르베자리아 도그마 사워마인드 시리즈: 새콤달콤함, 크리미한 열대과일

풍미가 강한 맥주들

맥주에 넣을 수 있는 재료는 정말 많으며, 이로 인해 기본 스타일이 바뀌곤 한다. 라이트함과 청량함부터 디저트 같은 맛을 내는 맥주까지 새로운 풍미가 생길 수 있다.

스템리스 유리잔   스템이 있는 유리잔

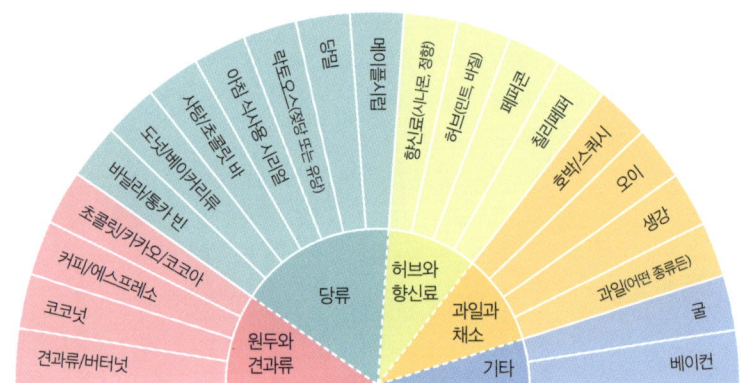

플레이버 휠

맛, 제조 과정, 스토리

어떤 스타일이든 재료를 추가로 넣을 수 있다. 기본 스타일은 뚜렷해야겠지만 대표적인 풍미는 추가로 넣은 재료에서 오는 경우가 많다. 전통적인 맥주는 다른 특징을 내기 위해 커피와 향신료를 넣는 정도라면, 현재 가장 풍미가 강한 맥주들은 페이스트리(또는 페이스트리 스타우트)라고 알려진 단맛이 아주 강한 새로운 범주에 있다.

가장 흔하게 쓰는 재료는 커피, 초콜릿, 코코넛, 바닐라, 메이플시럽, 락토오스, 견과류와 땅콩버터, 채소, 과일, 향신료 등이다. 때로는 에스프레소 몇 잔, 커피 원두, 구운 호박 같은 재료를 넣어 우려내는 식으로 사용하기도 한다. 그 외에는 최대의 효과를 위해 추출된 형태를 쓴다.

이런 맥주들은 모두 더 많은 풍미를 위한 수제 맥주 양조업자들의 끝없는 연구로 탄생했다. 과거에는 맥주의 풍미가 단지 미묘함을 남기기 위한 정도였고 여전히 많은 맥주가 이런 식으로 만들어지고 있다. 그러나 이와 함께 더 달고 담백하며 높은 도수를 자랑하는 종류도 증가하고 있다. 여기에는 일반적인 풍미가 여러 가지 혼합된 것들이 많다. 풍미가 강한 맥주들은 현대의 과일 맛 사워 맥주와 함께 높은 인기를 누리고 있으며, 맥주의 세계에 막 발을 들인 소비자들에게 특히 사랑받는다. 그러나 전통적인 스타일을 고수하는 사람들은 이런 종류를 꺼리는 경향이 있다.

맥주 정보

색	투명도	발효	ABV(도수)	쓴 정도
기본 스타일에 따라 다름	기본 스타일에 따라 다름	기본 스타일에 따라 다름	0.5~12% 이상	0~100 IBU (없음~매우 높음)

사이렌 브로큰 드림

6.5% ABV   양조지: 영국 핀챔프스테드

이 '브랙퍼스트 스타우트'는 귀리, 젖당, 에스프레소를 넣어 양조한다. 카페에 들어서면 풍겨 오는 에스프레소, 갓 그라인딩한 커피 원두, 약간 오래된 커피 가루, 토스트 빵의 향 같은 느낌을 주는 맥주다. 이런 커피의 풍미가 내내 이어지지만 전체적인 균형이 잘 맞고 다크 몰트의 풍미와 어우러지면서 초콜릿, 토스트, 초콜릿 오트밀, 로스팅과 약간의 훈연의 특징을 나타낸다. 혀에는 단맛이 남아 보디감을 더한다.

마우이 브루잉 코코넛 히와 포터

6% ABV   양조지: 미국 하와이 주 마우이

구운 코코넛을 넣은 오리지널 맥주 중 하나다. 맥주와 코코넛이 얼마나 잘 어울리는지를 보여주는 최고의 예시 중 하나다. 구워서 나오는 고소한 맛과 코코넛의 풍미를 함께 느낄 수 있고 약간의 크리미함도 있다. 완벽한 초콜릿 포터에 속하는 이 맥주는 퍼지, 모카, 코코아의 풍미가 나타나고 로스팅한 맛과 쓴맛은 적다. 약간의 단맛이 남아 코코넛의 풍미를 더 올려준다. 도수는 적당하고 흑맥주라 끝맛은 라이트하고 드라이하게 마무리된다.

엘리시안 브루잉 나이트 아울

6.7% ABV   양조지: 미국 워싱턴 주 시애틀

호박을 넣은 맥주다. 북아메리카의 대표적인 계절 맥주 중 하나이며 초가을부터 추수감사절 사이에 마신다. 엘리시안 양조장은 이제 호박 전문가나 마찬가지다. 진한 주황색을 띤 나이트 아울은 호박 퓌레, 호박 씨, 생강, 시나몬, 너트맥, 정향, 올스파이스를 다량 넣어 양조된다. 따뜻한 향을 내뿜는 향신료가 맥주의 향 대부분을 지배하며 호박은 기본 맛에 단맛, 질감, 흙 맛을 추가해준다.

옴니폴로 노아 피칸 머드 케이크 스타우트

11% ABV   양조지: 스웨덴 순드비베리

잔에 따르면 진득한 흑맥주가 채워질 것이다. 마치 액체 초콜릿 푸딩과 같은 맥주가 강렬하면서도 즐거운 어린 시절의 기억을 불러오는 듯하다. 이 맥주는 달고 진하며 보디감이 무겁고 오일의 느낌도 난다. 초콜릿, 당밀, 황설탕, 피칸 파이, 다크 프루트의 풍미가 나고 끝맛은 알코올 맛 초콜릿으로 마무리된다. 이 맥주를 마시면 천연의 맛이 아닌 어린 시절에 먹던 초콜릿 바의 풍미처럼 향신료 같은 느낌이 들지만 사실 이런 부분은 의도된 것이다.

기타 추천 맥주

솔베어 드리플 촉: 코코아, 밀크 초콜릿, 옅은 로스팅

트리하우스 브루잉 임퍼머넌스: 크리미한 밀크 초콜릿, 메이플시럽

세인트 아널드 브루잉 펌키네이터: 진한 호박, 호박 향신료, 당밀

저알코올과 무알코올 맥주

저알코올과 무알코올 맥주는 그 종류와 풍미가 다양해지면서 하나의 새롭고 흥미로운 범주가 되었다.

재료와 제조 과정

알코올 도수가 0.0~0.5%나 그 이하의 맥주는 대부분의 국가에서 무알코올로 분류된다. 사실 많은 무알코올 맥주에도 풍미를 위해 아주 소량의 알코올이 함유되어 있다. 저알코올 맥주의 도수는 보통 2% 이하지만 법적 가이드라인이 없는 편이다. 그리고 어떤 맥주든 저알코올이나 무알코올로 만들 수 있다.

양조에는 보통 기본적인 재료를 사용하지만, 때로는 보디감을 추가하기 위해 락토오스를 첨가하기도 하고 밀처럼 단백질이 더 함유된 곡물을 넣기도 한다. 때로는 홉 오일을 넣어 홉의 향을 내기도 한다.

저 – 또는 무알코올 맥주를 만드는 공법에는 네 가지가 있다. ① **탈알코올화**의 경우, 맥주를 약 5% 도수로 맞춰 평소와 같이 발효하고 숙성한 후에 알코올만 제거하는 방식이다. 이 방식 중 한 가지가 역삼투압 방식인데, 맥주 엑기스만 남겨둔 채 물과 알코올을 분리하는 식이다. 그리고 알코올만 제거한 후 다시 물은 맥주 엑기스로 보내서 섞는다. 그 외에 알코올을 끓여서 없애는 방식도 있다. 알코올은 물보다 끓는점이 낮아서(78℃) 맥주에 열을 가해 알코올만 '끓이거나' 증발시키는 방법을 쓸 수 있지만, 단점은 맥주를 높은 온도까지 끌어올리면 내용물이 익거나 풍미가 바뀔 수 있다는 것이다.

풍미를 지킬 수 있는 보다 나은 방법으로는 진공 증류가 있는데, 압력을 더 낮춰 끓는점을 40℃ 정도로 맞춘 후 알코올을 끓여 없애는 식이다.

② **제한된 발효**는 맥주의 발효 가능한 당을 제한해 발효를 적게 하도록 조절하는 것이다. 발효 가능한 녹말(특정 몰트, 쌀, 옥수수)이 적은 곡물을 쓰고 매싱 기술을 이용해 당을 적게 생성한다. 그리고 맥아당을 발효에 쓰지 않는 특별한 효모를 쓰며, 온도를 더 낮춰 발효가 되지 않도록 한다.

③ **희석**과 ④ **발효 프리**는 질 낮은 맥주가 나올 수 있어 상대적으로 잘 쓰지 않는 방식이다. 희석은 알코올이 들어 있는 맥주에 물을 섞어 0.5%의 도수로 맞추는 방식이고, 발효 프리는 사실상 맥주 맛이 나는 음료수라고 봐야 한다. 추출물을 넣어 맥주를 흉내 낸 음료다.

기네스 드래프트 0.0

0.0% ABV   양조지: 아일랜드 더블린

알코올은 없지만(역삼투압 방식으로 제거) 기네스의 향, 풍미, 마실 때의 느낌을 그대로 구현한 아주 인상적인 맥주다. 잔에 따르면 루비-검은색 맥주에 흰색 거품이 폭포수처럼 풍성하게 나오며 잔을 채운다. 기네스의 옅은 과일 향이 코코아 가루 맛과 잘 어우러진다. 처음에는 부드러운 맛으로 시작하며, 질감은 전체적으로 조금 더 라이트하다. 커피나 베리류 같은 신맛이 살짝 나고 끝맛은 나무와 후추의 드라이함으로 마무리된다.

럭키 세인트

0.5% ABV   양조지: 독일

독일에서 양조되고 영국에서 팔리는 이 맥주를 마시면 알코올 함량이 확 줄어든 훌륭한 바바리안 라거가 떠오른다. 잔에 따르면 탁한 황금색에 꺼지지 않는 듯한 거품이 생긴다. 진공증류로 양조해 몰트의 풍미를 간직하고 있으며, 현대식 품종의 독일 홉은 옅은 과일과 말린 레몬의 향을 내고 끝맛은 레몬으로 마무리된다. 탄산과 질감은 당신이 원하는 라거의 특징과 같다.

에딩거 알코올프라이

0.5% ABV   양조지: 독일 에어딩

이 무알코올 헤페바이젠은 매우 유명하다. 풀보디감과 자연스러운 단맛이 무알코올 스타일로서의 제 역할을 훌륭히 수행하고 있는 듯하다. 잔에 따르면 탁한 주황-황금색 액체와 두꺼운 거품을 볼 수 있으며, 오렌지와 레몬 향은 오렌지 케이크를 연상시킨다. 풀보디감, 맥아즙의 단맛, 옅은 감귤류의 신맛이 느껴지고 끝맛은 약간의 과일 맛으로 마무리된다. 갈증을 달래주는 청량하고 만족스러운 맥주다.

애슬레틱 브루잉 컴퍼니 런 와일드

0.5% ABV   양조지: 미국 코네티컷 주 스트랫퍼드, 캘리포니아 주 샌디에이고

이 탁하고 깊은 황금색 아메리칸 IPA를 마시면 가장 먼저 감귤류 껍질, 소나무, 자몽, 꽃의 꿀 향을 만나게 된다. 그리고 부드러운 질감과 청량한 탄산이 기분 좋게 그 뒤를 따르며 톡 쏘는 감귤류, 홍차, 약간의 송진과 소나무의 매운맛이 마무리를 짓는다. 옅은 단맛은 입안에 계속 머무르는 홉의 쓴맛과 잘 어울린다. 애슬레틱 브루잉은 다른 종류의 훌륭한 무알코올 맥주도 다수 양조하고 있다.

기타 추천 맥주

브루클린 스페셜 이펙트: 달콤한 감귤류, 꿀, 달콤한 차

브루독 헤이지 AF: 열대과일 주스, 밀, 산뜻함

로타이드 브루잉 웨스트코스트 홉 로크: 오렌지, 복숭아, 드라이한 쓴맛

밀 맥주와 벨지안 에일

이런 맥주들의 특징을 정의하려면 특유의 과일과
향신료 향을 생성하는 효모와 발효를 빼놓을 수 없다.
이 그룹에는 옛날 유럽 양조의 전통을 지키는
고전적인 스타일의 맥주들이 속해 있다. 대표적으로
저먼 헤페바이젠, 둥켈바이젠, 독한 바이젠보크가 있으며
그 외에도 풍미 가득한 윗비어와 청량한 블론드에서부터
매운맛의 세종, 건포도 맛의 두벨, 쌉쌀한 과일 맛의 트리펠,
독하면서 담백한 쿼드루펠까지
여러 가지 훌륭한 벨기에식 에일도 있다.

헤페바이젠

바바리아에서 특히 유명한 이 독일식 밀 맥주는 바나나 같은 독특한 효모의 향, 높은 탄산, 부드러운 마우스필, 청량한 피니시로 유명하다.

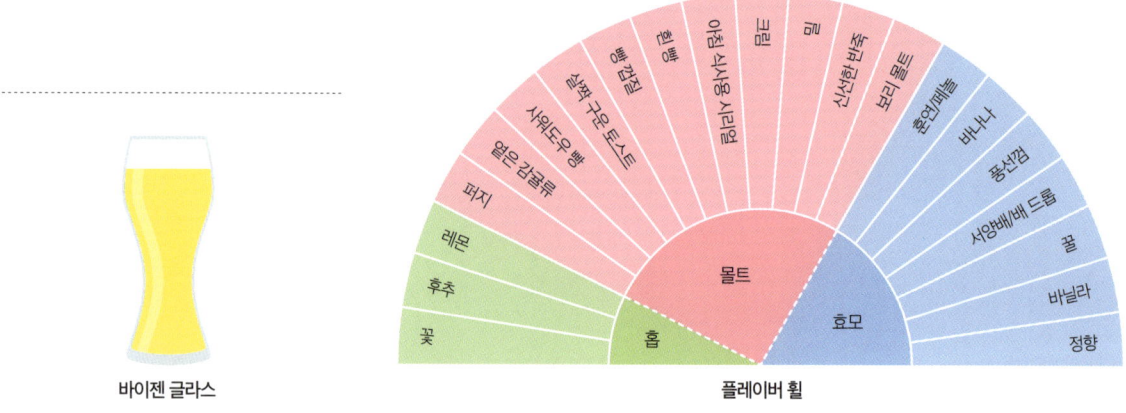

바이젠 글라스   플레이버 휠

맛, 제조 과정, 스토리

바나나! 초산이소아밀을 생성하는 효모 덕분에 바이스비어(또는 바이젠, 헤페바이젠)를 마신 후 첫 느낌에 보통 이 과일을 떠올린다. 초산이소아밀은 바나나의 풍미를 만들어내는 에스테르다. 효모는 그 외에도 서양배, 장미, 꿀, 바닐라 같은 다른 에스테르의 향과 향신료, 정향 같은 페놀도 다양하게 생성한다. 밀은 부드럽다 못해 때로는 크리미한 질감과 과일의 신맛을 살짝 만들어낸다. 헤페바이젠은 첫맛이 달다고 느낄 수 있지만 드라이하고 높은 탄산으로 인해 끝맛이 청량하게 마무리된다.

보통 전체 곡물 지출액의 50~60%가량을 밀이 차지하며 페일/유색 몰트가 나머지를 채운다. 전형적인 독일 양조업자는 디콕션 매싱 기법으로 마우스필과 드라이함을 강조한다. 독일에서는 전통적으로 낮고 개방된 발효조에서 바이스비어를 양조하며 발효 온도는 일반적인 에일보다 더 높다. 탱크의 기하학적 구조와 온도는 광범위한 종류의 과일 에스테르와 페놀의 향을 만들어낸다.

과거 유럽의 양조업자들은 보통 밀을 주로 사용했지만 바바리아는 예외였다. 바바리아에서는 1516년부터 왕가 일원의 소유가 아닌 양조장에서 밀을 쓰는 것이 금지되었다. 결국 왕족들만이 몇 세기 동안 바이스비어 양조를 독점했고 1800년대 후반에 이르러서야 (맥주의 인기가 시들해지기 시작하면서) 독점권을 포기하게 된다. 일부 헌신적인 바바리아 양조업자들이 이 스타일을 다시 부흥시켰고 현재 독일에서 가장 유명한 맥주 중 하나가 되었다.

맥주 정보

색	투명도	발효	ABV(도수)	쓴 정도
옅은 노란색~호박색	탁함~매우 탁함	과일 향/매움	4.5~6%	10~20 IBU (낮음)

슈나이더 바이세 오리지널 바이스비어

| 5.4% ABV | 양조지: 독일 켈하임 |

슈나이더는 1870년대 밀로 양조할 수 있는 권리를 얻게 된 오리지널 양조장 중 하나였다. 여기서 탄생한 오리지널은 19세기 후반의 스타일을 떠올리게 한다. 진한 호박색 맥주에서는 처음에 곡물에서 나오는 토피, 토스트, 단맛이 나며 이로 인해 바나나 향은 더 달게 느껴진다. 효모에서는 핵과의 특징이 살짝 나온다. 이 맥주는 향신료의 맛 또한 우아하다. 이런 식으로 바이스비어를 만드는 양조업자는 그 수가 많지 않다.

바이엔슈테판 헤페바이스비어

| 5.4% ABV | 양조지: 독일 프라이징 |

이 맥주를 잔에 따라서 슈나이더 오리지널과 나란히 두면 그 차이를 명확히 알 수 있다. 탁한 노란색에 새하얀 거품을 지닌 바이엔슈테판은 크리미한 바나나와 바나나 사탕, 바닐라, 감귤류, 약간의 크래커, 후춧가루, 약간의 훈제한 정향의 특징을 나타낸다. 퍼지 같은 단맛은 곧 사라지며 라이트하고 청량한 맛을 남긴다. 이런 맥주가 지닌 진정한 특징은 처음에는 부드러운 보디감으로 시작해 드라이함과 탄산으로 산뜻하게 마무리된다는 것이다.

아잉거 브로바이스

| 5.1% ABV | 양조지: 독일 아잉 |

아잉거는 전반적으로 슈나이더와 바이엔슈테판보다 더 라이트해서 아잉거만의 미묘한 맛을 잘 보여주고 있다. 여기에서 나는 과일 맛은 마치 바나나 빵과 같다. 그 외에 바닐라나 카다멈 같은 부드러운 향신료, 약간의 달콤한 열대과일, 톡 쏘는 레몬의 풍미도 있다. 밀은 신선한 빵 맛을 낸다. 보디감은 다른 종류보다 더 산뜻하고 가벼우며, 밀과 높은 탄산이 어우러져 살짝 신맛이 나고 청량한 느낌을 준다.

코에도 시로

| 5.5% ABV | 양조지: 일본 사이타마 시 |

이 일본 맥주는 크리미한 부드러움을 지니고 있다. 바나나 사탕, 핵과의 과일 맛과 약간의 크림 캐러멜 맛이 매력적이다. 또한 정향도 살짝 느껴진다. 독일 맥주처럼 처음에는 부드러운 질감으로 시작해 몰트의 빵 맛, 반죽, 비스킷, 토스트한 브리오슈의 맛이 난다. 그리고 탄산이 중간에 들어오면서 과일의 풍미가 나타나기 시작한다. 곧 드라이해지면서 감귤류의 향이 살짝 나고 부드럽게 마무리된다.

기타 추천 맥주

에딩거 바이스비어: 옅은 과일 향, 산뜻한 청량감, 약간의 향신료

라이브 오크 헤페바이젠: 바나나 푸딩, 토스트, 가벼운 향신료

토이트 브루펍 바이스: 달콤한 밀, 바나나 사탕, 아니스

둥켈바이젠과 바이젠보크

독일식 밀 맥주의 확장된 스타일이며 일반적인 밀 맥주보다 어두워진 색, 높아진 도수 또는 강해진 홉의 특징을 가지고 있다.

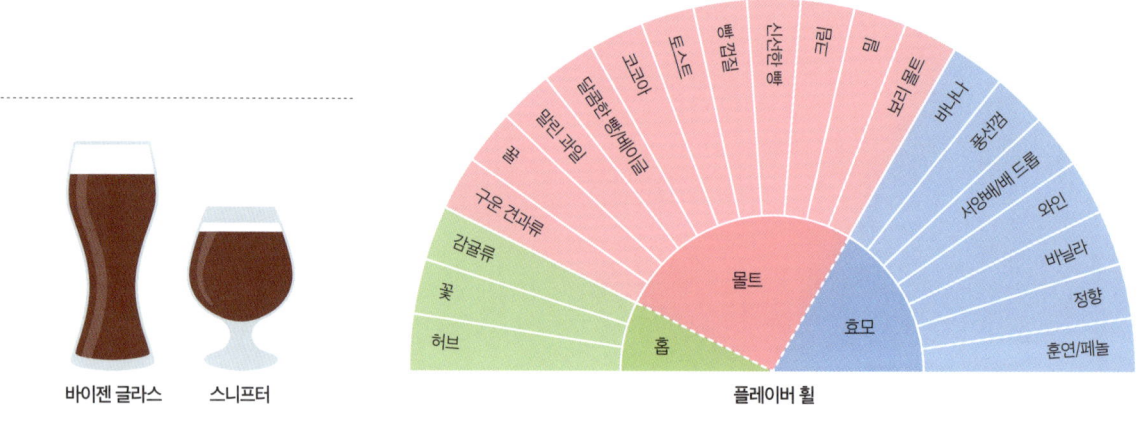

맛, 제조 과정, 스토리

둥켈바이젠은 짙은 색 밀 맥주이며 밀의 함량이 높은 헤페바이젠과 같은 방식으로 양조되지만 여기에 뮤닉과 비엔나 같은 짙은 색 몰트를 추가한다. 이렇게 하면 토스트, 로스팅, 견과류, 코코아의 풍미에 효모에서 오는 과일과 향신료의 특징까지 더해진다.

바이젠보크과 도펠보크는 더 독한 밀 맥주이며, 색은 옅은 노란색에서부터 짙은 갈색에 이른다. 일반적인 바이스비어나 둥켈바이젠이 도수만 살짝 높아져 알코올 맛, 보디감, 풍미가 진해졌다고 생각하면 된다. 도수가 높아지면 발효 동안 효모가 더 많은 스트레스를 받게 된다. 그러면 에스테르와 페놀이 더 생성되어 폭넓은 향이 나온다. 1907년 처음 양조된 슈나이더 바이세의 아벤티누스는 이런 스타일의 원조로 알려진다.

호펜바이세는 바이젠보크 또는 바이젠도펠보크의 풍미를 갖지만 향이 강한 홉도 많이 들어 있다. 이 맥주는 2008년 브루클린 브루어리와 슈나이더 바이세가 협업해 나온 작품이다. 단맛이 진해진 베이스, 추가적인 효모의 과일 향, 짙어진 페놀 향과 홉의 감귤류 향 모두가 호펜바이세만의 유니크한 향이 되었다. 정말 다양한 풍미를 가진 매력적인 맥주라 할 수 있다. 마치 독일 전통과 현대의 미국 홉이 만나 시너지를 일으킨 듯하다.

맥주 정보

색	투명도	발효	ABV(도수)	쓴 정도
황금색~진한 루비 갈색	탁함~매우 탁함	과일 향/매움	5~8% 이상	10~40 IBU (낮음~중간)

안덱서 바이스비어 둥켈

| 5% ABV | 양조지: 독일 안덱스 |

루비 – 호박색을 띠며 다크 몰트를 추가해 라이트하면서도 깊은 코코아 파우더, 약간의 구운 견과류, 빵 껍질, 프리첼 맛이 난다. 바나나 에스테르 – 바나나 밀크셰이크 같은 향 – 와 함께 말린 과일, 나무 향신료, 잘 익은 열대과일의 풍미가 살짝 나타나는데 이 맥주 효모의 독특한 특징이라 할 수 있다. 끝맛은 효모의 향신료, 독일 홉에서 나오는 후추의 쓴맛, 깔끔한 드라이함으로 마무리된다.

비리피시오 이탈리아노 부두

| 6% ABV | 양조지: 이탈리아 리미도 코마스코 |

이 둥켈바이젠은 전통 이탈리아 밀로 양조해 고전적인 바나나와 정향의 향이 난다. 그러고는 달콤한 핵과 향이 밀려오다가 다크 몰트의 캐러멜, 초콜릿 향으로 바뀌면서 일반 빵이 아닌 토스트 맛이 난다. 여기에 초콜릿 파네토네의 맛도 살짝 난다. 마실 때는 코코아와 토피의 맛과 함께 풀보디감이 느껴지며, 그 뒤를 이어 같은 스타일의 다른 종류에 비해 더 진한 허브와 꽃의 쌉싸름함이 나타난다.

슈나이더 바이세 아벤티누스

| 8.2% ABV | 양조지: 독일 켈하임 |

오리지널 바이젠도펠보크이며, 여전히 교과서적인 면모를 잘 갖추고 있다. 잔에 따르면 세계 어디서도 볼 수 없는 유니크한 색이 나온다. 진한 루비 – 주황색 액체에 두껍고 크리미한 거품이 잔을 채운다. 구운 바나나, 바나나 커스터드, 초콜릿으로 코팅된 바나나의 풍미 외에도 콜라, 캐러멜라이징한 브레드 푸딩, 무화과, 건포도 페이스트리, 말린 감귤류 껍질, 약 맛의 정향이 살짝 느껴진다. 단맛이 혀에 남기 때문에 입술이 끈적한 느낌이 들 것이다.

슈나이더 바이세 호펜바이세

| 8.2% ABV | 양조지: 독일 켈하임 |

슈나이더는 놀랄 만한 호펜바이세를 발명했는데 홉의 특징이 매우 강한 바이젠보크라 보면 된다. 이 맥주는 살짝 탁한 호박색을 띠며 거품이 풍성하고 생홉의 꽃, 담백한 감귤류, 정향을 넣은 오렌지, 구운 바나나, 숙성된 파인애플, 페놀의 훈연 향 등 향이 진하다. 홉(할러타우 사피르)과 풍부한 효모의 특징으로 무거운 보디감과 오일의 느낌이 나타난다. 끝맛은 쓴맛(40 IBU)이 강렬하면서 짧게 느껴진다.

기타 추천 맥주

에딩거 바이스비어 둥켈: 미묘함, 코코아, 말린 과일, 후추

라이브 오크 프리머스: 초콜릿 바나나, 바닐라, 향신료를 넣은 바니니 빵

브라우에라이 마이클 플랭크 헬러 바이젠보크: 크리미한 바나나, 진한 향신료, 달콤한 빵, 오렌지 껍질

윗비어

이 청량하면서 라이트한 벨기에 스타일의 밀 맥주는 오렌지 껍질과 고수 씨를 넣어
과일, 꽃의 풍미와 매콤하고 드라이한 피니시를 선사한다.

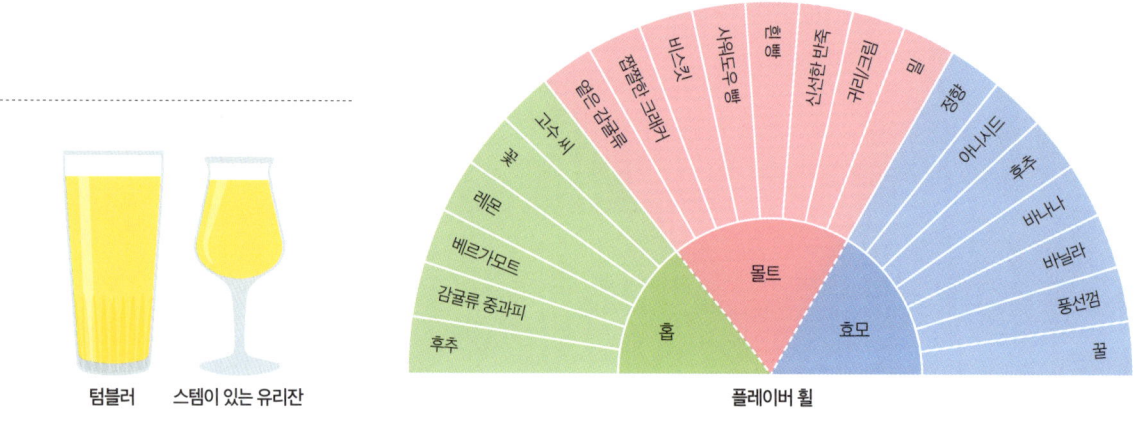

텀블러 　 스템이 있는 유리잔 　 　 　 플레이버 휠

맛, 제조 과정, 스토리

윗비어는 여과하지 않았고, 라이트하며, 탄산은 많지만 마시기 쉽다. 복합미보다는 청량감에 중점을 둔 맥주라고 할 수 있다. 말린 오렌지 껍질이나 고수 씨 같은 향신료를 첨가해 감귤류, 꽃, 깊은 향신료의 풍미가 나타나고 효모에서 나오는 맛과 상호작용을 하면서 효모의 향과 풍미가 더 뚜렷해진다.

다른 과일과 향신료의 특징도 있지만 아주 미묘하고 지배적이지 않다.

밀은 보통 재료의 30~60% 정도를 차지하고, 페일 몰트와 귀리가 나머지를 채우기 때문에 부드럽고 묵직한 질감을 가지고 있다. 단맛은 낮거나 중간 정도이며, 쓴맛은 보통 매우 낮아서 효모와 향신료의 맛이 더 돋보인다. 효모는 과일에서 향신료의 맛까지 다양하고 홉의 풍미는 매우 미미하다.

밀 맥주(윗, 윗비어, 위테, 비에흐 블랑셰, 화이트 에일)는 벨기에에서 매우 긴 역사를 가지고 있다. 대부분 도수가 낮고 신맛이 났는데, 더 깔끔한 맛의 에일과 라거가 유명해지면서 사라졌다. 과거의 밀 맥주와 현대의 윗 사이에 직접적인 연결선을 찾지는 못했지만 1960년대에 나왔던 호가든에서 그 실마리를 얻을 수 있다. 이 맥주는 밀 맥주에 대한 세계적인 관심의 증가로 만들어졌고 북아메리카에서 우월적 지위를 가지고 있는 초기 수제 맥주 가운데 하나다.

맥주 정보

색	투명도	발효	ABV(도수)	쓴 정도
노란색	탁함	과일 향/매움	4~5.5%	10~20 IBU (낮음)

호가든 윗

| 4.9% ABV | 양조지: 벨기에 호가든 |

이 맥주는 페놀의 향이 매우 진해 코를 가까이만 대도 바로 맡을 수 있으며, 마신 후 향이 입에 오래 남는다. 강한 정향의 향[델리 카운터(가게에서 조리한 음식을 파는 공간 – 옮긴이)나 화장실 세제 같음]으로 인해 고수 씨의 향은 더 진해지고 오렌지 껍질의 맛도 설탕에 조린 진득한 껍질 같은 맛과 향이 나게 된다. 듣고 보면 맛이 없을 것 같지만 수많은 사람이 좋아해 마지않는 맥주다. 오리지널 현대식 윗비어이며 아주 중요한 맥주 중 하나라고 할 수 있다.

브라스리 르페브르 블랑셰 드 브리셀

| 4.5% ABV | 양조지: 벨기에 케나스트 |

단순한 맛의 기분 좋은 라이트함을 지닌 윗비어다. 풍선껌과 딸기, 바닐라, 설탕에 조린 살구, 달콤한 열대과일 등 다른 종류의 맥주보다 과일의 특징이 강하며 청량한 맛에 더 치중했다. 고수에서는 꽃보다 구운 맛이 더 나고, 말린 오렌지의 맛이 은은하게 나오면서 끝까지 이어진다. 크리미한 밀의 부드러움과 꽃에 있는 꿀의 맛도 살짝 느낄 수 있다. 탄산이 유쾌한 청량감을 더해준다.

알라가시 화이트

| 5.2% ABV | 양조지: 미국 메인 주 포틀랜드 |

알라가시 화이트는 벨지안 윗에 미국식을 가미한 맥주를 완벽하게 표현하고 있다. 잔에 따르면 탁하고 옅은 노란색 맥주와 특유의 흰색 거품을 볼 수 있다. 첫 모금에 고수 씨와 말린 오렌지가 바로 느껴지며 그 뒤를 말린 레몬, 카다멈, 레몬 케이크, 쓴 레몬, 바닐라, 옅은 정향의 맛이 잇는다. 크림이나 실크같이 부드러운 질감을 느낄 수 있으며, 마지막에 느껴지는 강한 쓴맛과 후추 향은 다른 벨기에 맥주와 차이를 보인다.

로스트 앤 그라운디드 홉–핸드 팰러시

| 4.4% ABV | 양조지: 영국 브리스틀 |

홉–핸드 팰러시는 고전 스타일의 윗비어이며 에스테르의 여러 가지 향 간의 균형이 매우 좋은 맥주다. 효모와 홉에서 나오는 맵싸한 후추 맛, 구운 향신료의 향, 고수 가루의 향기로운 향, 말린 오렌지 껍질의 과일 향이 난다. 외형은 옅은 노란색에 살짝 탁하며, 크림처럼 부드러운 질감을 가지고 있고 톡 쏘는 느낌이 혀를 자극한다. 도수가 낮아서 끝맛은 청량하고 드라이하며 살짝 매운맛으로 마무리된다.

기타 추천 맥주

블루 문: 레몬, 바닐라, 크래커, 탄산주와 비슷함, 오렌지 소다

유니브로 블랑셰 드 셩블리: 고수 꽃, 꿀, 밀, 정향

히타치노 네스트 화이트 에일: 너트맥, 달콤한 오렌지, 밀, 청량함

세종

발효가 잘 되고 효모의 특징이 강한 이런 맥주는 과거 벨기에 농장의 전통을 이어서, 또는 여기에 영감을 받아 양조되었다.

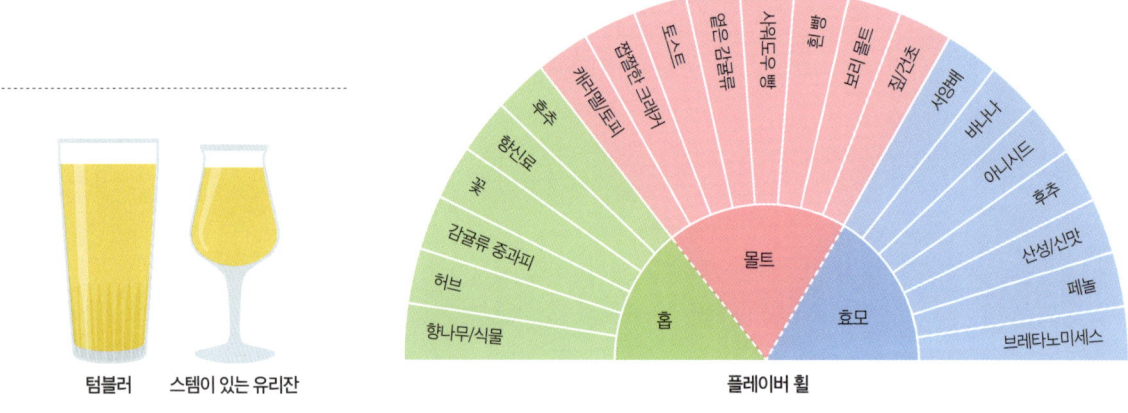

텀블러   스템이 있는 유리잔

플레이버 휠

맛, 제조 과정, 스토리

세종은 마시면 마실수록 고개를 갸웃하게 만드는 맥주지만 그 복잡한 다양성에 점차 빠지게 될 것이다. 4~9% 이상에 이르는 도수, 쓴맛 또는 신맛, 여러 단계의 쓴맛, 홉의 강도 등 특징이 정말 다양하지만 공통점은 아주 드라이한 끝맛, 효모의 풍미에서 오는 다양성이다.

효모 – 때로는 박테리아 – 는 세종을 정의하는 요소다. 효모가 생성하는 에스테르에서는 모든 종류의 과일 향이 나올 수 있으며 그 바탕에는 페놀, 후추, 정향이 있다. 발효가 잘 되기 때문에 드라이한 끝맛과 높은 탄산을 얻을 수 있으며, 발효에 브레타노미세스 효모와 박테리아를 사용하기도 한다. 곡물은 보리를 기본으로 해서 밀, 귀리, 스펠트밀 같은 다른 곡물을 섞기도 한다. 홉은 대체로 후추나 중과피의 향만 내는 기본적인 풍미만 담당하며, 경수를 써서 산뜻하고 드라이한 특징을 부여한다.

세종은 산업화 이전 농장의 전통에서 왔다고 한다. 당시 사람들은 지역 재료를 사용해 대대로 내려오는 방식으로 양조했고 맛은 그다지 훌륭하지 않았을 것으로 추측된다. 대규모 양조가 발전하면서 맥주의 맛이 일정해지고 좋아졌으며 이런 농장 전통 맥주는 사라지게 되었다. 현재의 세종은 20세기 중반부터 이어져 왔으리라 추측되고 있으며 21세기에 들어서면서 점차 수제 양조업자들에 의해 유명해지고 더 발전하게 되었다.

맥주 정보

색	투명도	발효	ABV(도수)	쓴 정도
밀짚색~진한 황금색	맑음~살짝 탁함	과일 향/매움, 때로는 산성	4~9.5%	20~50 IBU (중간~높음)

브라스리 듀퐁 세종 듀퐁

| 6.5% ABV | 양조지: 벨기에 투르프 |

전형적인 세종의 특징을 지닌 이 맥주는 탁한 황금색을 띠며 다양한 풍미를 자랑한다. 에스테르의 바나나 향으로 시작해 후추 향으로 이어지며, 캐러멜라이징된 곡물 맛이 나지만 곧 사라진다. 마치 홉이 담긴 통에 뛰어들어 허브와 감귤류 중과피 향이 온몸 곳곳에 스며든 것 같은 느낌이 들기도 한다. 사실 맛을 표현하기가 처음에는 쉽지 않지만 계속 즐기다 보면 명확히 알 수 있게 된다. 듀퐁의 뫼네트 블론드와 아벡 레 본 뵈도 한번 도전해보자.

브라스리 팬텀 세종

| 8% ABV | 양조지: 벨기에 소이 |

듀퐁의 소박한 매력과 비교했을 때 와일드한 특징이 더 엿보인다. 독특한 효모를 넣어 레몬, 파인애플, 새콤한 망고, 복숭아, 톡 쏘는 과일의 단맛, 신 사과 등의 풍미가 나타난다. 꿀을 섞은 몰트는 진한 풍미와 약간의 단맛을 만들어내고 과일의 풍미 또한 높여준다. 몰트의 맛 뒤에는 효모가 만들어낸 셔벗 같은 상큼함과 드라이함이 나타난다. 다양하고 복잡한 풍미에 다소 당황할 수 있겠지만 이런 부분이 이 맥주가 선사하는 즐거움이라 할 수 있다.

버닝 스카이 세종 프로비전

| 6.7% ABV | 양조지: 영국 펄 |

마술과도 같은 복잡함을 지닌 세종 프로비전은 장소와 제조 공정이 중요한 요소로 자리하고 있다. 우선 세종 효모로 1차 발효를 한 후, 커다란 나무 푸드르에서 양조장 효모와 박테리아로 몇 개월간 숙성시키면 정제된 신맛과 복합미가 완벽하게 섞이게 된다. 언제나 흥미를 돋우는 맥주이며 레몬, 건초, 구스베리, 덜 익은 부드러운 살구, 브램리 사과, 말린 감귤류 껍질, 후추의 쓴맛이 나기도 한다.

불러바드 브루잉 컴퍼니 탱크 7

| 8.5% ABV | 양조지: 미국 미주리 주 캔자스시티 |

IPA처럼 홉의 특징이 매우 강해 아메리칸 세종의 훌륭한 예라고 할 수 있다. 황금색을 띤 탱크 7은 풀보디감으로 시작해 쓴맛으로 이어진다. 정향, 후추, 달콤한 바나나 같은 과일, 알코올의 맛이 난다. 벨기에 양조 방식과 미국 방식을 혼합해 홉의 특징이 강하게 나타나는 편이다. 효모에서 나오는 숙성된 파인애플, 말린 오렌지 껍질, 자몽 중과피, 레몬 셔벗의 풍미 역시 다소 강하다.

기타 추천 맥주

브라스리 드 블라우기스 라 몽되즈: 토피, 향신료의 후추 향, 매우 드라이함

힐 팜스테드 아서: 샴페인, 새콤한 열대과일, 입에 침이 고임

라 세이렌 세종: 신맛, 레몬, 복합성

팜하우스와 러스틱 에일

이 다양한 벨기에, 프랑스식 에일은 단순히 하나의 범주에 속하기를 거부한다. 모두 낭만적인 농장의 전통에서 온 맥주들이다.

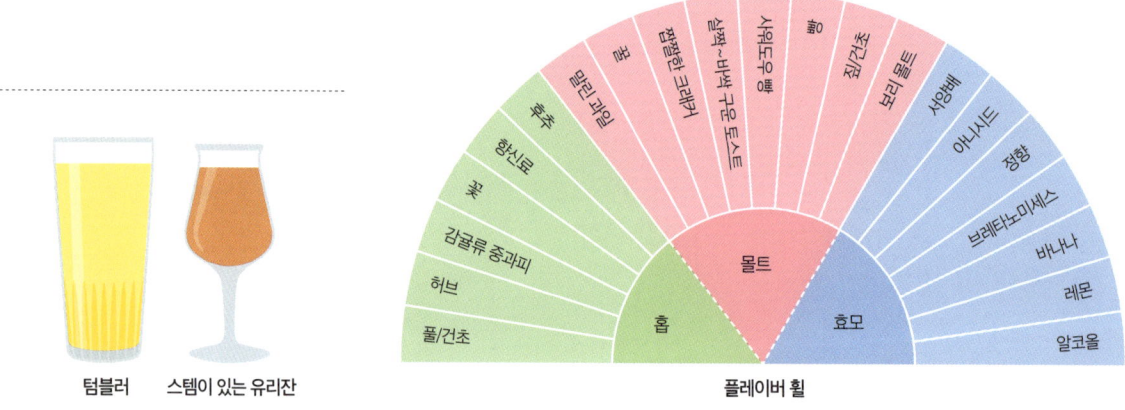

텀블러 스템이 있는 유리잔

플레이버 휠

맛, 제조 과정, 스토리

이 맥주들은 특징이 매우 다양하다. 낮은 도수에 약한 풍미에서부터 높은 도수의 진한 몰트의 맛까지 있고, 색은 연한 황금색에서부터 진갈색까지 있으며 쓴맛, 거친 맛, 신맛도 있다. 이 모든 다양성을 아우르는 주요소는 드라이한 피니시다. 때로는 '러스틱'한 발효의 특징(페일 라거나 에일의 깔끔함과 중성적인 발효의 맛과 반대된다)이 함께 나타나 브레타노미세스 효모에서는 과일·페놀 향 또는 지독한 향이 난다.

이런 맥주는 복합미와 깊이가 중요하다.

이 맥주에는 보리 외에도 보통 밀, 귀리, 스펠트밀, 호밀을 함께 넣어 몰트의 깊은 맛을 낸다. 홉은 향을 내는 용도로 쓰는 경우도 간혹 있지만 주로 쓴맛을 위해 넣는다. 독일 홉을 넣어 맵고 후추 같은 피니시를 낸다. 일부 양조업자는 깊이감이나 신맛을 더 내기 위해 배럴에서 숙성시키기도 한다.

역사적으로 프랑스의 유명한 스타일인 비에흐 드 가르드는 배럴에 담아 보관했고 맥주에서는 와인의 맛과 시큼한 맛이 추가되곤 했다. 현재는 쓰거나 신맛 대신 저온 발효의 스트롱 에일과 비슷하게 만든다. 그러면 몰트의 풍미와 알코올이 진해지고, 에스테르의 향은 적어지며, 드라이한 피니시가 뚜렷해진다. 테이블 비에나 그리셋 또한 대표적인 종류이며, 도수가 낮고 매우 드라이하며 시거나 쓴맛이 난다. 이런 스타일은 팜하우스와 세종 같은 스타일을 좋아하는 술꾼들 사이에서 새롭게 인기를 얻고 있다.

맥주 정보

색	투명도	발효	ABV(도수)	쓴 정도
밀짚색~갈색	맑음~살짝 탁함	과일 향/매움	3.5~8.5%	15~45 IBU (낮음~중간)

브라스리 3 몬츠 비에흐 드 플랑드르

| 8.5% ABV | 양조지: 프랑스 세인트-실베스트레-카펠 |

고전적인 프랑스의 비에흐 드 가르드다. 몰트의 깊은 풍미는 마치 몰팅한 보리 한 줌을 씹는 듯한 느낌이 든다. 효모에서는 과일과 약간의 페놀 향의 정향, 흑후추의 특징이 나타나고 열대의 향이 은은하게 풍겨온다. 또한 이 모든 풍미는 높은 알코올 함량으로 더 짙어진다. 끝맛은 따뜻하고 드라이하지만 쓴맛이 강하지 않다. 세종과 스타일을 비교해보고 싶다면 듀퐁의 뫼네트를 함께 마셔보자.

브라스리 티리에즈 라 블론드 데스켈백

| 6.5% ABV | 양조지: 프랑스 에스켈백 |

다소 라이트한 프랑스 팜하우스 에일이다. 탁한 노란색에 왕관 모양의 거품이 난다. 바나나, 바닐라, 서양배, 말린 감귤류 껍질, 구운 핵과 등 혼합 과일의 맛과 함께 백후추, 정향, 꽃의 향이 흥미를 돋운다. 이런 다양한 풍미는 마치 홉에서 나오는 듯싶지만 사실 이런 깊이감을 주는 것은 효모다. 맥주를 마시면 몰트의 풍미가 가장 먼저 나타나면서 부드럽고 진한 느낌을 주고, 탄산은 심하지 않지만 청량하게 느껴진다.

졸리 펌킨 밤 비에흐

| 4.5% ABV | 양조지: 미국 미시간 주 덱스터 |

미시간에서 양조되는 밤 비에흐는 벨기에 시골에서 만들어진 맥주처럼 무언가 시대착오적인 느낌을 주는 맥주다. 물론 아주 훌륭한 방향으로 말이다. 오래된 팜하우스 에일(숙성, 신맛, 드라이함)에서 영감을 받아 만들어낸 풍미와 드라이 호핑으로 생긴 새로운 풍미가 함께 섞여 있다. 효모에서 나오는 드라이함, 레몬, 파인애플의 맛은 산뜻하다. 또한 숙성된 핵과, 신 풋사과의 맛도 느껴지며 끝맛은 스파클링 와인인 프로세코 같은 청량한 맛이 난다.

제스터 킹 르 프티 프린스

| 2.9% ABV | 양조지: 미국 텍사스 주 오스틴 |

벨기에에서 영감을 받은 테이블 비어이며 도수가 낮고 드라이하며 탄산이 매우 높은 쓴맛의 에일이다. 농장의 테이블에서 매일 마실 수 있는 맥주로 고안되었다. 제스터 킹 버전은 양조장의 효모가 만들어낸 야생의 느낌, 후추, 레몬 껍질, 서양배, 건초, 홉의 꽃 향과 같은 특징을 지녀 전통적인 맛이 잘 살아 있다. 신맛이 적고 발효의 맛이 강하며 단맛이 없어 탄산의 청량함이 더 잘 느껴진다.

기타 추천 맥주

구베 데 종뀌: 꽃, 향기로움, 청량함

브라스리 텔리에 라 바바이시엔: 토스트, 과일 향 알코올, 드라이함

라 구달: 꿀, 꽃, 옅은 향신료, 구운 몰트

벨지안 블론드와 페일 에일

이 벨지안 에일은 도수가 적당하고 청량해 마시기 쉽다. 홉이나 효모의 특징이 두드러진다.

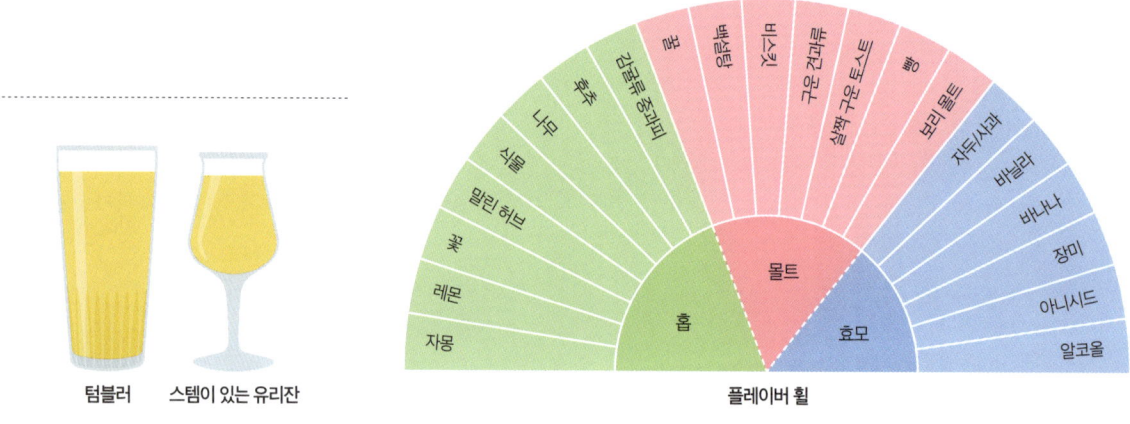

텀블러 스템이 있는 유리잔

플레이버 휠

맛, 제조 과정, 스토리

매일 마시기 좋은 맥주인 블론드 에일은 페일보다 달고, 도수는 더 높으며, 효모의 과일 향과 풍미가 더 강하다. 반면에 페일 에일은 홉의 풍미와 향이 더 강하고 몰트의 특징이 적다. 이 맥주들은 밝은 황금색을 띠며 왕관 모양의 흰 거품이 생긴다. 청량하고 효모와(또는) 홉의 다양한 특징이 매우 흥미로운 맥주다. 홉에서는 매운맛, 후추의 쓴맛이 더 강하게 나타나지만 감귤류와 꽃의 특징이 진한 종류도 일부 있다. 알코올과 단맛의 정도는 매우 다양하다.

기본적으로 페일, 특히 필스너 몰트를 넣지만 때로는 색이 있는 몰트나 밀을 함께 넣고 옅은 색의 캔디 슈거를 넣어 드라이함을 추가하기도 한다. 홉은 보통 독일, 벨기에, 영국의 홉을 쓰고 쓴맛은 브랜드에 따라 다르다. 페일 에일이 더 드라이하고 쓰다. 일부 블론드 맥주는 고수 씨 같은 향신료를 넣기도 한다. 대부분 병입 숙성을 해 풍미의 깊이를 더한다.

벨기에에서의 블론드와 페일은 밀을 많이 넣은 시큼한 맛의 지역적이고 특이한 맥주에서 시작해 깔끔해지고 쓴맛이 강해진 인기 있는 맥주로의 변화를 대표하는 맥주들이기도 하다. 이 맥주들은 마시기 쉽고 적당한 도수를 가지고 있으면서 전형적인 필스너나 페일 에일보다 특징이 더 많다. 벨지안 페일은 이제 홉의 풍미와 쓴맛을 사랑하는 소비자들에게는 매우 중요한 스타일이 되었다.

맥주 정보

색	투명도	발효	ABV(도수)	쓴 정도
밀짚색~황금색	맑음~살짝 탁함	과일 향/매움	5~7.5%	20~45 IBU (중간)

생 푀이엔 블론드

7.5% ABV 양조지: 벨기에 르 뢰울스

이 살짝 옅은 황금색 – 호박색 맥주는 효모와 향신료에서 고수 씨, 인동덩굴, 레몬, 사과, 서양배, 마멀레이드 향이 난다. 톡 쏘는 탄산이 혀끝에서 터지고, 그 아래에서는 몰트에서 만들어진 달지 않은 퍼지와 토스트의 풍미가 느껴지며, 질감은 매우 부드럽다. 효모의 풍미는 맥주 안에서 켜켜이 쌓이고 여기에 홉의 옅은 과일과 후추 향이 추가된다. 끝맛은 홉의 특징으로 마무리된다.

레페 블론드

6.6% ABV 양조지: 벨기에 루뱅

레페 블론드는 달콤한 꿀맛이 나는 맥주다. 정향과 후추의 향신료 향이 두드러지고 페놀에서 나는 꿀의 향도 느껴진다. 때로는 구운 햄의 맛이 나기도 해서 불쾌해하는 소비자들도 일부 있다. 병에서는 발효가 일어나지 않아 벨기안 블론드에 비해 전반적으로 깊이감과 개성이 부족하지만 한번 마셔보면서 다른 맥주와 비교해보는 것도 괜찮을 것이다.

더 로스트 애비 디보션

6% ABV 양조지: 미국 캘리포니아 주 샌마르코스

벨지안 블론드와 페일의 중간 정도에 위치해 있는 디보션은 유럽 홉에서 나오는 풀, 꽃, 건초, 감귤류 껍질, 신선한 허브 향과 기저에 있는 효모의 후추와 과일의 향이 조화를 잘 이루는 맥주다. 질감은 미국 맥주의 특징처럼 몰트의 묵직함을 잘 가지고 있으며 탄산이 중간에 적절히 끊어준다. 그리고 감귤류와 멜론, 흰 빵, 홉의 잎 향이 이어진다. 끝맛은 마치 쌉싸름하게 끝날 듯하지만 향신료 맛으로 마무리된다.

브라스리 드 라 세느 지네비어

5.8% ABV 양조지: 벨기에 브뤼셀

이 주황 – 황금색 벨지안 페일 에일은 홉과 효모의 혼합이 정말 잘 되어 있다. 그래서 정확히 어떤 재료가 말린 오렌지, 핵과, 서양배 또는 후추의 향을 내는지 알 수 없을 때도 있다. 그러나 적어도 부드러운 정향의 향기가 양조장 효모에서 나온다는 사실은 정확할 것이다. 홉은 풀, 향수, 감귤류 중과피, 쓴맛 등 효모보다 조금 더 직접적인 맛을 낸다. 몰트는 특별히 튀지 않으며 기본적인 맛 정도만 낸다. 쓴맛은 강하고 오래간다.

기타 추천 맥주

베스트블레테렌 블론드: 오렌지 껍질, 후추, 바닐라, 토스트

아플리젬 블론드: 달콤한 빵, 바나나, 제스트

드 할브 만 브뤼헤 조트: 꿀, 후추, 옅은 과일 향 에스테르

벨지안 스트롱 블론드와 트리펠

이 독한 페일 벨지안 에일은 탄산이 많고 마무리가 매우 드라이하며 효모의 향이 진하다.

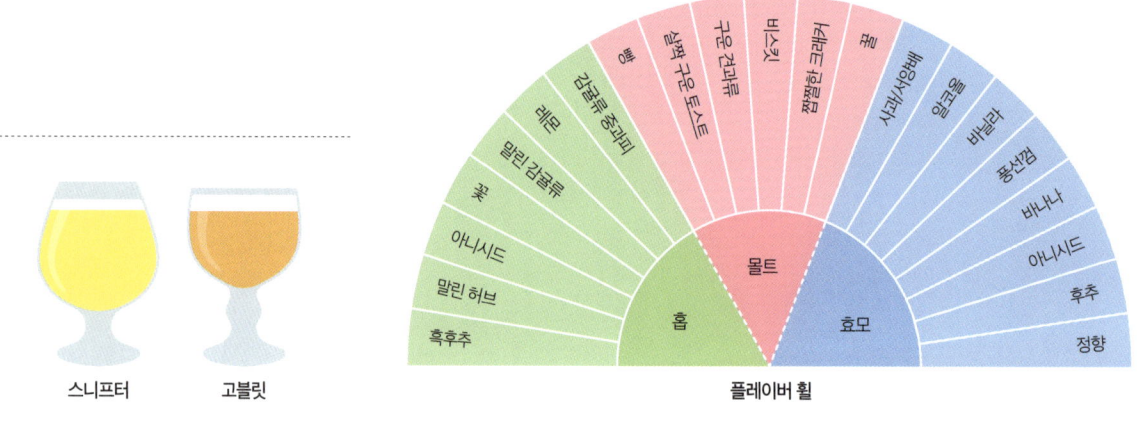

맛, 제조 과정, 스토리

이런 맥주들은 효모에서 개성을 갖게 되고 효모가 생성하는 에스테르와 페놀은 각 맥주에 유니크한 특징을 새겨준다. 두드러지는 효모의 향은 과일 향 또는 매운/페놀일 수 있고 두 가지 모두가 나타나기도 한다. 설탕은 아주 드라이하고 '소화가 잘 되는' 맥주를 만드는 데 도움이 되고 여기에 홉을 넣어 적당한 쓴맛과 과일, 꽃, 매운 풍미를 더하기도 한다. 탄산이 매우 많은 편이다. 입안에서 느껴지는 단맛은 낮은 정도에서 중간이며 알코올도 보통 뚜렷하게 느껴진다. 이런 맥주들은 가장 드라이한 피니시를 가진 종류 중 하나이며, 스트롱 블론드/골든은 트리펠보다 더 드라이한 편이다. 트리펠은 효모가 만든 페놀의 특징이 강해 전반적으로 더 달고 풍부한 맛이 난다.

고전적인 레시피에는 필스너 몰트, 캔디 슈거, 벨지안 홉 또는 독일이나 영국 홉, 맛이 강한 효모가 포함되고 때로는 고수 씨 같은 향신료가 추가되기도 한다. 설탕은 알코올이 더 많이 생성되는 반면 가벼운 보디감과 드라이함을 남긴다. 보통 병입해 2차 발효를 시킨다.

맥주 스타일 가이드에는 스트롱 블론드, 스트롱 골든, 트리펠이 구분되어 있지만 사실 풍미의 연장선 정도로 보면 된다. 트리펠은 1930년대(베스트말레 트리펠)에 전통 다크 에일과 당시 인기를 얻어가던 가벼운 맥주의 특징이 혼합되어 나온 독한 페일 맥주였다. 스트롱 블론드나 골든 에일은 1970년대부터 시작되었다고 보고 있으며, 벨기에에서 가장 유명한 맥주 중 하나다.

맥주 정보

색	투명도	발효	ABV(도수)	쓴 정도
황금색~호박색	맑음~살짝 탁함	과일, 과일 향/매움	7.5~9.5%	20~50 IBU (중간~높음)

트리펠 카르멜리엣

8.4% ABV | 양조지: 벨기에 부겐하우트

보리와 귀리, 밀을 쓰고 여기에 알려지지 않은 향신료를 넣는다. 꽃, 과일, 매운맛, 페놀의 향이 이끄는 맥주라고 할 수 있다. 말린 레몬과 정향을 상상해보자. 페놀 향 외에도 시큼한 고수 향 같은 향신료의 향이 함께 나며, 에스테르의 크리미한 바나나 향과 단맛도 살짝 난다. 샴페인 정도의 탄산은 무거운 깊이감 위에서 가벼운 느낌을 준다. 정향 때문에 일부 소비자들은 살짝 거부감을 느낄 수 있다.

베스트말레 트리펠 트라피스트 에일

9.5% ABV | 양조지: 벨기에 베스트말레

이 맥주와 트리펠 카르멜리엣은 모두 고전적인 스타일이지만 뚜렷한 차이가 있다. 베스트말레를 마시면 가장 먼저 알코올 맛이 강하게 나고 곧 따뜻하고 매운 향이 퍼지면서 효모가 이끄는 말린 바나나, 크리미한 바닐라, 아몬드 에센스, 서양배의 풍미가 들어온다. 페놀의 정향은 느껴지지 않는다. 탄산은 적당하고 보디감은 가벼우며 알코올이 풍미를 높이면서 입에 침이 고인다. 끝맛은 매우 드라이하게 마무리된다.

러시안 리버 댐네이션

7.5% ABV | 양조지: 미국 캘리포니아 주 윈저

이 스트롱 골든 에일은 같은 종류에 비해 알코올 도수가 낮은 편에 속한다. 한 모금 마시면 에스테르의 바나나 향과 풍부한 과일 향(열대 핵과, 바닐라)이 가장 먼저 맞이한다. 질감은 부드럽다 못해 크리미하며 바나나 향은 부드러운 질감과 페일 몰트의 단맛을 더 자극한다. 벨기에식과 비교해보면 진한 몰트와 높은 쓴맛이 미국식 맥주임을 확연히 보여주고 있다.

듀벨 모르트가트

8.5% ABV | 양조지: 벨기에 푸르스

세계에서 가장 세련된 스트롱 블론드 에일이라 할 수 있다. 동일한 종류의 맥주 중에서 가장 멋진 황금색과 옅은 빛을 띤다. 꺼지지 않는 흰 거품은 홉의 서양배, 사과, 꽃 향과 약간의 알코올을 머금고 있다. 톡 쏘는 탄산은 혀에서 춤을 추고 홉이 만들어낸 핵과와 감귤류 오일의 풍미가 거품에서 터져 나온다. 보디감은 가볍고 약간의 알코올이 기저에 있던 몰트의 풍미를 받쳐준다. 끝맛은 매우 드라이하게 마무리된다.

기타 추천 맥주

세인트 베르나르두스 트리펠: 과일의 풍미가 더 강함, 오렌지, 꿀

라 쇼페 블론드: 꽃, 꿀, 허브, 정향

알라가시 트리펠: 쓴맛, 향신료의 후추 향

벨지안 브룬과 두벨

이 벨지안 에일은 짙은 색을 띠며 도수는 중간에서 높은 정도다. 청량한 탄산과 눈에 띄는 효모의 특징, 다양한 풍미를 가진 맥주다.

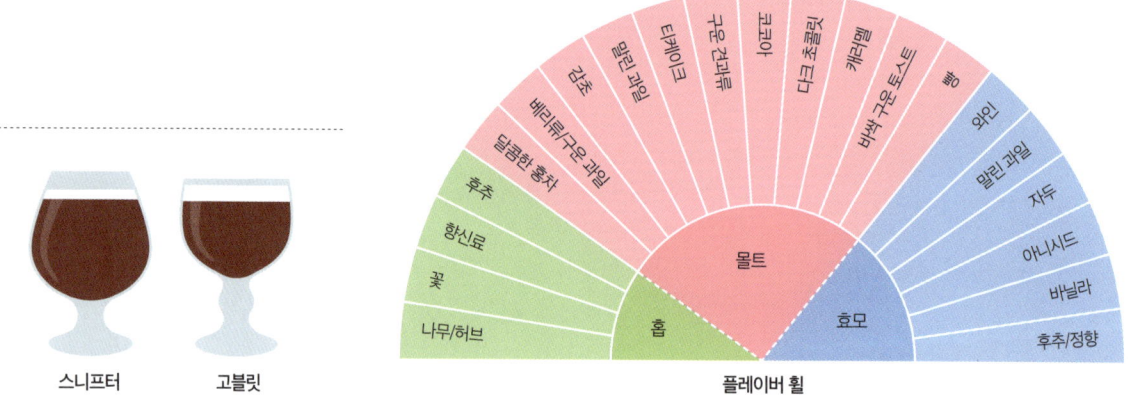

스니프터 / 고블릿

플레이버 휠

맛, 제조 과정, 스토리

브룬은 보통 두벨보다 더 달고 도수가 낮다. 그러나 두 가지 모두 몰트와 향이 좋은 효모의 상호작용에 초점이 맞춰진 비슷한 풍미를 가지고 있다. 말린 과일, 초콜릿, 행사용 향신료 등의 맛으로 단맛이 기대되지만 홉에서 나는 후추 향이 끝맛을 드라이하게 이끈다. 알코올은 중간에서 높은 정도로 느껴지지만 단독으로 튀지는 않는다. 높은 탄산은 청량함과 산뜻함을 준다.

전통적으로 짙은 색을 위해 다크 캔디 슈거를 넣지만 다크 몰트로 색과 풍미를 내기도 한다. 설탕은 캐러멜과 말린 과일의 풍미와 드라이한 끝맛을 만든다. 양조장의 효모와 제조 공정은 이들 맥주에 독특한 향과 맛을 더하고, 보통 병입 후 2차 발효를 한다.

이런 다크한 에일의 역사는 중세의 초기 양조 시대부터 시작되었다고 한다. 그리고 현재의 맛에 가까웠던 시기는 19세기 중반 벨기에 수도원과 관련이 있다. 20세기 초반에 이런 맥주들은 현대화되고 현재 우리가 예상하는 풍미로 자리 잡게 된다. '두벨'은 '두 배의 강도'를 지닌 맥주를 의미하는데, 맥주의 강도가 더 약하거나 더 강하다는 용어를 흔히 썼던 시대의 용어다. 1930년대와 1990년대에 트리펠과 쿼드루펠이 각각 출시되면서 양조와 마시는 문화에 대한 현대적인 변화를 대표하게 되었다.

맥주 정보

색	투명도	발효	ABV(도수)	쓴 정도
진홍색~진갈색	맑음~살짝 탁함	과일 향/에스테르	6~8%	15~30 IBU (낮음~중간)

베스트말레 두벨 트라피스트 에일

7% ABV	양조지: 벨기에 베스트말레

베스트말레 두벨은 고전적인 두벨을 묘사할 때 쓰는 맛 – 말린 과일, 향사용 향신료, 토피, 바닐라, 단맛이나 진한 풍미 – 이 나지 않는다. 대신 가볍고 제한된 풍미가 느껴지는 이 맥주에는 산뜻함이 있다. 또한 우리가 기대하는 모든 향과 맛은 아주 조밀하게 들어차 있다. 높은 탄산은 부드러운 과일의 풍미와 조화를 이루고 있으며, 끝맛은 탄산주 같은 드라이함으로 마무리된다.

시메이 레드

7% ABV	양조지: 벨기에 시메이

시메이 맥주에는 미묘함(그래서 일부 소비자들은 다른 종류의 두벨에 더 다양하고 흥미로운 풍미가 들어 있다고 말하기도 한다)이 있다. 이 적갈색 맥주에서는 말린 과일, 과일 에스테르, 바닐라 꽃과 정향, 잘 익은 핵과, 캐러멜, 바나나 사탕 맛이 난다. 보디감은 놀랄 정도로 가볍고 꿀 같은 단맛과 약한 쓴맛이 나지만 때로는 감칠맛이나 쇠 같은 맛이 나기도 한다. 쉽게 손이 가지만 그렇다고 너무 매력적이라서 마시는 건 아니다.

틴트 미도우 잉글리시 트라피스트 에일

7.4% ABV	양조지: 영국 콜빌

이 맥주는 영국 에일 효모를 포함해 영국에서만 생산되는 재료를 쓰지만 벨기에 스타일의 맛이 강하게 나는 에일이다. 효모는 말린 과일, 신선하게 숙성시킨 반죽, 숙성된 사과, 에스테르의 꽃 향을 낸다. 풀보디감이 느껴지며 토피 애플, 과일 맛 다크 초콜릿, 말린 무화과, 달콤한 홍차, 감초, 로스팅한 풍미가 나타난다. 맥주 병마다 살짝 다른 특징이 있어 자주 마실수록 매력을 느낄 수 있는 맥주다.

오메강 애비 에일

8.2% ABV	양조지: 미국 뉴욕 주 쿠퍼스타운

달콤한 오렌지 껍질, 고수 씨와 커민 씨, 팔각, 감초 뿌리가 들어가며 효모 대신 향신료가 맛을 이끄는 두벨 스타일의 맥주다. 향신료로 인해 따뜻함, 꿀로 감긴 듯한 기운, 고소한 단맛을 느낄 수 있으며 끝맛은 드라이하다. 전반적으로 벨기에식 버전보다 더 드라이하고 알싸하며, 풍미가 명확해 다른 두벨보다 복잡한 맛이 덜하지만 맥주의 스타일이 어디까지 확장될 수 있는지 잘 보여주는 좋은 예시다.

기타 추천 맥주

베스트블레테렌 8: 달고 신선한 빵, 대추, 황설탕

트라피스트 로슈포르 8: 트리클, 구운 무화과, 와인

유니브로 모딧: 캐러멜, 핵과로 만든 스튜, 오렌지, 정향

벨지안 스트롱 다크 에일과 쿼드루펠

세계에서 가장 사랑받는 스타일 중 하나인 이 맥주들은 수도원과 수녀원에서의 양조와 관련 있으며, 짜릿한 깊이감과 복합미를 가지고 있다.

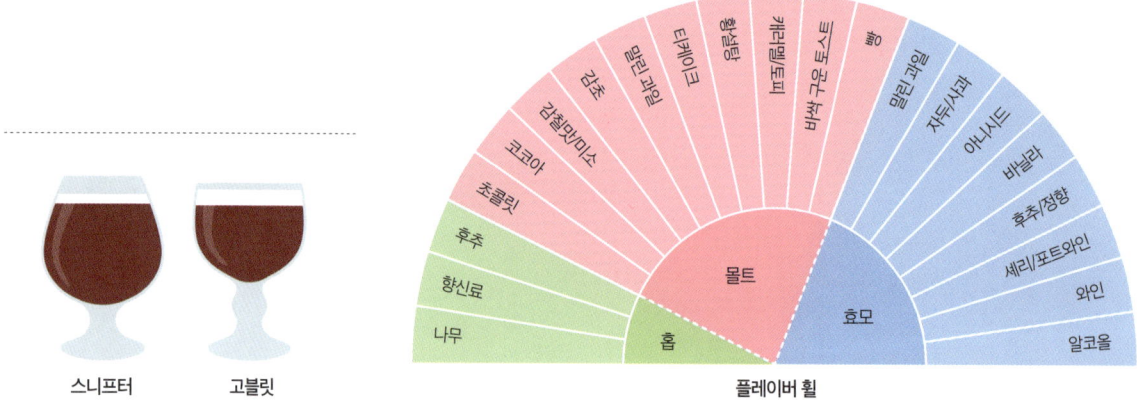

스니프터 / 고블릿 / 플레이버 휠

맛, 제조 과정, 스토리

이 짙은 색의 독한 에일들은 복합미가 훌륭한 맥주 중에서도 돋보이는 효모의 특징 덕분에 에스테르의 여러 가지 향과 때로는 약간의 페놀 향까지 표현되는 맥주다. 효모는 말린 과일, 코코아, 베이커리류 등의 풍부한 몰트의 맛과 완벽하게 섞인다. 그리고 캐러멜라이징한 설탕은 럼 건포도, 트리클, 라이트한 풍미를 더해준다. 알코올의 특징이 강하게 나타나기도 하며 탄산은 대개 강한 편이다.

이런 복합미가 뚜렷한 맥주들은 레시피가 간단한 편이라 대부분의 특징이 제조 과정이나 효모에서 나온다. 양조에는 주로 필스너 몰트를 쓰고 여기에 밀, 다크 또는 캐러멜 몰트를 소량 추가한다. 그리고 양조장에 따라 다양한 설탕을 사용한다. 흑설탕은 색과 풍미(캐러멜과 말린 과일)를 위해 넣고, 알코올을 추가해 더 드라이한 맥주를 만들기도 한다. 맥주마다 들어가는 다른 특색의 효모가 전체적인 풍미를 만들어낸다.

대부분 작업 후 바로 병입해 2차 발효를 한 다음 숙성되면 판매한다. 숙성하면 맛이 한층 좋아지는 맥주라서 2년 정도 지나면 와인 맛과 더불어 말린 과일의 단맛이 더 강해진다.

수도원 맥주와 관계가 있는 쿼드루펠은 양조장의 여러 스타일 중에서 가장 독하다. 이런 짙은 색의 독한 벨지안 에일은 오랫동안 존재했지만 '쿼드루펠'이란 용어는 1991년 이후에야 트라피스트 수도원의 인증을 받아 처음 사용되었다.

맥주 정보

색	투명도	발효	ABV(도수)	쓴 정도
진홍색~진갈색	맑음~살짝 탁함	과일 향/에스테르	8~12%	25~50 IBU (중간~높음)

트라피스트 로슈포르 10

11.3% ABV | 양조지: 벨기에 로슈포르

로슈포르 10이 비슷한 스타일의 맥주 중에서 단연 으뜸으로 꼽힐 수 있었던 강점은 풍미의 정도와 깊이였다. 이 맥주에는 건포도, 자두, 무화과, 바닐라, 크림 캐러멜, 포트와인, 견과류 맛 셰리, 과일과 견과류 초콜릿의 풍미가 층층이 쌓여 있다. 탄산은 이 모든 맛을 적절히 아우르는 역할을 한 후 깔끔하게 사라져 묵직한 느낌 없이 즐길 수 있도록 해준다. 마실 때마다 무한한 즐거움을 만끽할 수 있는 맥주다.

세인트 베르나르두스 ABT 12

10% ABV | 양조지: 벨기에 와토우

쿼드루펠을 사랑하는 이라면 베스트블레테렌, 로슈포르, 세인트 베르나르두스를 앞에 두고 몇 시간 동안 논쟁을 벌일 수 있을 것이다. 세인트 베르나르두스 ABT 12는 술맛이 나는 구운 무화과, 딸기 사탕, 진한 장미, 제비꽃, 바닐라, 건포도, 몰팅한 홍차의 풍미가 느껴지고 끝맛은 정향으로 마무리된다. 처음에는 강한 맛으로 시작하지만 금세 사그라들기 때문에 라벨에 표기된 10%라는 도수에 비해 가볍다는 느낌을 받을 것이다.

드 할브 만 스트라프 헨드릭 쿼드루펠

11% ABV | 양조지: 벨기에 브뤼헤

홉의 특징이 뚜렷한 이 맥주를 마시면 블랙 IPA나 아메리칸 발리 와인이 떠오르며 허브 맛 알코올, 민트, 후추, 강렬하고 매운맛이 느껴진다. 또한 진하고 풍부한 몰트의 맛이 홉과 섞이면서 풀보디감을 선사한다. 맥주에서는 감초, 아니시드, 술맛이 나는 베리류, 슬로 진(야생 자두를 주요 향료로 써서 만든 알코올 음료 - 옮긴이), 숙성된 다크 프루트, 허브, 홉의 콘 풍미를 느낄 수 있다. 쿼드루펠 스타일을 홉의 특징이 강한 맥주로 새롭게 발전시킨 형태다.

유니브로 트루아 피스톨즈

9% ABV | 양조지: 캐나다 셩블리

진홍색에 살짝 탁한 이 맥주에는 말린 체리, 럼 건포도, 구운 무화과, 캐러멜라이징한 자두의 맛과 함께 너트맥, 후추, 아니스, 올스파이스의 향신료 맛이 함께 스며들어 있다. 벨기에식보다 더 부드러우면서 무거운 질감을 가지고 있다. 탄산이 적어 다른 종류보다 캐러멜, 초콜릿의 단맛과 매끄러운 보디감이 더 두드러진다. 그러나 끝맛은 기분 좋은 드라이함과 허브의 매운맛과 쓴맛으로 마무리된다.

기타 추천 맥주

베스트블레테렌 12: 티케이크, 무화과, 체리, 달콤한 빵 반죽

헷 앙커 구덴 카롤루스: 바나나, 높은 단맛, 알코올, 향신료

라 트라페 쿼드루펠: 무화과, 후추, 달콤한 몰트, 낮은 복합성

찾아보기

ㄱ

감귤류 향의 홉 63
거품 28~29
견과류 71
결정핵 생성 마크 29
결정핵 생성 맥주잔 29
고제 192~193
곡물 38~39
골든 에일 150~151
과일 71
과일 맥주 180~181
구성 36
국제 쓴맛 지수(IBU) 57
기타 재료 71

ㄴ

냄새 17~18
노블 홉 50
뇌와 맛 16~17
뉴잉글랜드 IPA 128~129

ㄷ

다크 라거 114~115
당류 71
도펠보크 47, 118~119
독일식 필스너 98~99
두벨 216~217
둥켈 46, 116~117
둥켈바이젠 204~205
드라이 스타우트 172~173
드라이 호핑 56~57
디콕션 매싱 43

ㄹ

라거 12, 96~125
라우흐비어 124~125
람빅 65, 182~183, 188~189
러스틱 에일 210~211
레드 에일 152~153
레드 IPA 148~149

ㅁ

마시기 13
맛 표현 용어 13
맛에 따른 맥주 스타일 지도 26~27
맛의 강도로 매칭하기 85, 88~89
맛의 작용 원리 16~17
매시의 과학 42
매싱 기술 43
맥주 따르기 30~31
맥주 레시피 46~49
맥주 맛보기 17~18
맥주 속의 물 36~37
맥주 저장법 72
맥주 평가하기 20~23
맥주를 위한 감각 18~19
맥주와 음식 84~93
맥주의 스타일 24~27
맥주의 역사 14~15
맥주잔 32~33
머그 32
메르첸 112~113
모던 프루트 194~195
모던 필스너 104~105
몰트 제조 38~39
몰트의 맛 44~45
몰트의 종류 40~41
무알코올 맥주 198~199
미국의 영향을 받은 IPA 128~129
밀 맥주 200~201
밀크 스타우트 174~175

ㅂ

바이젠보크 204~205

발리 와인　166~167
발틱 포터　170~171
발효　64~65
발효 풍미　66~67
배럴 숙성　70~71
배럴 숙성 맥주　178~179
베를리너 바이세　192~193
베스트 비터　47
벨기에식 사워 맥주　188
벨지안 브룬　216~217
벨지안 블론드　212~213
벨지안 스트롱 다크 에일　218~219
벨지안 스트롱 블론드　214~215
벨지안 에일　200~201
벨지안 페일 에일　212~213
보리　38
보크　118~119
브라운 에일　162~163
블랙 IPA　148~149
블론드 에일　150~151
비엔나 라거　110~111

ㅅ

사워 맥주　12, 180~181
색　41
생맥주　72~73
서빙 온도　31
세션 IPA　142~143
세종　208~209
숙성 맥주　72~75
숙성과 마무리　68~69
슈바르츠비어　116~117
스위트 스타우트　174~175
스코티시 에일　164~165
스타일 이해하기　24~25
스탭 매싱　43
스테인 잔　32
스트롱 에일　164~165
쓴맛　58~59

ㅇ

아메리칸 더블 IPA　134~135
아메리칸 라거　46, 102~103
아메리칸 스타우트　172~173
아메리칸 엠버 라거　110~111
아메리칸 페일 에일　48, 130~131
아메리칸 필스너　102~103
아메리칸 IPA　48, 128~129, 132~133
아이리시 스타우트　172~173
알데하이드　67
알코올 함량 측정　67
알트비어　122~123
알파산　50
애드정트 사워　194~195
양조　12~13, 34~35, 65
양조용 곡물　42~43
양조용 물의 미네랄 함량　37
양조장에서의 홉　56~57
에스테르　51, 66~67
에일　12
에일 vs. 라거 발효　65
엑스포트 스타우트　172~173
엠버 에일　152~153
열대과일 향의 홉　62
영국식 마일드　160~161
오트밀 스타우트　174~175
오프 플레이버　76~81
올드 에일　160~161
와일드 에일　12, 49, 65, 190~191
와일드와 사워 맥주 양조　65
웨스트코스트 더블 IPA　134~135
웨스트코스트 IPA　128~129, 132~133
윗비어　49, 206~207
유통기한　74
인디아 페일 라거(IPL)　104~105
인디아 페일 에일(IPA)　126~129, 144~145
일광취　80
임페리얼 스타우트　47, 176~177
잉글리시 에일　154~155
잉글리시 페일 에일　146~147

ㅈ

자연 발효 맥주　65, 182~185
저알코올 맥주　198~199
저온 살균　69
전통 잉글리시 비터　158~159
전통 프루트 사워　188~189
질소 맥주　83
질소 스타우트　30

ㅊ

채소　71
체코 페일 라거　100~101
체코 필스너　46, 100
체코식 엠버　114~115
초콜릿　71

ㅋ

캐스크 에일　82
커피　71
케그 맥주　83
케톤　67
켈러비어　108~109
쾰쉬　120~121
쿼드루펠　49, 218~219

ㅌ

탄산　35, 68~69
테이스팅 시트　22~23
트리펠　214~215
티올　51

ㅍ

팜하우스 에일　210~211

퍼시픽 페일 에일　144~145
퍼시픽 IPA　144~145
페놀　67
페스트비어　112~113
페일 에일　126~127, 212~213
포터　47, 168~169
풍미가 강한 맥주　196~197
프랑코니아 라거　108~109
플랑드르식 레드-브라운 에일　186~187
필스너　102~103

ㅎ

핵과 향의 홉　62
향신료　71
허브　71
헤이지 페일 에일　136~137
헤이지 DIPA　48, 140~141
헤이지 IPA　56~57, 128~129, 138~139
헤페바이젠　49, 202~203
헬레스　106~107
혀 훈련하기　77
호피 잉글리시 에일　154~155
호핑　56~57
혼합 발효 에일　190~191
홉 오일과 향　51
홉 재배 지역과 품종　58~59
홉 재배하기　52~53
홉으로 쓴맛 내기　56
홉의 구조　50
홉의 역할　50~51
홉의 종류　54~55
홉의 풍미　60~63
황　67
효모　64~65, 67
효소　42
훈연 몰트　38, 124~125
훈제 맥주　124~125

저자 소개

마크 드레지는 수상 경력이 있는 맥주 전문 작가 겸 TV 출연자다. 또한 영국 맥주작가연합과 미국 맥주작가연합에서 다양한 상을 수상했으며, 2020년 앙드레 사이먼 드링크 어워드에서 최종 후보 명단에 들기도 했다. 마크는 『간단히 살펴보는 라거의 역사』, 『맥주와 음식』, 『맥주와 요리』, 『세계 최고의 맥주』, 『새로운 수제 맥주의 세계』, 『맥주 버킷 리스트』, 『맥주와 채식』 등 여러 권의 맥주 관련 저서를 집필했다. TV 프로그램 <선데이 브런치>에 맥주 전문가 겸 국제 맥주 심판으로 출연 중이며, 월드 비어컵과 그레이트 아메리칸 비어 페스티벌 같은 세계 최고 대회에도 참가했다. 공인 맥주 자격증을 보유하고 있으며, 맥주 관련 강의를 하며 온라인에서 정기적으로 맥주 감정 행사를 개최하고 있다. 또한 비어드레지라는 홈페이지를 운영하면서 맥주에 대한 각종 지식을 공유하고 있다.

궁금하다면 www.beerdredge.com에 방문해보자.

저자의 감사 인사

먼저 여러 양조장에 연락해 모든 관련 사진을 제공받도록 도와준 마르타 비스코스와 샬럿 뷰챔프에게 감사 인사를 전하고 싶다. 바네사 해밀턴은 책의 디자인을 맡아주었고 특히 낙서나 다름없는 내용을 기가 막히게 해석해 멋진 그림으로 표현해주었다. 다운 티트무스는 편집을 통해 내용을 잘 정리해주었다. 현명하고 배려 깊은 편집에 감사를 표한다. 스태프 밀너는 맥주가 표현하는 모든 훌륭한 풍미에 대한 이야기를 책으로 내도록 허락해주었다. 또한 귀한 시간을 할애해 내가 쓴 글과 그림에 대한 조언을 아끼지 않았던 여러 양조업자들께도 고맙다고 말하고 싶다. 엠마는 항상 내가 맛보는 맥주에 대해 질문을 던지고 왜 이런 향과 맛이 나는지 호기심을 보여주었다. 이 책은 맥주의 맛에 대한 궁금증을 가진 모든 독자들을 위해 제작되었다.

출판사의 감사 인사

DK는 제품 이미지를 사용할 수 있도록 허락해준 모든 맥주 회사에 감사를 전하는 바이다. 마르타 비스코스와 샬럿 뷰챔프는 여러 사진을 검색해 찾아주었으며, 니란 길은 표지 사진을, 존 프렌드는 감수를, 바네사 버드는 찾아보기를 담당해주었다. 다시 한 번 감사를 전한다.

p.36 맥주의 구성: © 2021 앤호이저-부시 인베브, 모든 권리 보유 twitter.com/abinbev/status/588008852882194432

p.37 양조용 물의 미네랄 함량:
howtobrew.com/book/section-3/understanding-the-mash-ph/balancing-the-malts-and-minerals
실제 양조업자, p.10
왈-헤니우스, 아메리칸 핸디 북, 2:790, 1902
베스테르만과 휴이그, 발효 기술, p.13

p.42 효소의 목표: byo.com/article/the-science-of-step-mashing

p.43 디콕션 매싱: brulosophy.com/2016/12/08/in-defense-of-decoction-a-german-purists-perspective-on-an-age-old-brewing-method

p.56 헤이지 IPA의 드라이 호핑: 유토피안 브루잉 www.utopianbrewing.com

PICTURE CREDITS

DK would like to thank the following for their kind permission to reproduce their photographs:

(Key: a-above; b-below/bottom; c-centre; f-far; l-left; r-right; t-top)

Alamy Stock Photo: kentimages 151tl, Niday Picture Library 15, The Picture Art Collection 14; **Alaskan Brewing & Bottling Co:** 125bl; **Badische Staatsbrauerei Rothaus AG:** 99tl; **Bell's Brewery, Inc:** 133tl; **Depositphotos Inc:** gueriero93.gmail.com 209tr; **Dreamstime.com:** Steven Cukrov 147tr, Denismart 163tl, Dietmar Rauscher 125tr, Ilja Enger Tsizikov 245tr, Venemama 215tl, 215tr, 219tl; **Duvel Moortgat Bier:** 215br; **Fremont Brewing Co.:** 177tr; **Getty Images/iStock:** monkee_leelu 103tl, monticelllo 101tl; **Omnipollo:** Gustav Karlsson Frost 195tl, 197tr; **Schlüssel GmbH & Co. KG:** 123tr; **Shutterstock.com:** burnel1 107br, Kai Foret 213tl, Keith Homan 119br, J. Croese 185tr, Pavlo Lys 207tl, Marc Venema 209tl.

맥주 테이스팅 코스

발행일 2023년 7월 3일 초판 1쇄 발행
지은이 마크 드레지
옮긴이 최영은
발행인 강학경
발행처 시그마북스
마케팅 정제용
에디터 신영선, 최연정, 최윤정
디자인 강경희, 김문배

등록번호 제10 - 965호
주소 서울특별시 영등포구 양평로 22길 21 선유도코오롱디지털타워 A402호
전자우편 sigmabooks@spress.co.kr
홈페이지 http://www.sigmabooks.co.kr
전화 (02) 2062 - 5288~9
팩시밀리 (02) 323 - 4197
ISBN 979-11-6862-119-0 (13590)

이 책의 저작권법에 의하여 한국 내에서 보호를 받는 저작물이므로 무단전재와 무단복제를 금합니다.

파본은 구매하신 서점에서 교환해드립니다.

* 시그마북스 는 ㈜시그마프레스 의 단행본 브랜드입니다.

First published in Great Britain in 2022 by Dorling Kindersley Limited
DK, One Embassy Gardens, 8 Viaduct Gardens, London, SW11 7BW

The authorized representative in the EEA is Dorling Kindersley Verlag GmbH. Arnulfstr. 124, 80636 Munich, Germany

Original Title: Beer A Tasting Course: A Flavour-Focused Approach to the World of Beer Text copyright © 2022 Mark Dredge
Text copyright © 2022 Mark Dredge
Copyright © 2022 Dorling Kindersley Limited A Penguin Random House Company
10 9 8 7 6 5 4 3 2
1001–328920–Nov/2022

All rights reserved.
No part of this publication may be reproduced, stored in or introduced into a retrieval system, or transmitted, in any form, or by any means (electronic, mechanical, photocopying, recording, or otherwise), without the prior written permission of the copyright owner.

A CIP catalogue record for this book
is available from the British Library.
ISBN: 978-0-2415-6123-2

Printed and bound in China

For the curious
www.dk.com